日本人が知らない アジア人の本質

旅行記・滞在記500冊から学ぶ

麻生川静男
Shizuo Asogawa

ウェッジ

序論

文化のコアをつかむ

最近、リベラルアーツという言葉をよく耳にするが「リベラルアーツって何だろう？」と思っている人は少なくない。英語の単語なので、どこかよそよそしい響きを感じるだろう。リベラルアーツとは何かを知りたいと思って本を読んでも、いまひとつ分かりづらい。「すぐに役立つことは、すぐに陳腐化する。だからすぐに役立たないことを学べ」など意味不明の超論理が並び、ますますリベラルアーツというものが分からなくなる。

昭和50年代、私が学生のころはリベラルアーツは一般的には「教養」と呼ばれていたが、いろいろな本を読んでも、いまひとつ腑に落ちるものがなかった。それで、自分なりに「リベラルアーツ」を手さぐりに探し求めた。それから数十年経って、ようやく自分なりの定義を得ることができた。すなわち、「リベラルアーツとは文化のコアをつかむこと」であると悟ったのである。

文化のコアをつかむとは、それぞれの文化圏の中核となっている考えを自分の言葉で表現できることだ。例えば「一言で言うと、日本とは〇〇だ」と説明できることを言う。日本だけではなく、世界各国の文化を自分なりの言葉で表現できることが「教養豊かな」人に必要なことだ。文化のコアをつかんだあとは、世界や人生の諸問題に対して、自分なりの答えを出せるような確固とした世界観と人生観を持つことが、リベラルアーツの最終到着地点である。

こういったことを前著『本物の知性を磨く 社会人のリベラルアーツ』(X12)に書いたが、ページ数の関係上、各文化圏の「文化のコア」について十分に説明ができなかった。それで本書では、具体的にアジアのいろいろな文化圏について文化のコアを示したい。

文化のコアを知るためには、いろいろな文化圏の事象を互いに比較することが必須である。我々が他の文化を見たときに「珍しい！」「なんだかおかしい！」と感じる点を糸口としていろいろと探ると、結局はその国の文化だけではなく、逆に日本の文化のコアもよく理解できる。文化論というと、得てして大上段に振りかぶって観念論的な議論に流れがちであるが、外国人の視点で書かれた旅行記や滞在記に記述されている具体的事象から文化のコアに迫っていくのが、本書の方針である。

本書を書くきっかけ

旅行記や滞在記は、珍しいことを記述しているので、興味本位で読まれることはあったにしろ、文明論的観点から読まれることはあまり一般的ではない。さらに、いくつもの文化圏をまたがって比較しながら読むことは一層稀であろう。しかし、私が文化のコアをつかむには旅行記や滞在記が必読の図書だと確信したのは、かれこれ20年も前のことだ。それは、ふとした偶然で、書店で岩波文庫の『ペルリ提督 日本遠征記』(F11)を手にしたのがきっかけであった。

江戸末期のペリーの黒船来襲が日本社会を大きく転換させたことは、日本人なら誰もが歴史で習い、知っている。しかし、それではペリー提督の一行が一体何をし、何を見たのかと問われると途端に答えに詰まるであろう。日本人の大多数にとってペリーの黒船は、日本を変えたという抽象的なフレーズに過ぎず、実体は皆目知らないでいるのだ。

批判めいたことを言うが、実は、ひとごとではなく当時の私がそうであった。ペリーに関する知識といえば、高校の日本史の授業で習った雑駁《ざっぱく》とした知識しか持っていなかった。このペリーの遠征記を読んで初めて、ペリーの一行が日本と沖縄を訪問した時の詳細な報告書を米国議会に提出したのを知った。これを読むと、短期間に随分《ずいぶん》と日本の生活状況を事細かに観察したものだと感心する。

しかし、それよりももっと驚いたのは、日本という国の強みと弱みをすでに大づかみではあるが把握していたことだった。150年前の彼らの観察が現在の日本の姿をかなり正確に描写していることに、私は大きな衝撃を受けた。

この衝撃からしばらくの間、私は日本関連の旅行記、滞在記に熱中した。岩波文庫、講談社学術文庫、平凡社東洋文庫をはじめとしてかなりの量を読んだ。読んでいて、彼らの鋭い指摘に幾度となく舌を巻いた。それと同時に、室町、江戸、明治と時代は変わっても、日本人の本質的な部分はあまり変わっていないことに気づかされた。そして思ったのは、観察眼の鋭い人の書いた旅行記、滞在記は文化のコアをくっきりと浮かび上がらせる、ということだった。そこで、日本がそうであるなら、他国に関しても旅行記、滞在記からきっとその国々の文化のコアをつかめるに違いないと確信したのだった。

それから20年、日本だけではなく世界各地の旅行記、滞在記を合計で500冊近くは読んだと思うが、この確信は強まりこそすれ、揺らぐことは一度たりともなかった。この本を執筆した動機は、読者諸氏にこの点を分かってもらいたいと思ったからである。

旅行記の短所と長所

「犬が人を噛んでもニュースにならないが、人が犬を噛めばニュースになる」とは言い古された言葉ではあるが、外国に旅行したり、滞在して記録しようとする事柄は、母国では目にしない珍しいことが多い。つまり、外国人の旅行記や滞在記を読むことで、書かれた事実が現地にあったことが分かるだけではなく、その事実が母国になかったことも同時に分かる。さらに、その現象を見ていた周りの人々の感想や判断が書き加えられていることもある。これらの感想や判断から、現地の人々や著者の価値観や倫理観が分かる。

つまり、旅行記や滞在記は単なる事象の羅列にとどまらず、価値観や倫理観を知ることもできるのである。この意味で文化のコアを探るというリベラルアーツの修得のためには、これらは恰好の書物であり、それ故、読む価値があるものなのだ。

●短所

ここで注意しないといけないのは、旅行記や滞在記の内容は必ずしも全幅の信を置けないということだ。というのは、旅行記や滞在記の著者は必ずしもその訪問先の文化を完全に理解しているわけではないので、記述の中には表層的理解によるものや、あるいは誤解が潜んでいる可能性があるからだ。さらに、記述された事象が必ずしも普遍的ではないこともある。たまたま、その時にあっただけかもしれないし、訪問あるいは滞在した地方独特の事象で、その文化圏全体に通用しない事象かもしれない。さらに統計的に見て、その事象の発生頻度がどの程度であるか全く分からない。

また、書いている人が体験した事象なので、日常的で些細なことを感情的に書いている可能性も否定できない。表現がオーバーであったり、人種的・宗教的偏見に由来する意見もあるだろう。

●長所

こうした短所はあるものの、旅行記、滞在記には他の著書には見られない長所がある。それは、本国人なら見過ごしている生活習慣を克明に記述している点だ。「人が犬を噛む」的な非日常的な記事に限らず、現地の人間にとっては当たり前のことでも、旅行者にとっては非常に新鮮に見えるものだ。

実際、室町時代(1550年以降)から江戸、明治にかけて日本を訪問した数多くの外国人の旅行記、滞在記の記述から現代の日本人が知らない日本本来の風習や考え方を知ることができる。同時に、著者の母国の人々が持っていた価値観や倫理観も分かる。庶民のちょっとした日常的な言動から、いくつもの文化圏における考え方のコアがきらりと光りだしてくるのだ。

このように、旅行記や滞在記は興味本位の際物《きわもの》的な読み物であるとか、学術的な資料というより、むしろ文化のコアを知るための実例の宝庫であると私は考える。

本書で取り上げる本

日本が明治維新以降、近代市民社会を形成してから150年が経つ。多少の制約はあったものの、全般的に法や契約に守られた欧米型の社会システムが現在の日本では機能している。しかし、法秩序そのものは、鎌倉・室町・江戸時代でも厳然と存在していた。

つまり、日本にはもともと遵法《じゅんぽう》精神が伝統・国民性として根付いているのである。さらには、江戸期に日本を訪問したヨーロッパ人の記述から、日本人のほうが彼らの母国の人たちよりも一層、法に従っていたようだ。日本に生まれ育つと遵法が当然なので、世界の他の国々の人々もそのような伝統を持っているものと錯覚してしまう。これは大きな間違いである。日本人の常識や価値観をベースにして考える限り、世界の国々の風習や政治・経済はいつまでたっても理解できない。

この点においてダイバーシティに欠ける日本の風土に育った日本人は、多様な文化背景の理解に疎く、思想的に脆弱である点が私には気にかかる。世界には、日本の常識では測れない制度や風習が山のようにある。文化の多様性を理解することが、今後の日本人には必須だと考える。

外国人の旅行記や滞在記を通して各文化圏の生活実態を知ろうとするのは、あたかも真っ暗な洞窟をサーチライトを頼りに探険するようなものとも言える。目に見えるものと言えば、サーチライトに照らされたほんのわずかな範囲であり、文化圏の全体像は見えない。しかし、その照らされた部分を一つずつきっちりと押さえていくことで、次第に全貌が明らかになる。具体的事例を積み重ねることで、バーチャル的ではあるが、文化のコアを手触り感をもってつかむことができるのだ。

本書では、アジアの文化圏の旅行記や滞在記を数多く取り上げた。その中には我々の常識や倫理観・価値観とあまりにも隔絶しているので、驚きを通り越して、理解不可能と思える事象もある。また、時には読み進むにつれ血が凍り、鳥肌が立つような残虐な記述にも遭遇するであろう。しかし、それらは目をつぶってやり過ごすことができない歴史上の出来事である。そればかりか、類似の事象が今なお続く厳然たる事実でもある。

「恐ろしい！」「聞きたくない！」と感情的に拒絶するのではなく、それらの事象の奥にある人々の考え方を理解することが必要だ。とりわけ、日中や日韓関係のようにセンシティブな問題に関しても、本書ではあえて踏み込んだ記述をした。それは両国に限らず、日本人のアジア諸国に関する視点は、たいてい最近１００年程度の近代史に限定されていることに対して、私は多少の苛立ちと強い危惧を覚えるからである。どの国も日本と同じくらい、あるいはそれ以上の長い歴史背景を持ち、過去からの伝統や習慣が大枠において、今でも人々の言動を規定している。彼らの歴史を知らずして、彼らの本音を理解することは不可能なのである。

残念なことに歴史というと、つい政治史に片寄りがちであるが、本書では生活誌的観点からの記述を中心に取り上げる。そうすることで初めて本当の意味で、彼らの生活感覚とそのベースになっている文化のコアが見えてくるはずだからだ。

本書では、次の5つのアジアの文化圏に関する旅行記、滞在記を取り上げる。それとともに、各文化圏の根源的な点を解説している本も適宜参照する(ただし今回は、紙面の関係上、日本関連の記述はかなり省略した)。

1 日本(ヨーロッパとの比較も含む)
2 中国
3 朝鮮・韓国
4 中東・イスラム・中央アジア(遊牧民)
5 インド・東南アジア

私の想定する読者には次の二つのタイプがある。

一つのタイプは、現役のビジネスパーソンで、仕事上でアジア諸国とのビジネスが発生する人たちである。アジアの人たちは日本人と顔も似ているし、言動にも日本人と似たような、曖昧な部分も多い。それでつい日本的な情緒を分かってくれているものと勝手に思い込んでつきあっているうちに、突如として理解し難い行動をとられて対応に苦慮することがある。そういった痛い経験を積むと、彼らの行動様式の根幹部分を知ることが必要だと痛感するものの、そのためにはどういう本を読めばよいのかが分からないという人たちだ。そのような人たちに、彼らの文化のコア概念とともに、読むべき本を提示したい。

もう一つのタイプは、世界の動きを根本から理解したい、と真剣に考えている人たちである。9・11のテロ以降、アジアの各地でも戦乱が絶えない。また日本と近隣諸国(中国、韓国、北朝鮮)との間でも、ぎくしゃくした関係が続いている。ニュースなどの解説では、なかなか問題の全体像はつかめない。その理由は、それらの解説があまりにも現代的視点に偏向しているからだ。富士山の中腹にいる人には、富士山の細部は見えても全貌は見えない。しかし、富士山から遠く離れた人には細部は見えないが全貌はつかめる。

同じように、現代という視点からずーっと引いて、何百年という長いタイムスパンでそれぞれの国の文化を眺めてみると、問題の根本部分が見事なほどくっきりと浮かびあがってくる。現代の世界の動きを知るためには、政治や制度中心の歴史書ではなく、生活誌的な観点で書かれた本を読むべきであることを示したい。

旅行記・滞在記500冊から学ぶ　日本人が知らないアジア人の本質——目次

序論 001

第1章 良くも悪くもアナログ的な日本 019

第2章　人間不信の中国　073

第3章 差別を是とする朝鮮（韓国） 123

第5章 今も階級社会のインド・東南アジア 279

終章

文化差を知る重要性 —— 337

※差別用語等については原文を尊重し、掲載しています。
※引用文の一部を現代表記に改めた部分があります。
また引用文中、筆者による説明を（ ）で補い、強調箇所は太字にしています。
※外国の名称は慣用読みを採用しています。そのため、必ずしも学術的に正確な名称でない場合もあります。
※書名前後のアルファベットは、巻末の書籍リストに記載している地域を表します。

第1章

良くも悪くもアナログ的な日本

外国人を驚嘆させた日本

日本はユーラシア大陸の極東にあるものの南太平洋からの黒潮や台風のおかげ(?)で、大昔からさまざまな人たちがやってきている。古代の弥生時代あたりには、中国や朝鮮半島から数多くの人間が日本に流れ込んできた。『人口から読む日本の歴史』(X14、p.18)には、日本では過去1万年の間に4回の人口増加の波があったことが述べられているが、その一つは弥生時代であるという。

時代は下って、奈良時代には中国や朝鮮半島という近場の人のみならず、ペルシャ人とおぼしき人も日本に来ている。『日本書紀』の巻25の記述によると、孝徳帝の白雉《はくち》5年(AD654)に吐火羅《トカラ》国の男女計5人が日向に漂着したという(夏四月。吐火羅国男二人。女二人。舎衛女一人。被風流来于日向)。トカラというと中央アジア(現在の国名でいうと、タジキスタンやウズベキスタン)であるから、随分と遠くから来たものだ。この記事以外にも、『日本後紀』にもこのような漂流者が一再ならずいたことが記録されている。ただ残念ながら、彼らの旅行記は残っていない。

日本と朝鮮半島の交流の記録は日本書紀をはじめとした六国史《りっこくし》には断片的に残っているだけで、残念ながらあまり見るべきものはない。ただ、平安時代に日本から唐に行った僧・圓仁の『入唐求法巡礼行記』(J01)は、中国を実際に旅行した実体験の記録であるだけに、当時の中国の様子がよく分かる。

日本に多くの外国人がやってくるのは、16世紀になってからだ。ヨーロッパの大航海時代にポルトガル人やスペイン人が組織的に来訪した。彼らのうち、とりわけイエズス会の宣教師が書き残した旅行記、滞在記が、江戸以前の日本文化を知る上では非常に貴重な資料である。イエズス会の宣教師たちは日本のみならず、インド、中国に関しても貴重な旅行記、滞在記を残してくれている(C04『イエズス会士中国書簡集』など)。

イエズス会士に続いて、オランダやイギリスの商人が積極的に日本を目指してやってきた。彼らの目的は、キリスト教の布教ではなく貿易による利益追求であったが、期せずして日本に新しい文明の風を吹き込んだ。イエズス会士だけではなく、これらヨーロッパの商人は日本に来るまでに、アジア諸国(インド、東南アジア、中国)の各地を訪問しただけではなく、長期滞在していたので、アジア人はかなり劣等だとの認識を持っていた。

ところが、日本に来て驚いたのは、日本人は他のアジア人と異なり、彼らの新しい文物に限りない興味を示したことであった。それは、他のアジア諸国ではついぞ経験したことのない、高度に知的な興味と理解度の速さであったようだ。

キリスト教至上主義を信じ、非キリスト教徒、つまり異教徒たちを人間扱いするに値しないと考えていた彼らも、日本人に出会って、初めて対等あるいは対等以上の文明の高さを感じたようだ。このことが、彼らをして真剣に日本ならびに日本人のことを研究しようと動機付けたのではないかと思われる。

日本にとって幸運だったのは、これらの記録を書き残した人たちの大部分が、日本社会に対して冷静で批判的な見方はするものの、根底には日本に対して温かい愛情を持っていたことであった。それは打算を超えた、人間的（ヒューマニスティック）な感情であったと思える。ただ、それはあくまでも「非キリスト教徒としては優秀」という限定句が付くことは、彼らの私的書簡の中に垣間見ることができる（例：F01『聖フランシスコ・デ・サビエル書翰抄』）。

筆まめな彼らのおかげで、我々現代人は、当時の日本の社会の様子を事細かに知ることができる。同時にヨーロッパの価値観との差を知ることで、当時の日本人の外面的な生活様式だけではなく、内面の様子まで手に取るように知ることができるのである。

その後、ペリーの来航によって開国した江戸時代の日本を訪問した西洋人の中には学者もいたが、ほとんどは商人であった。しかし明治維新後は、お雇い外国人として日本政府が積極的に招聘したため、学者の来日が目立つ。その中には日本にぞっこん惚れ込んだラフカディオ・ハーンのような人もいれば、逆に日本の因習的な道徳を批判したウィリアム・グリフィスのような人もいる。

概して言えば、来日した外国人にとっては、当時の日本、および江戸期の日本というのは、日本人が卑下するほど酷《ひど》いものではなかった。むしろ、ケーベル博士のように、近代化されたヨーロッパの真似をすることに非を鳴らす人のほうが多かった。

つまり、近代産業の隆盛を迎え、帝国主義の絶頂期にあったヨーロッパはヨーロッパ本来の美しい姿を失っていたと彼ら自身が考えていたのだ。その醜い姿をそのまま、日本人が「すごい！　かっこいい！」と誤解して猿真似することを甚だ見苦しいと感じていた。

一方、幕末に咸臨丸《かんりんまる》でアメリカを実見した江戸幕府の関係者が政治の表舞台から退場したため、再度、欧米の実地視察が仕切り直しとなった。明治4年（1871）から約2年にもわたって、100名近い大使節団が欧米の実情を事細かく視察したのがいわゆる岩倉使節団であり、その記録文書は『特命全権大使 米欧回覧実記』（J03）として残された。現在、文庫本で5冊、計1800ページもの膨大なボリュームがある。これは久米邦武、一人の手になるもので、記述対象は、社会制度から科学技術、工場設備、軍事まで非常に広範囲にわたる。さらに各地の物の値段や公務員の給料や労働者の日当まで、こまごまと書き込んである。

こういった資料によって、当時の各国の生活レベルがよく分かる。現代の我々にとっては、ヨーロッパというのはメディアを通していろいろな情報に接しているので、心理的にそれほどの距離感を感じない。それでも、この本の情報は当時の欧米の庶民生活の実態を知る上で非常に興味深い内容を含む。ましてや、ヨーロッパ人などあたかも異星人であった当時の人々に与えた影響は甚大《じんだい》なものであっただろうことは、想像に難くない。

これら欧米人による日本旅行記、滞在記と、逆に欧米を訪問した日本人の旅行記、滞在記から日本の文化のコアが分かり、ついでに逆写像として欧米の文化のコアを探ることができる。

武士道の幻想と現実

室町時代には、ヨーロッパからキリスト教の宣教師がかなり来日している。そのうちの一人、イタリア人のヴァリニャーノ(1539~1606)は、極東におけるイエズス会の布教を監督する立場にあったため、日本を3回訪問し、通算10年以上も滞在したので、日本の社会をかなり詳しく分析することができた。彼は日本でキリスト教を普及させるにはキリスト教の習慣に囚われずに日本の文化風土に合わせる必要があると考え、「適応主義」と呼ばれる布教方針を採った。彼によると、当時(16世紀末)の日本の社会はヨーロッパと比べても遜色がないどころか優れている面も多いと、次のように指摘する。

彼等(領主)の間には通常戦争が行なわれるが、一統治権のもとにある人々は、相互の間では平穏に暮らしており、我等ヨーロッパにおけるよりもはるかに生活は安寧である。それは彼等の間には、ヨーロッパにおいて習慣となっているような多くの闘争や殺傷がなく、自分の下僕か家臣でない者を殺傷すれば死罪に処せられるからである。

(F03『日本巡察記』p.10)

また、ヴァリニャーノは日本以外にもインドや東南アジアで布教した経験から、これらの地域の住民と日本人を比較して次のように日本人を評価している。

東洋のあらゆる人々の中で、日本人のみは道理を納得し、自らの意志で(霊魂の)救済を希望し、キリスト教徒になろうとするのであるが、東洋の他の人々は、すべてむなしい人間的な考慮や利益の為に我等の信仰を受け入れようとするのが常であることは、従来吾人が見てきたところである。

(F03『日本巡察記』P.46)

我等イエズス会員は、他の国民の間に住むよりも、日本人のもとで生活することを比べようもないほどに喜ぶ。

(F03『日本巡察記』P.47)

その一方で、日本人の悪い点を次のように指摘する。

この国民の第二の悪い点は、その主君に対して、ほとんど忠誠心を欠いていることである。主君の敵方と結託して、都合の良い機会に主君に対し反逆し、自らが主君となる。反転して再びその味方となるかと思うと、さらにまた新たな状況に応じて謀叛するという始末であるが、これによって彼等は名誉を失いはしない。

(F03『日本巡察記』P.17)

同様の感想は日本滞在が30年にもおよび、日本語の読み書きにも不自由しなかったと言われるルイス・フロイスも次のように述べる。

われわれ（ヨーロッパ人）の間で叛逆は稀で大いに非難される。日本ではごくありふれたことなので、ほとんど非難を受けることはない。

（F02『ヨーロッパ文化と日本文化』p.116〜117）

これを読むと、新渡戸稲造の「武士道」で称揚されている武士のモラルとは随分異なることが分かる。新渡戸が理想化した武士道では、武士は主君に忠義を尽くし、裏切ることがないように言われているが、室町時代においてはそうではなかったことが分かる。主君に忠を尽くすのが武士道の中心軸となったのは戦国時代が終わり、江戸時代以降、領土が固定化し、武士階級がいわば地方公務員となったあとのモラルなのである。

数多く来日した宣教師の中では、フランシスコ・ザビエルが最も有名だ。彼は1549年に鹿児島に上陸し布教を開始した。そしてすぐに、日本人が他のアジア人より理性的で優れていると感じ、次のように述べた。

此の国民は、私が遭遇した国民の中では、一番傑出している。……日本人は、総体的に、良い素質を有し、悪意がなく、交って頗《すこぶ》る感じがよい。彼等の名誉心は、特別に強烈で、彼等に取っては、名誉が凡《すべ》てである。日本人は大抵貧乏である。しかし、武士たると平民たるとを問わず、貧乏を恥辱だと思っている者は、一人もいない。

（F01『聖フランシスコ・デ・サビエル書翰抄(下)』p.26※一部現代表記に改めた）

此の国(日本)は、霊的に豊かな収穫をもたらす肥沃な土地で、今までの所では、人々がキリスト信者になることを、不思議とは思っていないようです。国民は理性的な人間です。彼等は無知の故に、多くの誤謬の状態に住んでいるけれども、理性が彼等の間では大切にされています。若し彼等を支配しているものが悪であるなら、こんなことのあろう筈がありません。

（F01『聖フランシスコ・デ・サビエル書翰抄(下)』p.84※一部現代表記に改めた）

日本人は、私の見た他の如何なる異教国の国民よりも、理性の声に従順の民族だ。非常に克己心が強く、談論に長じ、質問は際限がない位に知識欲に富んでいて……

（F01『聖フランシスコ・デ・サビエル書翰抄(下)』p.108※一部現代表記に改めた）

ザビエルは、その高潔な人格から日本のみならずインドでも非常に尊敬された。ただ、この書翰抄を読んだ私の率直な感想は、ザビエルは日本人を評価しつつも、やはり心の底では「キリスト教徒でないものは、だめだ」と、日本人に対する蔑視を抱き、常に上から目線で日本人を見下していたように感じる。

ザビエルは日本人は理性的だと評価したが、スウェーデンの植物学者で、オランダ商館の一員として江戸時代(1775~76)に長崎に滞在したツンベルク(ツュンベリーともいう)も同様の感想を次のように述べる。

上りの旅をする者は左側を、下りの旅をする者は右側を行く。……里程を示す杭《くい》が至る所に立てられ、どれほどの距離を旅したかを示すのみならず、道がどのように続いているかを記している。この種の杭は道路の分岐点にも立っており、旅する者がそう道に迷うようなことはない。

このような状況に、私は驚嘆の眼を瞠《みは》った。野蛮とは言わぬまでも、少なくとも洗練されてはいないと我々が考えている国民が、ことごとく理にかなった考えや、すぐれた規則に従っている様子を見せてくれるのである。一方、開化されているヨーロッパでは、旅人の移動や便宜をはかるほとんどの設備が、まだ多くの場所においてまったく不十分なのである。

(F04『江戸参府随行記』p.106~107)

日本人は理性的であるだけではなく、活発で、規律をよく守ると肯定的な評価は、幕末に日本を訪問したスイス人のエメェ・アンベールも次のように述べる。

日本人の間に認められる表情の活発さと相貌の多様性は、私の意見では、あらゆる他のアジヤ民族よりも、より自主的であり、より独創的であり、より自由である知的発育の結果である。

（F15『絵で見る幕末日本』p.116）

日本の全職人には秩序と規律がよく保たれているのに、私はまったく敬服した。

（F16『続・絵で見る幕末日本』p.302）

ここでアンベールが表情が活発と言っているのは、職人・町人たちが活き活きと働いていることを指すのだろう。つまり、自分の身分に安んじ、腕に自信を持ち、プロ意識が高いということだ。この生き方は、下層階級の生活が投げやりであった東洋の他の諸国と大きく違っていたということになる。

なぜ、日本の開国がうまくいったのか？

「西欧列強がアジア・アフリカを次々と植民地化したにもかかわらず、なぜ日本だけが植民地にもならず、さらには短期間で近代化を達成できたのか？」この問題に対する考えはいろいろとあろうが、私は一つの要素として幕末から明治にかけてイギリスの果たした役割が極めて大きいことが挙げられると考える。

とりわけ、イギリス公使として1865年から18年間日本に滞在したハリー・パークスは、明治政府に対して強硬な姿勢を示すと同時に、日本の近代化に対して有益な助言を行ったことが、日本の開国およびその後の近代化に大きく貢献した。例えば、明治2年(1869)6月のパークスの日記には次のような記事が見える。

政治面では(明治政府は)かなりうまくやっている。私はこの新生政府をもり立てて、なんとか正しい軌道に乗せようと頑張っている。しかしときには、疲れて嫌になる仕事である。

(F08『パークス伝』p.117)

パークスは明治の元勲たちと直接の交際があった。パークスは表面的には彼らに対して強硬な態度を示すことが多かったようだが、心の中では彼らの仕事ぶりに対してはかなりポジティブに評価していた。それはパークスの直接の言ではないが、『パークス伝』(F08)の著者、ディキンズは、明治の元勲たちの業績を次のように高く評価している(ちなみに、ディキンズは後日、南方熊楠《みなかたくまぐす》がロンドン滞在中、熊楠と親交を結び、共同で『方丈記』などを英訳している)。

大久保、木戸、岩倉、寺島のような指導者——すでに亡くなった人だけをあげると——の業績を考えるとき、国内問題において彼らの示した政治家としての洞察力、忍耐力、臨機の才、勇気に対して、深い感嘆の思いを禁ずることができない。彼らは後世の人人から賞賛を受けるだろうが、それは革命の推進者として成功したからではない。結局のところ、革命を起すのはあまり難しいことではなかった。それは日本が何百年もの鎖国状態から浮び上ったとき、国内の無政府状態や反動諸勢力を断乎として統制し、処理したことである。たとえ彼らの建設的事業が、永久に残るような成果を生じなかったとしても、それはただ、いかに人材に恵まれた環境にあっても、百年以内ではとても成就できそうもない事業を、十年間で成し遂げようとしたからに外ならない。

（F08『パークス伝』p.181〜182）

1879年パークスは、イギリスに残してきた夫人の健康がおもわしくないとの知らせを受けて急遽帰国したが、残念なことに夫人はパークスの到着を待たずに逝去した。パークス夫人は、外国人女性として富士山や浅間山に初登頂した人物である。1881年までパークスはイギリスに留まり、1882年になって日本に戻った。日本に滞在する外国人からは国籍に関係なく頼りにされていた、とディキンズは言う。

彼（パークス）が存在しているだけで、人々に安心感を与えたように思われる。彼の帰任は、外国居留民社会の各人の正当な権利を守ってくれる、有能で恐れを知らぬ人としてのみな

らず、待ちこがれた友人が帰ってきたと、一様に歓迎された。（F08『パークス伝』P.295〜296）

パークスは、一部の日本人の間では尊大でごり押しをすると不評だったようだ。しかし、ディキンズによると、イギリスのみならず日本の国益も考えて行動していたので、最終的には日本人から畏敬の念を持って見られていたという。

日本在勤の公使として、彼（パークス）はまず第一に英国の権益を守り、英国の貿易を発展させることが自分の任務であると心得ていた。……次に彼は日本の統一と、日本が世界各国の中に入って絶えず地位の向上を図ることが、彼の副次的な任務の目的であるばかりでなく、それ自体が最も望ましいことであると、彼は心の中で考えていた。（F08『パークス伝』P.347）

ある（日本の）大臣がチェンバレンと会って話をしたとき、「日本に来た外国人で、我々が思うようにできなかったのは、サー・ハリー・パークス唯一人であった」と言ったという。（F08『パークス伝』P.351）

パークスだけではなく、幕末、明治初期に日本を訪問した西洋人の中には誠実な態度で日本の開国、近代化を助けようとした人がいたが、エルギン卿もその一人であった。

（エルギン卿がカッテンディーケに言う）「私は政府に対し、日本人は他の東洋人種と同じに取り扱うの不可なること、列国は日本をして、条約を正直に実施せしめるよう力を貸し、励まさねばならぬ……」（F10『長崎海軍伝習所の日々』p.155）

ここでいうエルギン卿とは、第8代のジェイムズで、1858年に来日し、日英修好通商条約を締結した人物である。当時、イギリスはアロー戦争で中国と戦争をし、エルギン卿はその攻撃の総司令官でもあった。そのエルギン卿の目にも日本は中国だけではなく、アジアのどの国とも異なる国だと映ったということだ。

幕末に欧米の列強がアジアに進出した時に、なぜ彼らが日本を植民地化しなかったかという点を考えると、単に侍という武士集団がいたから、という単純な理由ではないことがはっきりする。つまり、日本の統治システムや社会の成熟度・安定度が植民地にできるような低レベルではなかったということを、西洋人が認めたからだと言えよう。

ただ、日本に西洋文明を持ち込み、近代化を推し進めることが本当の進歩か、あるいは日本人にとって幸福なことなのかについて、オランダ人のヘンリー・ヒュースケンは次のような疑念を呈す。

しかしながら、いまや私がいとしさを覚えはじめている国(日本)よ、この進歩はほんとうに進歩なのか？　この文明(ヨーロッパ文明)はほんとうにお前のための文明なのか？　この国の人々の質樸な習俗とともに、その飾りけのなさを私は賛美する。この国土のゆたかさを見、いたるところに満ちている子供たちの愉しい笑声を聞き、そしてどこにも悲惨なものを見いだすことができなかった私には、おお、神よ、この幸福な情景がいまや終わりを迎えようとしており、西洋の人々が彼らの重大な悪徳をもちこもうとしているように思われてならないのである。

（F09『ヒュースケン日本日記』p.221）

ヒュースケンはアメリカ領事のタウンゼント・ハリスの通訳として20代半ばで日本に来て、すっかり日本を気に入った。日本語も上達し、江戸市中も自由に闊歩し、存分に日本情緒を堪能した。そのため攘夷の侍たちに付け狙われ、最後には暗殺されてしまった。

この文に見られるように、小泉八雲(ハーン)と同じくヒュースケンは、あまりにも日本を美化し、理想化している。ただ、江戸末期の日本の風俗はヨーロッパのものに比べて遜色がないどころか優れている、それなのにわざわざヨーロッパの近代文明を入れてこの美風を壊す必要がどこにあろうか、というヒュースケンの憤慨は、現代的な視点から見ても極めてまっとうな意見だ。しかし、その後の歴史が示すように、当時のヨーロッパ帝国主義の前には武力のない国家は餌食にされる以外に道はなかったのも事実だ。

我々日本人が、幕末、明治維新の歴史を振り返り、アジアの他の諸国と日本を比べると、日本はなんと恵まれた条件で国際社会への仲間入りができたものかと感じる。その背景にはパークス、ハリス、ヒュースケンなど、幕末の物騒な日本に果敢に乗り込んできた欧米の先駆者たちがいたのである。

今、パレスチナ、シリアなど中東では、戦闘や自爆テロでいつ巻き添えを食って殺されるか分からない状況で、人々は日々、戦々恐々と暮らしている。もしあなたが会社からこのような地域へ出張せよ、あるいは駐在せよと命ぜられたら、はたして喜んで行くだろうか？　幕末の日本は夷狄《いてき》の欧米人を目の仇《かたき》にしていた武士がうようよしていて、欧米人にとってはまさに現在の中東に匹敵するような物騒な国であったのだ。

私は彼らの日記や滞在記を読むたびに、彼らの勇気に敬服すると同時に、日本人の高い素養という下地はあったものの、公正な観点から日本の美風を理解していた欧米人が少なからずいたからこそ、日本の開国およびその後の近代化がスムーズにいったのだと感じる。

ヨーロッパより進んでいた日本の人権意識

日本を訪問したヨーロッパ人は、日本の風習に戸惑いを覚えた。日本の風習の中には母国とまるっきり正反対のものもあったと、室町時代末期に来日したフロイスは『ヨーロッパ文化と日本文化』(F02)でいくつもの事例を挙げて説明している。

ヨーロッパでは未婚の女性の最高の栄誉と貴さは、貞操であり、またその純潔が犯されない貞潔さである。日本の女性は処女の純潔を少しも重んじない。それを欠いても、名誉も失わなければ、結婚もできる。
(F02『ヨーロッパ文化と日本文化』p.39)

ヨーロッパでは妻は夫の許可が無くては、家から外へ出ない。日本の女性は夫に知らせず、好きな所に行く自由をもっている。
(F02『ヨーロッパ文化と日本文化』p.50)

儒教的倫理観の厳しかった中国や、とりわけ李氏朝鮮では「忠臣は二君に事《つか》えず、貞女は二夫を更《か》えず」として、非のうちどころもない貞淑な女性でも再婚は厳しく禁じられた。日本人は、そのような非人道的で観念論的な硬直した倫理観は、室町時代までは持っていなかったことが分かる。また、女性も自由に街中を出歩くことができたことは、当時のヨーロッパ人からも見ても極めて珍しく、男女平等の人権意識が日本人にはあったことが分かる。

江戸時代に入り、長崎のオランダ商館に数多くのオランダ人とともに多国籍のヨーロッパ人が滞在した。その一人、スウェーデン人医師のツンベルクは日本人の持つ高い人権意識を次のように指摘する。

日本人は、オランダ人の非人間的な奴隷売買や不当な奴隷の扱いをきらい、憎悪を抱いている。身分の高低を問わず、法律によって自由と権利は守られており、しかもその法律の異常なまでの厳しさとその正しい履行は、各人を自分にふさわしい領域に留めている。

（F04『江戸参府随行記』p.220）

よく知られているように、豊臣秀吉はポルトガル商人が日本から人を買って売りさばいているのに立腹して、天正15年（1587）に国外への人身売買を禁じた。一方で、朝鮮侵略に際しては多くの朝鮮人が日本に連行され売買されるのを黙認した。

この矛盾する政策に関して、そのどちらに秀吉の本音があったのかは私には分からない。ただ、ツンベルクが指摘するように戦乱がおさまった江戸時代においては、日本人本来の性情が表れていたと思う。オランダ人は出島で働く（黒人あるいはインド人）奴隷を酷《むご》く扱っていたが、それは彼らにとって当たり前のことであった。しかし、日本人には人を牛馬の如く扱う行為に対しては、強い義憤を感じたのだ。

さらにツンベルクは、日本の法治主義の徹底にも感心している。

こんなにも法令集が薄っぺらで、裁判官の数が少ない国はない。法解釈や弁護士といった概念はまったくない。それにもかかわらず、法が人の身分によって左右されず、一方的な意図や権力によることなく、確実に遂行されている国は他にない。法律は厳しいが、手続きは簡潔である。

（F04『江戸参府随行記』P.284）

ヨーロッパのみならず、アフリカ、インド、東南アジアと世界の多くの国々を回ってきたツンベルクは世界の至る所で、人間が人間らしく扱われないのが当然だった当時において、すでに日本人が西洋の近代思想を全く受けていないにもかかわらず、現代用語で言う、基本的人権と財産権の不可侵の概念を持ち、厳格に運用していたことを驚異的なことだと感じたのだ。この点において、李氏朝鮮では奴婢《ぬひ》（官奴婢と私奴婢）の制度が古代から近代（1894）まで継続していた点と大いに異なる。

近代になって、ヨーロッパでは産業革命が起こり、工業化、都市化が進展した。しかし、それは庶民の生活の質的向上には必ずしも貢献しなかったようだ。19世紀に日本に来た、ドイツ人医師のシーボルトは、日本とヨーロッパの差を次のように指摘する。

ヨーロッパの工場都市の人間的な悲惨と不品行をはっきり示している身心ともに疲れ果てた、あのような貧困な国民階層は（日本には）存在しない……しかも日本には、測り知れない富をもち、半ば飢え衰えた階級の人々の上に金権をふるう工業の支配者は存在しない。労働者も工場主も日本ではヨーロッパよりもなお一層きびしい格式をもって隔てられてはいるが、彼らは同胞として相互の尊敬と好意とによってさらに堅く結ばれている。

（F05『江戸参府紀行』p.127）

ヨーロッパでは、人々の平等と博愛を唱えるキリスト教は教義としては発達したが、実際にはシーボルトが指摘するように、富と権力の極端な不平等と虐使が公然と行われていた。一方、日本では封建的な身分差別があったと言われながらも、実際にはヨーロッパよりは労働者を人としての尊厳をもって扱っていたことが分かる。

このように、日本国内だけを見ていると江戸時代の士農工商は厳しい身分差別のように思われるかもしれないが、当時のグローバルスタンダードからいえば問題にならないくらい、緩《ゆる》やかな格差であったことが分かる。

ヨーロッパと日本とを公平な観点で観察したシーボルトは、日本の産業の活発な様子を次のように伝える。

（兵庫）港内には絶えず非常に多くの大小の船舶が停泊し、港外には数えきれないほどの船が大坂に向かって行くのが見える。私は思うのだが、いったい世界のどこにこの兵庫と大坂の間の湾内ほど、大小無数の漁船や商船が行き来している所があるだろうか。……海岸

への自由な見晴しのきくたいていの場所から、肉眼で数百の船を数えることができる。（F05『江戸参府紀行』p.247）

日本人にとっては当たり前の光景も、シーボルトのように外国からの訪問者には驚くべきことに見えた。これによって、当時の盛んだった日本の海運の実態を知ることができる。海運だけではなく、さまざまな手工業も盛んであることにもシーボルトは感心している。

（紙製造）日本では製紙の簡単なことが、ヨーロッパにおける煩雑な工場とくらべて著しい対照をなしている。日本における紙のかなり多くの消費量は、紙が簡単にできるために一般に普及している製紙技術によってのみ可能となるのである。（F05『江戸参府紀行』p.178〜179）

日本（や中国・朝鮮）とヨーロッパの製紙の一番の差は、材料にある。日本では、紙の材料はミツマタ、コウゾなどの木材や竹であるが、西洋では亜麻のボロ着であった。そのため、繊維をほぐすのに化学薬品や水車などの動力を利用しなければならなかった。日本では良質の木の材料が豊富だったために、製紙に大がかりな設備を必要としなかった。また、日本が伝統的に識字率が高かったのは、本を広く普及できたためであるが、それは紙の製造コストがかなり安かったのも大きな要因である。

幕末に来日した若きデンマーク人、エドゥアルド・スエンソンは、宗教対立が全く存在しない日本に驚いている。

(日本人は)聖職者には表面的な敬意を示すものの、日本人の宗教心は非常に生ぬるい。……(仏教の)諸宗派の間にも驚くべき寛容が成立しており……

(F17『江戸幕末滞在記』p.206)

ヨーロッパでは、宗教対立によってしばしば大虐殺が起こっている。それも異宗教間ではなく、同じキリスト教徒の間での虐殺だ。スエンソンは、日本では宗派間対立がほとんど見られないことに驚くとともに、その根源にある日本人の寛容さに敬意を払っているのだ。

オランダ商館長ドゥーフが見た日本

江戸時代、西洋の国で唯一オランダだけが、日本と通商を許された。オランダの貿易は1621年から1847年まで続き、オランダ船は合計715隻が来日した。オランダ船によって日本へは中国産の生糸や絹織物が運ばれた。日本はそれに対して金、銀、銅、日本刀などで支払った。オランダは日本との直接の貿易ではなく、日本＝(中国＋東南アジア＋インド)＝ヨーロッパという三角貿易で富を築いた。この貿易拠点である長崎の出島には江戸時代、計

166人のオランダ商館長が滞在した。

その中には日本人と親交を結んだ商館長や日本文化の紹介に貢献をした人もいた。イサーク・ティチング（日本滞在：1779〜1784）は蘭学者の桂川甫周《ほしゅう》や蘭癖《らんぺき》大名の朽木《くつき》昌綱《まさつな》とは、帰国後も文通をするほどの緊密な間柄であった。また、若き商館員だったヨハン・フィッセル（日本滞在：1820〜1829）は『日本風俗備考』を書き、日本の風俗を世界に知らしめた。

日本ではズーフという名前で知られているヘンドリック・ドゥーフは、当初はオランダ商館の館員として来日し、次いで商館長として足掛け18年間滞在した。その間、日本人通詞らとともに大部の蘭和辞典（ズーフ・ハルマ）を作り、その後の蘭学の発展に大いなる貢献を果たした。ドゥーフは帰国後、1833年に『ドゥーフ 日本回想録』（F18）と題する日本滞在記を出版した。

この中から彼の鋭敏な観察力、国際感覚を知ることのできる文を示そう。

（要約）太閤秀吉は天下統一のあと、数多くの領主と侍たちの処置に困った。それで、中国（明）を征服するとの触れ込みで、彼らに朝鮮半島への進軍を命じた。もし戦いに負けて死ねば国内は安泰だし、もし勝てば朝鮮の領土を与えればよいだけの話だ。

（F18『ドゥーフ 日本回想録』p.8）

秀吉の朝鮮出兵は名目的には「明を征服するために朝鮮に道を借りようとしたが、断られたので朝鮮に出兵した」となっているが、ドゥーフは理論的に考えて、これは単なる口実に過ぎないことを見抜いていた。幾度となく酷い戦争の犠牲になったオランダ人ならではの、冷静で的確な指摘だ。

オランダ貿易は、当初（17世紀）は莫大な利益を生んだ。とりわけ銅と樟脳が日本からの主要な輸出品であった。

（要約）我々として日本から買いたい商品は銅と樟脳だけで、他の商品はどうでもいい。

（F18『ドゥーフ日本回想録』p.174）

これからすると、日本の銅と樟脳の品質が高く、かつ国際的に見て値段が安かったということになる。つまり、日本では銅と樟脳が安価で大量に生産できたということだ。しかし、江戸幕府は国内の銅が払底するのを恐れて、銅の輸出を制限した。その結果、オランダの日本貿易は徐々に先細りになった。しかし公式の貿易以外のルート、つまり密貿易で商館員たちは大いに儲けていた。その実態がドゥーフの口から明らかにされている。

（要約）オランダ政府も徳川幕府も公式には密貿易は禁止をしていた。ところが、実際には禁輸商品も含め、多くの商品が商館員によって密輸入されていた。私（ドゥーフ）が商館長だった期間にわずか1件の密輸が報告されただけであった。

（F18『ドゥーフ 日本回想録』p.56）

ドゥーフも自らがかつては商館員であったので、密輸の実態を知っていたが、商館長となってからは立場上、見て見ぬふりをしていたと思われる。いずれにせよ、日蘭貿易は公式の統計以外にかなりの密貿易があったと考えなければいけないということになる。つまり、公式の統計データからは、貿易量の実体がつかめないということだ。

結局、ドゥーフは日本に18年もの長い期間滞在することになった。1817年にバタビア（現在のジャカルタ）からオランダ船がやってきたことで、ようやくピリオドを打てた。ドゥーフは一旦バタビアに着き、そこから船を乗り換えて故国オランダに向かった。しかし、不幸なことに途中で船は座礁したので、日本で集めたすべての品々がオランダ人の新妻とともに海の藻《も》屑《くず》となってしまった。

日本人が気づかない日本の美点

19世紀に入り、日本近海に欧米の船舶がしきりに出没し、江戸幕府が対応に苦慮し始めていた1811年、ロシア船・ディアナ号の船長ワシーリー・ゴローニンが国後島で幕府の役人に捕縛された。一度は脱走に成功したものの捕らわれ、それから約2年間、ゴローニンは函館の牢獄に閉じ込められた。1813年にようやく解放され、祖国に戻ったゴローニンは、1816年に日本での体験談を出版した。

この本を読んで驚くのは、2年間日本にいたといっても、ほとんどの期間を牢獄で過ごしたという割には、ゴローニンの指摘に鋭いものを感じる。とりわけ、捕囚の身にあったにもかかわらず、日本の牢獄について次のような好意的な評価を寄せている。

今や我われ(ゴローニンたち)は、本当の牢獄《ろうごく》に入れられて、……日本人と同一待遇《どういつたいぐう》を受けることになった……これ(監獄)に関する日本の法律は、多くのヨーロッパの国の法律より比較《ひかく》にならなぬほど人道的《じんどうてき》である、と私はあえて言う。
(F14『日本俘虜実記(下)』p.86)

ゴローニンの証言から明らかなように、日本は囚人に対してもそれなりの人権を認めていたことが分かる。この点で、日本が日韓併合をして真っ先に朝鮮の監獄で日常的に行われていた囚人に対する拷問を廃止したことは、当時の西洋人(イザベラ・バード、エセル・ハワード、アーソン・グレブストなど)からも高く評価されている。

また、ゴローニンの記述からは、当時の日本人の識字率と読書レベルの高さが分かる。

日本人は殊《こと》の外《ほか》読書を好む。平《ひら》の兵卒《へいそつ》さえも、見張りのときもほとんど休みなしに本を読んでいる。しかし彼らの読み方はいつも、歌うように声を伸《の》ばして音読し、……耳障《みみざわ》りで不愉快《ふゆかい》であった。

（F14『日本俘虜実記(下)』P.17）

西洋人にとって読書は、知識人の特権のように考えられていた。それが、日本では兵卒クラスでも本が読めることに対して驚いている。また、どこで見たのか分からないが、ゴローニンは日本の寺の中にも入っている。

日本人は多くのヨーロッパの国民ほど迷信《めいしん》深くない。……(日本の)寺の内部は、最初の印象では、カトリックの教会とまことによく似ており……

（F14『日本俘虜実記(下)』P.27）

日本に来たヨーロッパ人からは度々、日本の寺の内部はカトリックの教会と非常によく似ているとの証言がある。例えば、明治末期に東北地方を旅行したイギリス人女性、イザベラ・バードには、次の記述が見られる。

六郷の寺は非常に美しい。その飾りが堅固なことと、趣味がすぐれて上品なことを除いては、カトリックの教会とほとんど変らなかった。

（F19『日本奥地紀行』p.174）

日本人の美点を挙げる西洋人は多い。若きデンマーク人、エドゥアルド・スエンソンは日本語は分からなかったが、同年輩の日本人とのざっくばらんなつきあいから、次のような結論を導いた。

ユーモアがあってふざけ好きなのは(日本の)すべての社会階層に共通する特徴である。

（F17『江戸幕末滞在記』p.121）

(日本人は)普段は柔和でおとなしい性格に対する私の信頼が揺るがされたことは一度もなかった。

（F17『江戸幕末滞在記』p.154）

ヨーロッパ人にとって当たり前に思える作法も日本人にとっては不愉快であることから、スエンソンは風俗の善悪や醜美はヨーロッパ的な尺度が絶対的なものではなく、全て相対的なものであると考えるに至った。

日本人の目にも、西洋人の習俗習慣のうちの多くが、われわれが日本人に対して感じるのと同じように不愉快なものとして映っている。(例：ハンカチで鼻をかむ)

(F17『江戸幕末滞在記』p.127)

現在の日本もそうであるが、江戸末期も窃盗が少なかったことが西洋人には驚くべきことであったようだ。

(江戸では)数えきれないほどおびただしい桶、樽、陶器の壺が町角のあちらこちらに置かれているが、誰も盗む者などありはしない。

(F16『続・絵で見る幕末日本』p.263)

江戸時代の日本における治安の良さは、なにも武士が威張っていたからではなく、庶民の遵法意識の高さが根源的理由であり、その意識はヨーロッパ以上であったということだ。

イザベラ・バードは極東(中国、朝鮮、日本)だけではなく、広くアジア各地を旅した。その広い知見から、日本を次のように好意的に評価する。

(米沢では)自力で栄えるこの豊沃な大地は、すべて、それを耕作している人びとの所有するところのものである。彼らは、葡萄、いちじく、ざくろの木の下に住み、圧迫のない自由な暮しをしている。これは圧政に苦しむアジアでは珍しい現象である。

（F19『日本奥地紀行』p.152）

その観点から、日本では他のアジア諸国と異なり、私有財産権が確立していることが特筆されるべきことだと分かる。民衆の幸福は、このような一見ありふれたものの上に成り立つということだ。

（赤湯という温泉町）この街道筋は、日本旅行の大きなルートの一つとなっている。温泉場を訪れて、彼らの風習や娯楽、そしてヨーロッパから何も採り入れていないのにまったく完璧な文化を観察するのは、興味深いことだ。

（F19『日本奥地紀行』p.154）

宿泊の設備は、蚤《のみ》と悪臭を除けば、驚くべきほど優秀であった。世界中どこへ行っても、同じような田舎では、日本の宿屋に比較できるようなものはあるまいと思われる。

（F19『日本奥地紀行』p.211）

欧化思想が吹き荒れていた明治の10年代は、逆にバードのようなヨーロッパ人から見れば、日本は母国と同等の高い文化を持っていると評価されていた。こういった欧米人の評価を総合的に考えると、日本人は自分たちの高い文化を客観的な立場から冷静に分析することは、ついぞなかった。この傾向は、何も欧化思想が吹き荒れた明治期や第二次世界大戦後のアメリカナイズされた時代だけに限らず、平成の現代までもずっと残っているように思える。

混浴から見える倫理観

現在の日本では、室内でペットの動物を飼い、ペットの口にキスをすることもある。しかし明治の開国当初、欧米に出かけた日本人は、このような光景に仰天した。というのは、当時の日本人には、動物が人間並みの扱いを受け、同じ皿を使うということは信じられないことであった。

逆に幕末の日本を訪問した欧米人は、当時の日本の混浴の様子や、通りから銭湯の中が丸見えの様子に驚いた。彼らは、一様に混浴という現象は自分たちの社会ではあり得ない行いであると考えていたようだ。しかし、ヨーロッパにもかつては混浴文化はあった。ローマのカラカラ浴場をはじめ、ローマの軍営があったイギリスのバース、ドイツのバーデンバーデンなどにも浴場を建設したが、それらの浴場では一時期は江戸時代の日本同様混浴であったことは、混浴禁制が発布されていることから分かる。

さて、ヨーロッパ人の混浴に対する評価は善悪、両極端に分かれているものの、日本の混浴風景を実際に見た欧米人には、キリスト教の原罪というフィクションに毒されていない日本人の倫理観をむしろ好ましいと思っていた人が多かったようだ。例えば、スエンソンは次のように客観的で理性的な評価を下している。

(要約)(男女の混浴について)倫理的に不道徳と非難すべきではない。むしろ、それをしげしげと野卑な視線で眺めている外国人のほうが非難されるべき。(F17『江戸幕末滞在記』p.127)

スエンソンに限らず、混浴を性風俗の乱れ、というように解釈しなかった欧米人は多い。例えば、トロイ遺跡発見者のハインリッヒ・シュリーマンも『シュリーマン旅行記 清国・日本』(F12)で次のように述べる。

日本人が世界でいちばん清潔な国民であることは異論の余地がない。どんなに貧しい人でも、少なくとも日に一度は、町のいたるところにある公衆浴場に通っている。(F12『シュリーマン旅行記 清国・日本』p.87)

と、まず庶民でも毎日銭湯に通うと説明したあと、道路からでも銭湯の入り口が見えるという状況を伝える。さらに、銭湯の前を通りかかったある時、のれん越しに混浴の浴場で三、四十人の全裸の男女を目にした瞬間「なんと清らかな素朴さだろう！」と思わず感嘆した。しかしその直後、さらに彼が仰天する出来事があった。それは、湯につかっていた男女が、通りを歩いているシュリーマンの時計の鎖に付いている大きな紅珊瑚《べにさんご》の飾りを見ようとして、あわてて浴場を飛び出してきたことだ。裸の人々に取り囲まれたシュリーマンの感想を聞いてみよう。

（裸でいることに）誰かにとやかく言われる心配もせず、しかもどんな礼儀作法にもふれることなく、彼らは衣服を身につけていないことに何の羞《は》じらいも感じていない。その清らかな素朴さよ！

（F12『シュリーマン旅行記 清国・日本』p.88）

彼はキリスト教の教える「裸＝不道徳」という概念が当時の日本人にはなかったが、日本人の倫理観は間違ってはいないと確信したのだ。

スイス人のエメェ・アンベールも、混浴や日本人の倫理観について次のような理性的な判断を下している。

（要約）（混浴について）ヨーロッパ人がよく言う「日本人には羞恥心がない」というのには賛成

できない。

（F16『続・絵で見る幕末日本』p.109）

未婚の女性でも放埓《ほうらつ》な者はすこぶる稀《まれ》で、とうてい想像もつかないほどである。

（F16『続・絵で見る幕末日本』p.210）

（日本の）神話の中の倫理観は、キリスト教を除けば、世界の中でも優れたものに違いない。……ここ（日本の倫理観）にこそ、日本の働く階級の人たちの著しい特徴である陽気なこと、気質がさっぱりとして物に拘泥《こうでい》しないこと、……天真爛漫《てんしんらんまん》であることの源があるのだ、と固く信ずる。

（F16『続・絵で見る幕末日本』p.290）

幕末に日本を訪問したほとんどの西洋人は、アンベールがここで述べているように、混浴が性風俗の乱れの結果ではないことを正しく理解していた。逆にキリスト教の原罪の教えが浸透していない日本人が、活き活きと暮らしている姿に感心している。

会議の長さは150年前から

室町時代に日本を訪問したヨーロッパ人の大多数は宣教師であったので、日本の風俗全般に対してキリスト教ではない「異教的」だと侮蔑的な態度が多かった。しかし、前述のように江戸末期から明治期にかけて日本を訪問した欧米人は、そういったキリスト教一辺倒の観点を離れて、公平に日本の風俗を判断している人が多い。だが、そうは言っても、やはりキリスト教の道徳を基準に日本の倫理観を批判する人も多かった。イザベラ・バードの次の意見はその一例である。

(日本人は)礼儀正しく、やさしくて勤勉で、ひどい罪悪を犯すようなことは全くない。しかし、私が日本人と話をかわしたり、いろいろ多くのものを見た結果として、彼らの基本道徳の水準は非常に低いものであり、生活は誠実でもなければ清純でもない、と判断せざるをえない。

(F19『日本奥地紀行』p.124)

彼女が指摘している道徳の水準の低さや、生活が誠実でもないし清純でもないというのは、ヨーロッパの中流(から上級階級)のクリスチャンの観点からの判断であると考えられる。

バードはさらに、日本にも極めて不潔な地域もあったと述べる。

宝沢《ホーザワ》と栄山《サカイヤマ》に来ると、この地方の村落の汚さは、最低のどん底に到達しているという感じを受ける。鶏や犬、馬や人間が焚火の煙で黒くなった小屋の中に一緒に住んでいる。堆肥の山からは水が流れて井戸に入っていた。……大人でも男子はマロ(ふんどし)だけしか身につけておらず、女子は腰まで肌をさらしており、着ているものといえば、たいそう汚れたもので、……彼らの家屋は汚かった。彼らは、あぐらをかいたり、頭を下げてしゃがみこんだりしているので、野蛮人と少しも変らないように見える。……慎みに欠けているといえば、私がかつて一緒に暮したことのある数種の野蛮人と比較すると、非常に見劣りがする。

(F19『日本奥地紀行』p.123)

バードは当時のヨーロッパ人としては、極めて人種偏見の少ない(あるいはほとんどない)人だ。それで、彼女のこの記述は額面通り受け取るべきだと考える。確かに、現在この地方(新潟県と福島県との県境)に住んでいる人にとっては迷惑な記述かもしれないが、当時(明治11年)の日本の貧しい農村の実態を知ることができる。

現在は、このようなレポートをすると「ヘイトスピーチ」と見なされてしまう可能性があるが、「事実通りの報道」と「偏見」は、明確に区別すべきである。日本人の欠点は我々日本人が見るとなかなか分かりにくいが、欧米人から見るとよく見えるものだ。

例えば、現在でも往々にして日本人の会議では、議論が空転してなかなか結論が出ないことが多い。それは今に始まったわけではなく、昔から日本人の悪癖である。ロシア人のゴローニンは、監獄の中から日本人の会議の様子を見て、次のような感想を述べる。

（ゴローニンたちのために囲炉裏を取り付ける場所を日本人が時間をかけて議論したことについて）日本側のまだるっこさや、つまらぬことにまで注意深いことに、我われは随分《ずいぶん》と悩《なや》まされてきたが、こんな些《さ》細《さい》なことにまでみんなが集まって会議を開き、たっぷり一時間も検討する……

（F14『日本俘虜実記（上）』p.233）

日本人の議論が長々とかかることに対して、ゴローニンが呆れてしまっている。これは、議論の最初に決定の原則について合意しないから起こる問題で、現在でも頻繁に見られる。日本は明治の近代化からすでに150年も経とうとしているのに、依然としてこの点が改善されていない。

日本人の欠点に関していえば、私は常々「日本人には多様な価値観の並存を認めつつ包括的に最適運用するというマネジメントができない。つまり多様性、複雑性には対処できない」（X12『本物の知性を磨く 社会人のリベラルアーツ』p.150）と考えている。

日本人は複数の価値基準を持つ（正しくは、持ち替える）ことが苦手で、ついつい単一の価値基準にしがみつきがちだ。その結果、日本では「純粋さ」や「一意専心」など単一の価値基準に殉ずれば、事の善悪、事の成否を顧みず、それだけで至高と見なす精神的風土がある。こういった背景には有史以来、日本では大がかりな牧畜がなかったせいではないかと私は考えるが、今村鞆《ともえ》も同様の結論を述べている。

支那に牧民と云う熟字があるが、畜類を取扱うに下手な短気で偏狭なる国民性を持てる民族は、決して異民族を完全に治め得るものでは無い。

（K19『歴史民俗朝鮮漫談』p.341※一部現代表記に改めた）

いずれにしろ、日本には、諸外国から物質的なもの（機械類）や制度的なもの（議会制民主主義、保険）は比較的容易に導入でき、定着したが、人々の考えの根幹にかかわるもの——即ち文化のコア——はほとんど変わらなかったということが分かる（K19『歴史民俗朝鮮漫談』p.298）。

欧米人が認めた技術の高さ

科学技術はヨーロッパだけではなく、イスラム、インド、中国、日本にもあったことは、前著『本物の知性を磨く 社会人のリベラルアーツ』（X12）でも述べた。確かに近代合理的な科学精神はヨーロッパにしか生まれなかったし、石炭や水蒸気などの動力を使った産業機械類は近代では欧米が一番進んでいた。これは何も東洋人の頭が粗雑であったからではなく、単に、現象の合理的説明を求める意欲やしぶとさが足りなかっただけの話である、と私には思われる。

例えば、日本ではフランスのルイ・パスツールより300年も早く火入れの事実を知りながら、それを理論化できなかったように、日本人は原理や理屈はともかくも、現実の問題が解決すればそれで良し、とする性分である。それに対して、古代のギリシャ人とその薫陶を受けた近代ヨーロッパ人は、良くも悪くも根本原理に到達するまで探求を止めない。さらには日本では、科学技術はむしろ「芸事《げいごと》」として発展したという背景がある。

例えば、元来は土地測量や会計のために発展した算術は、算額に代表されるような趣味的な和算へと発展した。あるいは、機械は実用的な生産設備ではなく、機構学(メカニズム)に凝った趣味性豊かな和時計へ、さらには世界に類のない自走ロボットのからくり人形となった。つまり、日本においては技術は工芸に転化して発展したと言ってよいだろう。

その一つの成功例が、江戸時代の木版印刷(整版)技術である。浮世絵に代表される木版画は、当時においては世界に類を見ない豪華な多色刷りで、繊細な筆使いまでも極めて忠実に表現した。さらに、さまざまな種類の印刷物(仏書、儒書、草双紙、実用書)がそれまでにない低廉な価格で大量に出版された。それに加え、貸本屋が都市部、農村部問わず存在した。

こういった環境の助けもあり、日本の各地に寺子屋が続々と開設されることとなった。その結果、一説によると都市部での識字率は7割は超えていたと言われる。庶民はあたかも現代の我々がレンタルビデオを借りたり、文庫本を購入するような気軽さで本を借りたり、購入したりしていた。このような華やかな江戸時代の出版文化が漢学、国学、蘭学など、多彩な学問が繁栄する豊かな土壌となったと言える。とりわけ、科学技術の面では蘭学者たちの新しい知識に対する熱心な姿勢が光る。

その様子を、ツンベルクの滞在記から見てみよう。

江戸に到着するとすぐに、我々は毎日大勢の日本人の訪問を受けた。……一般的な挨拶と会話が済むと、その後は広い分野の学問により精通している私一人が、ほとんど彼らの質問に応対した。……（桂川甫周、中川淳庵《じゅんあん》の訪問について）二人とも――とくに中川は――かなりうまいオランダ語を話し、……言い表わせないほどにうちとけ、進んで協力し、学ぶことに熱中した。……彼らの熱心さに疲れ切ってしまうことがよくあったが、彼らと一緒に楽しくかつ有益な多くの時を過ごしたことは否めない。

（F04『江戸参府随行記』P.166〜168）

日本の蘭学者、とりわけ桂川甫周、中川淳庵を高く評価したことをツンベルクはスウェーデンに帰国後、本に書いた。その後、アリューシャン列島に漂着した大黒屋《だいこくや》光太夫《こうだゆう》がキリル・ラックスマンに連れられて1792年に帰国した時、自分の名前がヨーロッパで知られていることを光太夫から直接聞いた桂川甫周は、非常に驚いたという。

蘭学者だけではなく、ツンベルクは日本人の国民性について次のように総括する。

一般的に言えば、国民性は賢明にして思慮深く、自由であり、従順にして礼儀正しく、好奇心に富み、勤勉で器用、節約家にして酒は飲まず、清潔好き、善良で友情に厚く、率直にして公正、正直にして誠実、疑い深く、迷信深く、高慢であるが寛容であり、悪に容赦なく、勇敢にして不屈である。

（F04『江戸参府随行記』P.219）

ツンベルクの指摘の一部（例：酒は飲まず）には実態を反映していないと思われる部分もあるが、概して日本人の特徴をよくつかまえている。もっともヨーロッパ人がアルコール度の高い蒸留酒を浴びるように飲むのと比較すると、日本人がお猪口《ちょこ》でちびりちびりと飲むなどは、酒を飲んでいるうちに入らないと言っているのかもしれないが。

ところでツンベルクは、日本の科学技術のレベルについて、次のような感想を述べている。

日本では学問はまだ発達をみていないが、そのわりに国民は、どんな仕事においてもその賢明さと着実さを証明している。

（F04『江戸参府随行記』P.219）

この指摘により、日本では原理・法則を追求する「科学」は未発達であり、もっぱら実用的な「技術」に長けていたことが分かる。つまり、ツンベルクのような西洋流の科学の本質を分かった人から見れば、日本人の求めているものはあくまでも「実用技術」であり、「純粋科学」（サイエンス）ではなかったことが分かる。

さて、江戸末期のペリーの黒船来襲が日本社会を大きく転換させた。ペリーの一行は1853年に突如として、日本に来航し、幕府に開港を迫ったが、幕府は1年の延期を願ったため、翌年、再航して日米和親条約が締結された。『ペルリ提督 日本遠征記』（F11）はこの遠征時に見た日本と沖縄の詳細な報告書で、米国議会に提出された。これを読むと、短期間の間に随分と日本の生活状況を事細かに観察していることが分かる。それよりも驚くのは、日本という国の強みと弱みをすでに大づかみではあるが把握していたことだ。

まず強みについては、次のように述べる。

> 実際的及び機械的技術に於て日本人は非常な巧緻を示している。そして彼等の道具の粗末さ、機械に対する知識の不完全を考慮するとき、彼等の手工上の技術の完全なことはすばらしいもののようである。日本の手工業者は世界に於ける如何なる手工業者にも劣らず練達であって、人民の発明力をもっと自由に発達させるならば日本人は最も成功している工業《マニュファクチャーリング》国民《ネーションズ》に何時までも劣ってはいないことだらう。
>
> （F11『ペルリ提督 日本遠征記（四）』p.127〜128 ※一部現代表記に改めた）

ジュネーブの時計業組合の組合長であったエメェ・アンベールも、日本の工業技術のレベルの高さを即座に認め、ペリーと同様、日本の工業の発展を予見した。

日本人は、あらゆる東洋人の中で、ヨーロッパ文明と必要性にもっとも速やかに慣れ、もっとも気安く、ヨーロッパの工業生産品に興味をもっている。

（F16『続・絵で見る幕末日本』p.349）

日本は、……気候条件と、生来の才能によって、工場、製造業、工業及び太平洋の西の船着場たる点を根拠地として、航海の中心となるべき運命を担っている、と私（エメェ・アンベール）は考えるのである。……

日本人は、……ヨーロッパ諸国民の、手強《てごわ》い競争相手となりたい高邁《こうまい》な野心を抱いている。

……力量を具えさえしたならば、必ずやその野心を達成することは確実である。

（F16『続・絵で見る幕末日本』p.353〜355）

また、ペリーの指摘と同じく、ヨーロッパの基準から言えば道具が非常に原始的であるにもかかわらず出来上がりが良いと、アンベールは感心している。

極めて素朴な手段と、最も原始的な器具と、最も原則的な方法とで、利便をもたらしているこの実際的な能力が、日本人の芸術や手芸にも、同じように表われている。

（F15『絵で見る幕末日本』p.111）

ヨーロッパ人が日本人の職人に接して驚くのは、彼らのもつ技巧が極限に達していることである。

（F16『続・絵で見る幕末日本』p.160）

（時計職人の道具について）わずか金槌《かなづち》一梃《ちょう》、鑢《やすり》二、三本、鋏一組、それに、錐《きり》が何本かにすぎないのである。（粗末な道具で見事な仕事をするということ）

（F16『続・絵で見る幕末日本』p.162）

江戸の（工芸品の）製作者は、……（いくつかの）不完全な知識を除けば、他の部分はほとんど非のうちどころがなく、ただ絶賛するだけである。

（F15『絵で見る幕末日本』p.283）

このような高度な日本の技術を見て、エメェ・アンベールはヨーロッパが世界各地を席巻している点を次のように指摘する。

われわれ（ヨーロッパ）は、みずからの優勢について錯覚を起こしてはならない。それは、われわれの政治的威信でもなければ、大使の功績によるものでもない。……機械工業の技術面におけるわれわれ（ヨーロッパ）の文明の優越性なのである。

（F16『続・絵で見る幕末日本』p.346）

アンベールは極めて客観的にヨーロッパと日本を比べて、日本文明の高さをヨーロッパと同等であると認識している。ヨーロッパが勝っている点は、機械工業（を含め、動力駆動の近代工業）の部分であると指摘している。

道具に技巧をビルトインする発想

ペリーが感心したように、日本の大工の道具は一見シンプルで、道具自体には種もしかけもないのだが、出来上がったものは非常に精巧である。スイス人のアンベールも同様な指摘をしたが、このことは、西洋人の持つデジタル思考と日本人が本来的に持つアナログ思考の差を端的に表している。

ところで、デジタルとアナログという単語は日常生活でもしばしば出てくるのでなじみがあるが、改めてそれぞれが一体何を意味しているのかと問われると、答えに窮するのではないだろうか。

図1　道具に技巧をビルトインする西洋の発想

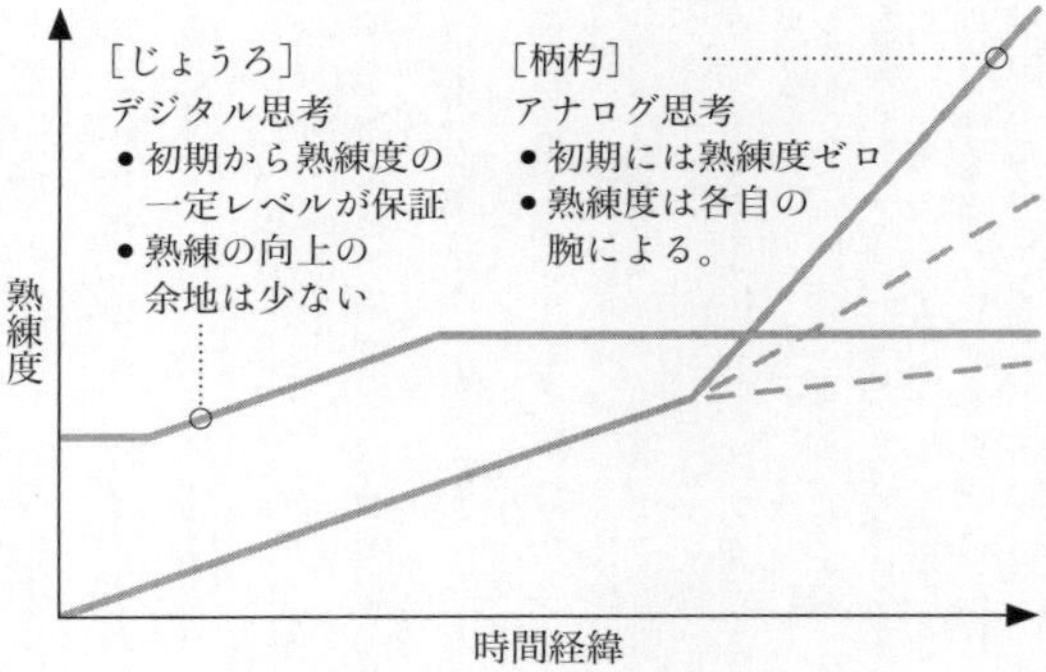

デジタルとアナログの差を端的に表す例が、靴と下駄だ。シンデレラの話を考えれば分かるように、靴は特定の足にしか適合しないが、下駄は誰でも履ける。つまり、デジタルというのは靴のように確定的なものを言うのに対し、アナログというのは下駄のように曖昧・非確定的なものを言う。それぞれの特徴としては、デジタルは情報が固定化しやすく、法則化しやすいという利点があるのに対し、アナログは、感性的に直感で理解できるという利点がある。西洋人の思考は根本的にデジタル的であり、日本人はアナログ的である。

この差を、水を撒《ま》く道具としてのじょうろと柄杓《ひしゃく》で説明しよう。

じょうろに水を入れると、小さな子供でも簡単に水を撒くことができる。一方、桶に水を入れて柄杓を与えても、子供は水を撒くことができない。この差はどこからきているのだろうか？

この点を、図1で説明しよう。

じょうろの場合、子供がすぐに水撒きができるのは、じょうろという道具にはじめからある程度のレベルの技巧が埋め込まれているからだ。ただ、じょうろでの水撒きは上達には限度がある。言い換えれば、じょうろという道具に限らず、西洋の道具には素人でも上手に仕事ができるように「技巧がビルトインされている」が、上達の伸びしろが少ないのである。

その反対に、柄杓では最初は水が上手に撒けない。それは、柄杓という道具に技巧がビルトインされていないからだ。柄杓を使うには熟練を要する。つまり、上手に水が撒けるのは使う人の腕であって、道具には技巧が内在していない。じょうろと柄杓だけではなく、西洋（デジタル）と日本（アナログ）の考え方は、全ての道具に共通している。

例えば、乗り物として西洋の馬車と日本の駕籠《かご》を比べてみよう。江戸末期に日本を訪問したシーボルトは長崎から江戸までの道中で駕籠に乗ったが、熟練した駕籠かきの駕籠はすこぶる快適であったという。

> （駕籠かきについて）九州の沿道では不器用な百姓が、荒い駄馬に乗っている時のようにわれわれわれをゆすった。だからわれわれは動揺と衝撃のために陸上で船酔心地であった。しかるに京都から江戸に至る街道では、熟練した駕籠舁がわれわれをゆらさずに静々と運んだので、われわれは駕籠の中で読み書きもでき、眠ることもできた。
>
> （F05『江戸参府紀行』p.15）

馬車は振動を減らすために、いろいろな技巧が馬車という乗り物にビルトインされた。例えば、車輪をゴムでくるんだり、空気タイヤに代えたり、サスペンションを付けたりした。一方、駕籠には最後まで振動を減らすための技巧はビルトインされることがなかった。それでも、駕籠かきの技巧をブラッシュアップすることで、どの馬車より乗り心地が良かったのである。日本人のアナログ思考と西洋のデジタル思考の差は縮まったとはいえ、我々の身の回りの道具を見ると、例えばアーチェリーと弓のように開国後150年経った今なお、厳然として残っていることが分かるであろう。

間違った日本人論に振り回されるな

世の中には、「悪貨は良貨を駆逐する」ケースが数多くある。

文明批評の観点で一番多いのが、「日本は農耕民族、ヨーロッパは狩猟民族なので発想が異なる」というものであろう。これなど、ちょっと考えればすぐに間違いであることが分かる。

ヨーロッパは、北欧の一部を除いて伝統的に農耕民族である。フランスを見ても分かるが、ヨーロッパの大地には穀物が豊かに稔《みの》っている。ヨーロッパというのは正確には、農業と牧畜がセットになった農耕民族なのだ。しかし、一旦諺《ことわざ》のように定着してしまった言葉は理性的には吟味されずに、つい反射的に口をついて出てきてしまい、最後には真理として定着してしまう。

日本人論に関しても、同じような間違った認識が蔓延している。その筆頭が聖徳太子の十七条憲法にある「和を以って貴しと為す」であろう。

この言葉は、明らかに中国の経書の文句の剽窃《ひょうせつ》である。礼記・儒行篇(第41)には、「礼は和を以って貴しと為す」(禮之以和爲貴)とある。聖徳太子はその最初の2文字を削除したが、あたかも聖徳太子オリジナルの文句のように誤解され、ひいては日本の伝統的価値観の根本思想だと妄想されるに至った。私は、もし聖徳太子が現代のこの現象を見たなら、きっと困惑した顔をするに違いないと想像している。

改めて日本人のアイデンティティを考えてみようとすると、日本人とは一体どの時代の日本人を指して言えばいいのであろうかと戸惑う。

明治になって新渡戸稲造や鈴木大拙《だいせつ》がそれぞれ武士道や禅についての本を英語で出版したため、あたかも日本精神の精髄が武士階級にあったかのように誤解されがちである。確かに日本の国家としての歴史はせいぜい2000年であり、そのうちに武家社会が平安末期より台頭して以来1000年であるから、武家社会をもって日本人社会の代表とするのも一面では十分納得できる。

しかし、どの民族も歴史が書かれるずっと以前から固有の民族的アイデンティティ(個性)を持っていたはずだと仮定するなら、武家社会をもって日本の代表とするわけにはいかないことは自明であろう。こう考えると、本来の日本、つまり原日本のアイデンティティを探るには、武家が登場した時代よりも少し遡って考える必要がありはしないか。

私は、原日本人は江戸時代の武士が尊重した「義」などという小難しいことを考えるような思弁的な民族ではなかったと考えている。それは、古事記の神代の猥褻さが満載の、未成年お断りの禁書すれすれの文章が出てくるいくつかの物語を読めば、説明するまでもないことが分かるであろう。

義という言葉は「ぎ」という音はあっても、訓がないことから明らかなように、日本人には元来無縁の概念であった。これは、観念的かつ形而上的なことが大好きな中国人の政治的プロパガンダのために造った単語だ。

中国は本来的に異民族が熾烈な競争を繰り広げる社会であった。そういった混乱の中、集団をまとめていく指導理念として作り出されたのが魔法の小槌である「義」であった。「魔法の小槌」という意味は、この義を振りかざすことで全ての行為が超法規的に是認されてしまうからである。人権無視、法秩序無視を国是としてきた中国の病巣は実は、この義という概念にあったのではないかと思う。

世間では、日本と中国は「一衣帯水」あるいは「同文同種」と言われ、あたかも同じ価値観を共有し、同じメンタリティを持っているように錯覚されているが、私は中国人・中国文明の本質はデジタル的であり、日本人の本質はアナログ的であると考えている。つまり、本来的には中国と日本は水と油の関係にあるのだ。私は、現在の日中関係は、こういった本質論から見ていかない限り、正しく理解できないと考える。

この意味で日本や日本人の特性を考える場合、中国と日本という二項対立の図式の枠内で考えるのではなく、西洋文明という第三のフィルターを通し、かなり客観的な立場から冷静に分析された日本人の原像を事細かく保存している欧米人の旅行記、滞在記は何にも増して、我々日本人にとって、貴重な情報の宝庫であると言える。

コラム1

敵に大理石を贈る

「敵に塩を贈る」とは、上杉謙信が敵将の武田信玄を高く評価していたという話だが、同様の話がパリにも残る。

パリのナポレオン廟（アンヴァリッド）の棺は巨大な赤花崗岩で作られているが、これはナポレオンが攻め入った当のロシア皇帝からの贈り物であるとのこと。どちらも敵からも評価された将軍と言える。

ところで、日本が開国に踏み切った一つのきっかけがアヘン戦争であると言われている。その発端は、イギリス船がアヘンを中国に大量に密輸したが、清の欽差大臣・林則徐（1785〜1850）がイギリス船といえども容赦せずにビシビシと取り締まったためである。林則徐は、清の官僚の中でもとりわけイギリスに対抗的であった。

幕末にロンドンを訪問した幕臣・栗本鋤雲によると、ロンドンのロウ人形の館、マダム・タッソーには驚くことに林則徐のロウ人形が置いてあったという。

> 竜動《ロンドン》に蠟人の観あり、世界有名の人物挙《あげ》て遺《のこ》すなし、支那林則徐《りんそくじょ》の如き亦《また》其中に列せり、鬚眉《しゅび》生《いけ》る如く語らんと欲し笑《わらわ》んと欲するに似たり、
>
> （J04『幕末維新パリ見聞記』P.154）

イギリス人といいロシア人といい、自分たちを苦しめた敵将に惜しみなく敬愛の情を示す。なんと太っ腹かと思う。林則徐やナポレオンを憎き敵将とは見ず、偉大な人物と尊敬の念を持っていたということだ。

第2章

人間不信の中国

虚像だらけの中国理解

私は、過去の日本の歴史における中国からの影響は、「間接的」であったと考える。確かに飛鳥時代からの中国文化・文明の流入は、日本社会を根幹から変えたとも言えるほどの大きなものがあった。しかし、その流入の仕方を見ると、太古はいざ知らず、白鳳・飛鳥時代以降は常に文化人（留学生、留学僧、帰化人）あるいは貿易品を介したものであり、中国の人々が直接もたらしたものは至って少ない。近世の江戸以降の漢学者たちも、実際に中国の現地に足を踏み入れた人は絶無で、彼らのもたらした漢文学は全て書籍からであった。

このように、日本にもたらされた中国文明は現地に豊満にあった夾雑《きょうざつ》・猥雑な部分が完全に除去されてしまったものであり、結果的に、日本人は中国人ならびに中国文明の真の姿を知ることがなかった。

これは喩《たと》えて言うと、野菜や果物を輸入する際に、現物ではなく、消毒・滅菌した種子だけを輸入して、国内の土壌で栽培するようなものである。中国には「江南為橘《こうなんのたちばな》、江北為枳《こうほくのからたちとなる》」という言葉がある。その意味は、土壌が変われば、同じ木でも淮水《わいすい》の北側では橘になり、南側では枳という別の植物になってしまうということだ。つまり、実物ではなく種子を持ってきただけでは、元の姿は分からないということである。

日本人が見ている中国は、本物の中国とは異なる虚像である、と認識することは重要である。実物と出会うというのと、間接的に（書物やテレビなどを通して）知るというのは全く異なる。例えば、テレビのドキュメンタリー番組などで世界各国の民家にレポーターが滞在し、その活動を通してその地域の風俗習慣をレポートするものがある。テレビのこちら側で、カウチポテトで見ている我々は野趣あふれる現地の情景を楽しんでいるが、現地のレポーターは、実は全く別の感情に陥っているはずだ。それは、周りの臭いや肌にまとわりつく湿気、あるいは砂ぼこりなどの感触が誘起する感情だ。人の体験というのは、確かに視覚が非常に大きなウエイトを占めていることは間違いないが、視覚以外の嗅覚や触覚など、映像では伝えることのできない感覚も相伴って経験の総体を形成していく。

この点から考えると、輸入された書籍や物から中国を理解していた日本人の伝統的な中国理解には、どこか決定的な欠陥があると考えるのが自然だろう。

一つの例が儒教である。中国の思想と言えば真っ先に孔子、論語、徳治《とくち》、仁義、忠孝などと儒教関連の言葉が浮かぶ。そしてあたかも中国社会が数千年来、儒教の教えで塗り固められていたかのような錯覚が日本人にはある。その上、儒教と言えば、論語に出てくるような「仁、徳、礼、孝」などヒューマニズムにあふれた紳士をイメージするだろう。

しかし、このようなほの温かいイメージは現実の中国の度を越した環境汚染、格差社会、蔓延する官僚の汚職などを目にした時に、無残にも完膚なきまでにたたきのめされてしまう。

「一体中国は儒教の国なのか？　儒教の教えは、なぜかくも現実の社会悪に対して無力なのか？」と考え込んでしまうに違いない。

中国社会を支えている二大思想のうち、社会の底辺を流れているのは道教であり、社会規範を支えているのは儒教であると言われる。ただ、この儒教というのは日本人が考えているものとは全く別のしろものであると認識する必要がある。中国の儒教の中核を成している概念は、「孝」と「血族」である。つまり、中国を正しく認識するためのカギは、とりわけ「血族」とそれにまつわる事柄を正しく理解する点にある。

儒教では人徳の高い為政者が位につくと、世の中がうまく治まると言われた。しかし、仁や徳で中国社会がうまく治まらない現実を冷静に分析した韓非子は、法治を唱えた。その後の王朝では一分の隙もない法体系を整備したが、これまた結果的にはうまくいかなかった。統治者が漢族からモンゴル族や満州族に変わってもだめ。中華思想ではなく、外来の政治理論である、民主主義や共産主義を政治理念に掲げてもだめ。結局のところ、中国社会というのは、統治者が変わろうと、政治理念が変わろうと、本質的な部分は数千年来全く変わるところがなかった。つまり中国は、ずっと人治という政治手法が不変であったのだ。

さすれば、中国社会のこの不動性は一体どこからくるのだろうか？

私はこのテーマについて長らくいろいろな本を読み、考えてきたが、ようやくある結論に至った。つまり、中国の社会システムというのは、人口の1割に満たない特権階級が残り9割の大衆を搾取することで成り立っている社会であり――突拍子もないと思われるかもしれないが――バクチを好む気風と同じということだ。

例えば宝くじを考えてみよう。一等賞金3億円と言っても、それに当たる人は数万人の中のわずか数人だ。また一等ではなくとも大金に当たる人も、極めて少ない。大多数の人(たぶん9割以上)は金をドブに捨てるに等しい。それでもなお、宝くじを買う人はあとを絶たない。なぜなら、買う人の心理は「人はどうあれ、自分こそは賞に当たる」と考えるからだ。つまり、当たる確率が問題ではなく、当たる機会があることが宝くじを買う動機になるのだ。

ちょうどこのメンタリティが中国社会にはある。庶民を搾取する仕組みが社会システムとして数千年揺らぎなく保証されているというのは、現時点でトップの1割の特権階級に入っていなくとも、そこに這い上がれる道は存在しているということだ。たとえ確率が極めて低いにしても、存在していることには間違いない。上のクラスに入ることができた途端に、下のクラスの人間を搾取することが思いのままなのだ。

宝くじの場合はわずか数千円の投資であるので、失敗してもたいしたことはない。しかし中国の実社会における生存競争は、全人生、全財産を賭けた、それこそ生きるか死ぬかのギャンブルである。いわば全ての人がギャンブル的な生活をしているので、中国では、社会の競争は極めて厳しい。なぜなら、トップ1割の搾取側に入れないということは、自動的に残りの9割の搾取される側に回ることになるからである。ちなみに、こういう社会に生きているからであろうか、世界で中国人ほどギャンブルが好きな民族はいないそうだ。

間違いだらけの中国理解

中国には儒教以外に、老荘思想と仏教がある。老荘思想とは、「完全な精神的自由」を実現することを目指す。ただ、それが民間の俗信と融合して道教となった。道教は陰陽道などの形で日本に入ってきたが、思想的には一部の貴族的習慣や民俗を除き、日本にはあまり大きな影響をもたらしていない。ただ、神道を理解することなしに日本人を理解できないのと同様、中国人の日常生活の精神的な支柱は、儒教でも仏教でもなく道教であったようだ。

仏教について言えば、中国では国を挙げて仏教を徹底的に擁護した王朝もあれば、反社会的だとして厳しく弾圧した王朝もあった。その上、儒教との執拗な葛藤を余儀なくされた。中国の仏教にはそういった極端なアップアンドダウンを生き抜いてきた逞《たくま》しさ、ふてぶてしさが感じられる。

日本との比較で言えば、日本では特定の宗派に対して単発的な弾圧はあったものの、明治維新の初期の一時期を除き、仏教全体に対する弾圧はなかった。それ以上に、日本人は中国からの仏教の受け入れにおいては、日本人の好みに合致したものを選択的に取り入れた。

結論から言えば、日本において鎌倉以前の仏教は真言宗を除いては、庶民の生活にはほとんど影響を残さなかった。鎌倉時代のいわば日本版宗教改革、あるいは仏教ルネッサンスを経て、日本に定着した仏教は、浄土系、禅系、日蓮系に集約される。仏陀が元来、紀元前5世紀のインドの地で、多くのヨガ行者たちとの論争の末、確立した哲理や厳しい教義は、日本ではいつの間にかないがしろにされてしまった。お経を2、3篇そらんじるだけで「仏教風の悟り」を得たと見なされ、葬式を金儲けビジネスとして運営するために、いかに有難がらせるかだけに腐心するエセ仏教が日本中に蔓延していったのだ。

私がここで言いたいのは、日本に入ってきた思想や宗教は日本に土着化する際に、かなり変容を受けているので、同じ「儒教」「仏教」と言っても内容はかなり異なるということだ。というのは、中国社会を動かす基本的な思想背景を正しく理解すると中国の現実、および過去の歴史的事実のほとんどが「理にかなっている」ことに気づくからだ。

ただ、ここで言う「理」は、我々が通常理解している普遍性のある社会正義のことではなく、中国人が考える「理」のことだ。本章では、中国人の考える理を明らかにするこの意味で、同じ単語だから同じ意味に違いないと即断するのではなく、中国人の考えの根源を探る努力が求められる。

中国人の優れた合理的一面

ヨーロッパ人で最初に中国のことについて書いたのは、マルコ・ポーロ（1254〜1324）と言われている。ただ、マルコ・ポーロは本当に中国まで来たのか、はたまた、そもそもマルコ・ポーロは実在の人物なのかということまでもが疑われている。彼の『東方見聞録』を読んだ限りでは、17年も中国に住んだという割には、中国人の生活の実態に関する記述が極めて少ないという印象を受ける。

というのは、時代は少し下るが、明の後半に短期間滞在しただけで、マルコ・ポーロよりはるかに詳細に中国人の生活風俗を著したポルトガル人がいるからだ。その名をガスパール・ダ・クルスといい、1556年の暮れから翌年にかけてわずか1ヵ月ばかり滞在することが許された。

その『クルス「中国誌」』（C02）から、中国人の考え方がよく分かる部分を見てみよう。

彼らはアヒルを次のようにして飼う。晴れ渡った朝が来ると、すべてのアヒルへ炊いた飯を少しだけ、満腹させないようにやる。食べさせ終えると、河のほうに面した扉をひとつ開ける。そこには竹製の橋がひとつ架かっている。アヒルどもがお互いに上になり下になりながら出てゆくときに惹きおこす大混乱は、まことにもって驚くべき見ものである。なにしろその数が厖大であるし、出てゆくのにかかる時間がたっぷりであるからだ。アヒルは稲田の中に夜まで放しておかれる。……アヒルは稲田に自生する草を食《は》んでその掃除をするからである。

（C02『クルス「中国誌」』p.134）

アヒルは食べ物を十分に与えられないので、稲田の中で必死に雑草や昆虫などを見つけては食べる。その結果、人手をかけずに稲田の草取りができるわけである。この点では、日本人は人手をかけて雑草を丹念に取ることに熱心であるが、中国のように、手を抜きながらも仕事を効率的にこなすことを考える習慣がない。中国では、このように利益の上がる仕事に対して合理的な生産手段を考える知恵者は、伝統的に多くいた。

例えば、紀元前3世紀の『荘子(天地篇)』に「機事ある者は必ず機心あり」(機械に頼る仕事が多いと機械に頼る心ができてしまう)という言葉が載せられているように、当時すでに多くの農業機械が発明されていたことが分かる。

また、クルスの記述で驚くのは、アヒルの大きさが均一であるということだ。2000個から3000個の卵を同時に孵化させる技術を中国人は持っていた。それで、大きさのそろったアヒルを大量に確保するという合理的な方法が中国では実践されていたが、伝統的な日本ではこういったことは行われていない。

中国は、技術の面でも非常に進んでいた。日本は中国からいろいろな技術を取り入れているが、運河(閘門《こうもん》)に関する技術は全く取り入れていない。閘門とは、パナマ運河のように、運河の一部を仕切って、水位を上げることで低地から高地へ船を移動させることができるシステムである。閘門はすでに宋代の『夢渓筆談《むけいひつだん》』(沈括)にも記述されていることから、鎌倉・室町時代に中国を訪問した多くの日本人僧侶は目にしていたはずである。

しかし、奈良・平安時代の僧侶は仏教だけではなく技術にも鋭い感覚と関心を持って日本に新技術を導入したが、鎌倉・室町時代の僧侶はそのような技術に対する感覚はなかった。その証拠を、例えば、『笑雲入明記』(C03、p.133)に見ることができる。著者の笑雲瑞訢《しょううんずいきん》が、江蘇省の寧波の運河を通った時には閘門を見ているが、単に「廿二日、謝溝閘。留城上閘」(3月22日、謝溝閘を通り、閘門の上にある町に宿泊した)と記すだけである。

一方、時代はずっと下るが、清の末期に中国を訪問したイギリス人外交官のジョージ・マカートニーは外交だけではなく、庶民の生活や実用技術に関しても注意を払っている。一例として、江蘇省あたりの運河を航行中の次のような記述がある。

本日、清江浦のちょっと手前で、私がこれまでに中国で見た中では一番大きな水門を通過した。水位の落差は三フィートと四フィートの間(約1m)であった。水門は所によっては二、三マイルの間隔をおいて設けられているが、ちょうどよい具合にそれだけの距離を区切る運河のロックとなっている。

（C05『中国訪問使節日記』P.163～164）

軽んじられてきた科学技術

ここまで中国の合理的な面を見てきたが、それではその合理性は科学に転化しなかったのかと疑問に思うだろう。つまり、科学というとヨーロッパの占有物というのが一般的な理解だが、その概念を打破したのが、イギリス人学者、ジョセフ・ニーダムである。

彼は中国の科学技術の歴史を明らかにするため、１９５０年代に「中国の科学と文明」という大プロジェクトをスタートさせた。このプロジェクトにおいて、彼は中国の科学技術レベルは紀元前の段階から近代に至るまでずっとヨーロッパを凌駕していたが、その高い科学技術がなぜ学術として結晶することがなかったのかを追求した。

このニーダムの課題を、単に中国と西欧のどちらがどの分野でレベルが高かったかという比較の問題としてとらえるのではなく、中国の社会の仕組みに潜むある要因が科学技術の発展を妨げたという社会問題としてとらえる必要がある。この観点から中国の科学技術の発展を見ると、科学技術者の社会的地位の低さに気がつく。

科学史を読むと、欧米では、社会的地位のある学者や、時には貴族までもが、科学技術の研究に取り組んでいる。欧米だけではなく、日本でも江戸時代には儒者や大名が本草学、和算など、さまざまな科学技術の研究に取り組んでいた。とりわけ蘭学は物珍しさも手伝って、蘭癖と呼ばれるような熱狂的な大名の素人《しろうと》学者をも生み出すに至った。

いずれにせよ、日本においては儒者に代表される知識階級は単に、詩文や経学（儒教的学問）だけを貴しとしたのではなく、実用の学も研究するに値すると認めていた。日本ではこのような考えは当然だと思われるが、中国や朝鮮などではそうではなかった。頭ではなく、手を使う職は卑しく、儒者がするべきものではない、という理念が根強く、そのため実用に関わる学問はごく一部の変わり者の儒者を除き、知識階級から完全に無視された。こういう歴史的背景が、中国の科学技術の発展を阻害してきたのだ。

例えば、18世紀末にイギリスの外交使節が中国を訪問した時、イギリス人が中国人から見て、がらくたのようなものを集めるのを、はじめのうち中国人はスパイ行為の口実だと疑り深く見ていた。しかし、そのうちに中国人もイギリス人の行動に理解を示すようになったが、最後までイギリス人の科学的探究心を理解し得なかったようだ。

> われわれが博物学《ナチュラルヒストリー》に関することには何にでも好奇心があるのを見て、道すがら、種子や化石を収集することと、数本の茶の木を大きな土の塊を付けたままの、現に生育している状態で採取することを（清朝の）総督が許してくれた……
>
> （C05『中国訪問使節日記』p.182）

ちなみに、イギリス人がここで得た数本の茶の木が後日、インドに植えられて一躍インドが茶の大産地となり、中国の茶産業の強敵となったのはあまりにも有名だ。

ところで、イギリス人は博物学に対して大いに関心を持っていたとのことであるが、この点においては、江戸期の日本の蘭学者たちもひけをとらなかった。ただ、日本人との関心の持ち方に違いがあった。江戸時代の博物学が次代に受け継がれなかった理由を、磯野《いその》直秀《なおひで》は次のように指摘する(『ナチュラリストの誕生』平凡社、p.460)。

1．外形の観察だけで解剖を試みない。
2．発生・遺伝・生理には無関心。
3．分類を含め、体系や法則を追求しない。
4．分析的研究や実験を行わない。
5．標本の持つ意味が理解されず、博物館が生まれなかった。

これが、まさしくヨーロッパの科学精神と日本の分析を好まない芸道精神の差を端的に示していると言えよう。西洋人も日本人も博物学に対しては一見、同じような関心を示しているようでも、何を求めているか、という根源の興味のあり方が異なるため、西洋では科学として着実に進歩したのに対し、日本では一時は熱狂的にもてはやされても後継者がいなくなってしぼんでしまった。ちょうど、鉢植えの花と切り花の差があると言えよう。

渦まく不信感

中国では合理的な仕組みが存在する一方で、一見、不合理に見える現象もある。しかし、その根本を探ってみると原因は合理性の問題ではなく、他人に対する根深い不信感というような別の原因に由来している場合が多い。

中国には金貨も銀貨もない。地金《じがね》の金と銀とが目方で流通するのみである。すべては目方で売買される。いかなる人も自分の家に秤と分銅とを持っており、そのありさまはまことに徹底している。……

誰しもできる限りの方策によって他人を欺こうと懸命であるので、他人の秤および分銅を信用する者はいない。市場へ買い物に行く者はすべて秤と、割った銀とを携える。……銀といえば、つねづね彼らはこれを混ぜ物だらけにしている。混ぜ物によって銀の目方を増やすためである。

（C02『クルス「中国誌」』p.154〜156）

クルスの指摘によれば、銅銭は流通していたが、少しでも値の張る大きな買物となると銀を各自の秤で量って取引をしていた。つまり、中国では、政府も含め誰も信用できないのが伝統であった。もっとも、江戸期の日本においても銀は計量貨幣であった点では中国と同じだが、誰も秤など持参しなかった。

以上のことから、他人に対する不信感は何も近年の改革開放以降の現象ではなく、過去から連綿と続く中国の宿痾《しゅくあ》であることが分かる。さらにもう一例を挙げると、近年、下水から油分をすくい取って食料油に加工した「地溝油」などの食品偽装がしばしば報道されるが、これもすでに明代にも類似のケースがあった。

あらゆる肉は生きたまま目方売りされる。ただし牛、水牛、豚の肉はその限りではない。……丸ごとの場合はそれ自体の重さを計る。目方を大いに増すためには、食べるものや飲むものをいやというほど与える。鶏にもその目方を重くするために水をたっぷりと飲ませ、餌袋には砂、その他のものをぎっしりと詰めこむ。

（C02『クルス「中国誌」』p.159）

近年は、これらの偽装手口が化学薬品や機械などを使い、大規模になったに過ぎない。見ず知らずの他人を騙しても、何ら良心の呵責を感じないのが中国の伝統であるのだ。

とことん利益をしゃぶり尽くす

中国と日本は「一衣帯水」「同文同種」と言って、あたかも両国が同じ価値観、生活スタイルであるかのように言う人がいる。確かに、両国は漢字を使い、中国の歴史文学の古典は共有されているが、それだけで社会自体も同じだというのは全く根拠のない話だ。短期間しか滞在していない西洋人にも、両国の差は明らかだった。

エドゥアルド・スエンソンは、デンマーク人で1866年に来日し、約1年滞在した。当時24歳の若き海軍士官であったスエンソンは持ち前の陽気さで、同年代の日本人と冗談も言い合う仲にまでなっている。その面で多少日本びいきの面もなきにしもあらずであるが、日本と中国を比較して次のように述べている。

(中国人の)その狡智、計算高さ、商売上手において日本人などは足許《あしもと》にも及ばない。けれども日本人は、こうした性質の不在を、正直と率直、疲れを知らぬ我慢強さで補っている。

(F17『江戸幕末滞在記』p.50)

スイス人のエメェ・アンベールは、1863年に日本に来て1年弱滞在したが、日本と中国の差を鋭く見抜き、次のように比較した。

日本人は商売の才能が低いけれど、芸術、工業に関しては生来の豊かな才能がある……シナ人は伝統的な技術に満足し、すべての進歩に無関心であるが、銀行にも高利貸しにも、大きい取引から最下級の古物商に至るまで、すばらしい商才に長《た》けている。したがって、商売はシナ人に任せ、工業は日本人に譲ろう。（F16『続・絵で見る幕末日本』P.353）

19世紀末に、日本、朝鮮、中国を訪問したイザベラ・バードも同様の感想を抱いた。

中国人は明敏だし機敏でもあるが、保守的で、何事についてもすぐに感化されるということがない。商売の才には舌を巻いてしまう。生まれながらの商売人である。……〈銅銭〉半枚分の利益を得ることのできる取引のためなら、三〇分の時間さえもいとわない。また猜疑心が強く、狡猾で賄賂《わいろ》によって動いてしまう。……中国人には欠けているものがいろいろあるが、「良心」の欠如や、正義を支持し悪をとがめるような啓発的な考え方が社会に欠けていることはその一つである。（C06『中国奥地紀行(1)』P.41）

中国人は、利益のためならほんのわずかの差でも譲らない。「錙銖《ししゅ》必較」（錙銖も必ず較《くら》ぶ）という語もあるほどだ。錙銖とは、1gにも満たないほどのほんの少しの重さを言うが、どれほど少量でも損はしないようにきっちりと量るというのが中国流だということだ。なお、この「錙銖必較」という言葉の出典は、北斉《ほくせい》の顔之推《がんしすい》が子孫に書き残した『顔氏家訓』の「計較錙銖」であるというから、1500年前の言葉ということになる。

中国人はわずかの利益にもがめついと同時に、利益の上がるものはとことんしゃぶり尽くすという両面を併せ持っている。商人の真骨頂をここに見ることができる。

(四川省の塩)塩は政府の専売品になっている。政府は製造される塩をすべて政府の公定価格で買い取り、国じゅうに送って販売し、莫大な利益をあげている。

(C06『中国奥地紀行(1)』p.414)

塩の専売は、紀元前の漢から続く中国の国策である。前漢の武帝は外征の費用捻出のため、塩と鉄を専売にした。その政策に反対する儒者と政策推進派の官僚がディベートした記録が、桓寛《かんかん》によって『塩鉄論』(当時の朝廷で開かれた塩や鉄の専売制などをめぐる討論会の記録をまとめたもの)としてまとめられた。結局、塩を扱う商人が巨額の富を蓄積したのである。

非合理性にひそむ奸計《かんけい》

アメリカ人宣教師、アーサー・スミスは1872年に、伝道のため中国に渡った。中国人に混じって生活し、中国語の読み書きも流暢だった。その上、中国の経書をはじめ多くの古典も読破したようだ。約20年の滞在ののちに、『中国人的性格』(C11)を出版したが、ここには中国の実態が赤裸々につづられている。中国の混乱した貨幣制度について、次のように述べる。

中国の通貨制度について述べるには、数行の文章では足りず、論説文どころか本一冊の説明を要するだろう。その混沌とした常軌を逸した制度は、僅か一世代の年月で西洋人の誰をも狂気に駆り立てるほどであるが、西洋ならばこのようなとんでもない悪癖は直ちに正されるはずだ。

(C11『中国人的性格』p.158)

流通している銅銭は、重さが一定ではなく、大きくて重い。例えばメキシコ・ドルの一ドルに当たる銅銭は、少なくとも八ポンド(約4kg)の重さがある。腰帯に吊された小袋に入れて持ち運びできる重さは、銅銭数百個が限界だ。もし数吊銭以上の額を払おうとすれば、どのように運ぶかが深刻な問題となる。そこで、銀塊で取引しようとすれば、損失は常に大きいし、買う時も売る時も騙される。

(C11『中国人的性格』p.159)

スミスのこの記述から、貨幣制度がいかに乱れていたかが分かる。それは、同時期に旅行した日本人学者の記録からも分かる。中国文学者の宇野哲人《うのてつと》は桑原隲蔵《くわばらじつぞう》とともに明治40年（1907）に中国北部を旅行した。その時の経験として、貨幣制度の不備を次のように述べる。

中国に入って最も不都合・不便利を感ずるのは、貨幣制度の一定せぬことである。
（C08『清国文明記』p.52）

このように言って、各地では複数の貨幣が流通し、その交換レートが日々変動すると述べる。このような繁雑なシステムがどうして改革もされず、ずっと存在しているのかについてその背景を次のように述べる。

中国における有力なる銀行家はこの面倒の間に巨利を博し、官吏もまたこの面倒のために尠《すく》なからぬ利を占める。一般人民は旧慣に泥《なず》んで遷《うつ》ることを知らず、財界の有力者、官界の人々、ことごとくこの面倒を以て反《かえ》って私腹を肥やしているから、貨幣制度の統一などを喜ばない。
（C08『清国文明記』p.53）

統一貨幣を作れば、さらにもう一つ混乱のネタが増えるだけと嘆く。最後に次の言葉で宇野はこの項の説明を終える。

ないであろう。（貨幣制度の）不都合・不便は実際その地を踏んだものでなければ、到底想像することはでき

（C08『清国文明記』p.54）

国内の貨幣の非統一がもたらす非効率は結局、両替商など一部の既得権益者には尽きることのない利益の源泉であったわけだ。それ故、一見、非合理に見える制度もそれら一部の商人にとっては、実に合理的なシステムであった。このような奸智《かんち》に長けた仕組みの例は、中国の古典や史書には枚挙に暇がない。

貨幣の流通に特徴的に表われているように、日本人の考える「理」とは、なるべく統一的基準の貨幣を作って換算の手間を少なくすることであるが、中国人の考える「理」とは、個人的な利益をつかめるような混乱した貨幣体制を維持することである。「理」という同じ単語を使っていても、その意味するところが日中でこれほどまでに異なるということだ。中国流の「理」の本質が分かると、中国で発生している多くの事象のほとんどが中国人の考える「理」に適《かな》っていることが、理解できるであろう。

現代にも続く明代の残虐性

京都学派を創設した一人に内藤湖南がいる。彼は、現在では特に中国文化に造詣の深い東洋

史学者として有名であるが、最初は国文学を独学で研究していた。彼の日本研究の成果の一部は、講演の形で『日本文化研究』として出版されている。その中で湖南は、日本文化は応仁の乱で断絶していて、現在の日本の文化には応仁の乱以前の影響はほとんどないと言ってよい、と断言している。

湖南の指摘を待つまでもなく、現在の日本文化には室町から江戸時代にかけての庶民文化が色濃く残っている。食べ物では、握り寿司や清酒、大衆芸能では、落語や相撲の興行、庶民の楽しみでは盆栽、花見、銭湯、伊勢参りなど、それまで一部の貴族・豪族や裕福な人々しか享受できなかった生活が庶民にまで普及し、現在日本の文化の基底となっている。

それと同様に、現代の中国の生活には明や清の時代の影響が強い。現代中国を理解する上でも、明代の風俗を知ることが重要である。外国人の目に映った明代の風俗を見てみよう。

鎌倉時代以降、多くの日本の僧侶が中国に渡っているが、記録があまり公開されていない。明代(1450年ごろ)に京都―北京間を往復した日本の僧・笑雲瑞訢の記録がある。内容は旅程が主体で、民俗に関する記述は残念ながら至って少ない。しかし、その中から日本にいてはうかがい知ることのできない情報があるので紹介しよう。

北京で皇帝に朝見するために礼儀を教わった中書舎人《とねり》が、次のような文を書いてよこした。

「外域の大明に朝貢するはおよそ五百余国、ただ日本人のみ独り読書す」

南京の揚子江には数多くの船が浮かんでいたのを見た。
（C03『笑雲入明記』p.102～103）

南京の進貢船千余艘、みな胡椒を載す。
（C03『笑雲入明記』p.133）

この記述から、ヨーロッパだけではなく、中国でも胡椒の需要が大きかったことが分かる。ちなみに、日本にも胡椒は古くからもたらされ、天皇家や公家たちの中に愛好する人もいたようだ。『大日本史』によると、平安末期の後三条天皇は青魚に胡椒をいっぱいふりかけて召し上がるのが大好きだったとか。当時、日本でも胡椒が大変高価だったことは、ザビエルが日本に行く宣教師に「布教の資金を稼ぐためには、胡椒を持っていけば日本では高く売れる」と知恵づけしていたことからも分かる（F01『聖フランシスコ・デ・サビエル書翰抄（下）』p.76）。

16世紀半ばに中国を訪れたクルスの書いた『クルス「中国誌」』（C02）は中国に関する貴重な情報を含んでいたにもかかわらず、ポルトガル語で書かれていた上に、出版当時（1596）はヨーロッパでペストが流行していたこともあり、広く知られることはなかった。

ちなみに、その後スペイン人のメンドーサが中国に関する情報を集約して『シナ大王国誌』を出版したが、その時この『クルス「中国誌」』（C02）からかなり情報を得たと言われる。ただ、メンドーサは中国を理想化していたために、『クルス「中国誌」』(C02)に見える中国に関するネガティブな記述はほとんどカットしたと言われる。

さて、中国人は保守的だとよく言われるが、この『クルス「中国誌」』(C02)にも短いが、その一端をうかがわせる記事がある。

獄中で誰かが自殺したり死亡したりすると、中国の規定に従い、これを厠《かわや》に放りこみ三日間放置する。

(C02『クルス「中国誌」』p.232)

この記述は1550年ごろの話であるが、司馬遷の「史記」にも同じような記述が見える。魏の范雎《はんしょ》は紀元前250年ごろの人であるが、国家の秘密を斉王に漏らしたと疑われて、鞭で打たれた上にあばら骨を折られて、半死の状態で簀《す》巻《ま》きにされて厠《トイレ》に放っておかれた、と記されている。死人を厠に放置するのは、中国古来の伝統であるのだ。ちなみに、范雎は幸いにも死に切っていなかったので、番人に頼み込んで逃亡することに成功する。その後、秦の大臣となって、自分を半殺しにした魏の大臣たちに復讐した。

さて、明代において、密貿易は建前上は厳しく取り締まられていた(ただし、実際には賄賂を受け取る監査官によって目こぼしがあった)。そのため、ポルトガル商人のクリストヴァン・フェレイラとヴァスコ・カルヴォは中国の官憲に捕まり、中国の監獄で虜囚生活を体験した。そこから、普通の旅行記や滞在記からではうかがい知ることのできない中国の暗部を垣間見ることができる。

（獄舎の）廊下には、たいそう太い二個ずつの手錠のついた鎖が二本渡してある。この手錠に毎夜囚人たちをつなぐのである。彼らは仰向けにされてこの手錠につながれ、その胸の上から鎖を渡す。囚人と囚人とのあいだには太い鉄輪がひとつあり、そこに鎖を通してある。この鎖が囚人たちを圧迫するのである……囚人たちを鎖につないだ後、全員の上から木の格子をかぶせる。そしてこれを固く閉じ、下のほうに拘束されない空間をわずかに残す。辛うじて体が動かせるのはそこだけである。このようにひどい留置のされようであるから、囚人は寝返りさえまったく打てない。

（C02『クルス「中国誌」』p.236〜237）

囚人は人間的な扱いを受けられないということだが、官吏は囚人だけではなく、一般庶民をも人として見ていないということをクルスは敏感に感じ取っている。

「……中国のいかなる裁判官も真実に振る舞わないという事態が招来する。それには理由がある。地元出身者ではなく、自分たちがいつ他の行政区へ遷されるやもわからぬから、その地方の利益などちっとも思わず、眼中にあるのはただ搾取することだけだ。というわけで、彼らには自分たちの統治するところで少しの絆《きずな》もないし、奉仕の心もない。あまつさえ、人民に対する愛情などかけらもないということになる。彼らは人民から奪い、これを殺し、拷問によって苦しめることしかやらない。人民は地獄の悪魔以上に彼らからむごい目に遭わされている。したがって人民は国王やマンデリン（官員）どもに愛着などこれぽっちも抱いていないということになる。毎日のように、人民は反抗し盗賊になり続けている。搾取にさらされた人民は葡萄園（耕作地）も日常の糧も失ったため、やむにやまれず盗賊になるのだ。かかる蜂起はきわめて頻々と起こっている。」

（C02『クルス「中国誌」』p.206〜207）

最近の中国では、国防費よりも国内治安維持費のほうが上回っているとの報道もあるほどだが、こういった事態がすでに数百年前にもあったことが分かる。

イザベラ・バードが見た中国の実態

イザベラ・バードは明治末期に東アジアの3国、日本、朝鮮、中国を旅した。日本の東北と関西を旅したのが、50歳少し前、朝鮮、中国を旅したのは60代半ばの高齢であったにもかかわらず若者に劣らぬ行動力で、西洋人にとって、それも女性として未踏の地を次々と制覇した。

それだけではなく、旅行先の各地の様子を丹念に記述して残した。彼女は当時の西洋人にありがちな白人優位目線ではなく、現在の視点から見てもかなり公平に中国の良い面・悪い面を的確に指摘している。

（四川省の宿屋の女房たちの）質問はまことに軽薄だったし、好奇心は異常なまでに知性を欠いていた。この点で日本人の質問とは好対照だった。……一般大衆の好奇心は、田舎者的なものではあったが侮辱的ではなかった。これに対し、彼らよりも階層が上の人々の好奇心、とりわけ文人階層の連中の好奇心は残酷で侮蔑的だった。そして、外国人に対する敵意をかき立てる傾向があった。（C06『中国奥地紀行（1）』p.324）

この記述から、当時の中国人の欧米人に対する感情がよく分かる。つまり、中国人の下層階級には知性は感じられないが、素朴であり敵意は感じられない。しかし、知的階級は欧米人を侮蔑するだけではなく、敵意を抱いているということだ。アヘン戦争以降のイギリスをはじめとする列強の悪辣な侵略行為を考えれば、納得できる。このことから、当時の中国がこうむっていた悲哀は、一般大衆にまでは知られていなかったと考えられる。

バードは中国を旅行する間に、予期しなかった中国の開放的な一面を見出した。とりわけ女性の目から見た、中国女性の社会的地位の観察は他の旅行記には見られない貴重な証言だ。

（中国の官僚）制度は評判が悪いのは確かだが、トルコやペルシャ、カシミール、朝鮮を［私のように］数年にわたって旅したことがある人なら、中国の人々が虐げられた国民などではさらさらないことがわかって驚くことになる。
（C06『中国奥地紀行（1）』P.396）

私は、私の知る東洋のどの国の女性よりも中国の女性が好きである。彼女らには多くのよい素質があるし、気骨もある。
（C06『中国奥地紀行（1）』P.412）

（四川省の山奥の住人）蛮子の生活の注目すべき特徴の一つに女性の地位がある。女性は男性と対等であるにとどまらず、男性からかなり丁重に扱われるし、……男性と女性はいつも区別しては見られない。
（C06『中国奥地紀行（2）』P.228）

中国の人々は確かに官憲や地主に虐げられてきたとはいうものの、バードが他のアジアの国々で見た人々のみじめさに比べれば、まだ開放的であるということだ。彼女は、日本のしとやかな女性より中国の女性の大陸的な気風《きっぷ》の良さをより高く評価する。

バードは揚子江の上流まで旅行した。そこで、急流を遡る船を曳《ひ》く人夫の過酷な労働を見たが、それは実に中国人の底知れぬバイタリティをまざまざと見せつけるものであった。

揚子江上流域ほど中国人の活力や勤勉さ・機知、困難に立ち向かう力がはっきり認められる所はない。ここでは、五〇〇マイル［八〇〇キロ］にわたって膨大な量の輸入物資を完全に人力だけで引き上げねばならない。また、一〇〇トン以上もあるジャンクを四〇〇人近い男で曳かねばならないようなこの上なくひどい急流も二、三ある。

（C06『中国奥地紀行（1）』p.36）

（揚子江上流の急灘）たいていのことには我慢できたけれども、群衆が発する臭いだけは閉口だった。（川船を曳く）一二〇〇人以上の曳夫が、丘の斜面の筵掛けの小屋に住んでいた。小屋の付属物も不潔だったし、ひどいことも多かった。彼らは粗野で野蛮だった。この人たちは、「雲なす神の栄光をなびかせて」［ワーズワースの詩の一節］この世に生まれたのだろうか。神が想像して造ったのだろうか。我々はすべて「同じ神の子」なのだろうか。私はこう自問した。

（C06『中国奥地紀行（1）』p.195）

私の目は、三〇〇人の男に曳っぱられる一隻の大型ジャンクにひきつけられていた。この舟は後ろにずり下がるばかりで、二時間経ってもほとんど進まなかった。太鼓が気も狂わんばかりに叩かれ、曳夫の親方連中が、必死になっている何列もの曳夫をこれまた気が狂ったようにせき立て、竹の鞭《むち》を見舞っていたのに、である。

（C06『中国奥地紀行（1）』p.205）

（曳夫たちは）痛ましいほどに貧しく、身を粉にして働いてやっとのこと生きていくことができた。冬の航行時に、一二時間にも及ぶ危険な曳舟の仕事を終えた夜、彼らに残されたことといえば、ただ、厳寒の戸外の、まさしく「板床」で眠ることだけだった。

（C06『中国奥地紀行（1）』p.209〜210）

曳夫はおそらく中国で最も粗野な階級に属している。その仕事が「非人間的」で残酷なためであるが、それにもかかわらず、彼らは彼らなりには気立てのよい人たちである。暴力沙汰はめったに起こさず、大変陽気で、よくふざけ、よく騒ぐ。外国人のまねがうまく、冗談が好きで、ユーモアのセンスにもあふれている。

（C06『中国奥地紀行（1）』p.231〜232）

揚子江の上流では、岸から数百人が竹で編んだ丈夫な綱で船を引き揚げる。一歩足をすべらせば川に転落して急流にのまれ大怪我をしたり、場合によっては水死してしまう。そのような過酷な労働でもユーモアを忘れない曳夫に、バードは感心している。

バードは探究心もさることながら、いかなる困難、危険をも乗り越える超人的な忍耐心と勇気を兼ね備えていた。例えば、バードは西洋人に対して憎しみを抱く中国の民衆からあわや殺されかけるという危険な目にも遭っているが、それでも感情的になることもなく、見たままの中国を実に淡々と記述する。

（四川省の梁山県で小屋の周りを2000人の暴徒に取り囲まれて危うく殺されかけたが、役人たちが兵士を送りこんで平穏になったあとで）宿の主人の妻が私に会いに入ってきて暴動について詫びる一方、こんなことを言った。「もし外国の女性があなたの国に行ったら、あなたの国の人だってその人を殺すんじゃありませんか？」と。この言葉を聞いて以来、私は、暴動で受けた恐怖のために数人の外国の婦人が「頭が変になった」り、気が狂ってしまいさえしたとか、ある英国領事の妻がこのために本当に亡くなってしまったという、これまで耳にしてきたことをはっきり理解できた。事実、総領事ジェーミスンも、「激昂した中国人暴徒の怒号を一度聞いたら決して忘れられない」と言っている。

（C06『中国奥地紀行（1）』p.341）

中国においては王朝を倒したのは常に農民の暴動であるが、その爆発的な力は、文化大革命時の紅衛兵や近年の反日暴動に見ることができる。中国と比較すると、日本の暴徒はおとなしいと言っていいだろう。日本人が本当の暴動の恐ろしさを実体験することなく育つと、現在、世界の至る所で発生している暴乱がイメージできず、その酷さを過小評価してしまうことにもなりかねない。

さて、バードは四川省である光景を目にしたが、そこから公徳心のなさが分かる。

最低の道に出くわした。それは細い土手道で、水を張った水田や農場の間を通過していた。そこでは農夫が少しずつ道を削ってその土を自分の農地に運ぶという、してはいけないことをしており、土手道の土が完全に削り取られている場合さえあった。何日も深いぬかるみが続いた。

（C06『中国奥地紀行（1）』p.368）

中国人は、所有者が不明確なものなら公共物であろうとも盗んで自分のものにしても一向に構わないと考えているということだ。バードの旅行は今から120年も前の話ではあるが、今でもこの気質が残っているのは、日本に暮らす中国人の女性の体験談からも分かる。

彼女は高速道路のサービスエリアの公衆トイレに無造作に予備のトイレットペーパーが、それも4ロールも置かれているのを見て驚いた。曰く、「各便座周辺にはトイレットペーパーが置かれていないのだ。中国で予備のトイレットペーパーが置かれているとすれば、高級ホテルぐらいではないだろうか？　それでも4ロールも置かれていない」。彼女の驚きは、それだけにとどまらず、それらの予備のロールが持ち帰られないことだった。曰く、「自宅に持ち帰って使おうなどと考える日本人はいないのだ。少しでも得をしたいと考える人の多い中国。他人への思いやりに欠けている人が多い気がする」。（出典：レコードチャイナ、2015年2月5日）

中国人の中にもこの女性のような客観的・理性的に考える人もいるが、それは残念ながらまだ社会の一部でしかない。

根強い先祖崇拝

中国の歴史書(例:『資治通鑑』)などを読んでいて驚くのは、先祖の話が出てくる時にしばしば「第何世の孫」という形容句が付くことである。それも、皇帝や王家、孔子などの有名人の子孫だけに限らず、かなり範囲が広い。現代の日本では、先祖と言っても自分の祖父母ならまだしも、それ以上遡ると知らない人がほとんどであろう。

しかし後述する「1—0」理論(p.189~190参照)で分かるように、父系の血統を引き継ぐ血族の結束を重視する中国では、日本とは比較にならないぐらい強い先祖崇拝がある。それと同時に風水思想の影響で、中国人にとっての墓地の選定は、日本人の想像をはるかに超えた重要事であるようだ。

(死者の柩は)金持の家の玄関を入った所にある天井の高い部屋に、装飾品に混じって何年もの間立てかけておかれる。また、風水師によって埋葬に都合のよい場所と日時が決められるまで、亡骸《なきがら》は何カ月も何年もそのままにしておかれる。だから、柩の造りは大変堅牢であり、ウルシや有名な寧波《ニンポー》ニスを塗り込んで完全に密封され、空気も湿気も通さないようになっている。

（C06『中国奥地紀行（1）』p.130）

適切な墓が見つかるまで、何年でも辛抱強く待ち続けるところなどはまさに中国的と言える。部屋の中に死体がずっとおいてある、という光景は考えるだけでもぞっとするが、彼らには逆に死者の霊とともにいるという安心感をもたらすとしか考えられない。文化の違いで感じ方が随分と異なるが、日中の行動様式の差は経済発展の差ではなく、本質的な文化の差だと私は考える。

人命はゴミより軽い

京都大学教授で中国文学者であった吉川幸次郎は昭和初期の1928年から1931年にかけて、北京に留学した。よく知られているように、吉川は中国讃美主義者である。中国のことは、文化大革命も含めすべてすばらしいと言い「それに反してあなたの国は……」と言った時の「あなたの国」とは日本を指すとも言われたほどだ。

しかし、そういった中国崇拝思想の持ち主であった吉川も、中国のみじめな農村の実態は看過できなかったようだ。当時、農村から都会に出てきて本屋に働く番頭が漏らした中国の農民のみじめさを次のように伝える。

飢饉の年には柳の葉っぱを団子にしてたべるのです。それもなくなれば、土をたべるのです。

（C09『遊華記録』p.169）

この言葉が大げさでなかったことは、次のバードの記述からも納得できる。

米の値段がわずかに上がっても、飢餓と死がもたらされることになった。このすさまじい窮乏が強盗になる人間を中国じゅうで生むのである。またもっと気性の荒い者は、近隣の人の慈悲にすがるよりも彼らを襲おうとするのである。

（C06『中国奥地紀行（1）』p.331）

毛沢東の共産党革命は共産主義という理念で成功したのではなく、単に農民に食を約束したからだという見方もあるほどだが、このような証言を聞くと納得する。

飢餓だけではなく、中国では人が死ぬのは木から枯葉が落ちるように無感動で、ありふれた出来事だったようだ。18世紀末に中国を訪問したマカートニーは、直接自分で確認したわけではないがと断った上で、北京在住の宣教師・ロー師から次のような話を聞いたと述べる。

貧民の間では子供を捨てることが普通に行なわれている、……警察は毎朝早く荷車を一台出して町をまわらせる。荷車は捨て子を拾いあげて、彼らを埋葬するための穴、すなわち墓地へ運ぶ。宣教師たちはしばしばその場に立ち会って、健康そうで元気を回復しそうな子供を二、三人引き取って保護する。残りは、生きていようが死んでいようがおかまいなく、穴の中へ投げこまれる。

(C05『中国訪問使節日記』p.62)

フランス革命の前のフランス(1772)でも捨て子が新生児の3分の1以上はいたようだが(『十八世紀パリ生活誌(上)』岩波文庫、p.450)、中国のようにすぐに墓地に送るのではなく「捨て児養育院」で育てられた。捨て子の取り扱いにおいても、人の命をないがしろにする中国の伝統が見られる。

ところでバードは、中国で行われた裁判を実際に見たが、近代的な人権意識を持つ彼女にはとうてい信じられない出来事であった。

(審判の下る庭では)判事の前の石の床には、粉々にしたガラスがまかれ、列をなした囚人たちが、身を震わせ、額を地面にすりつけんばかりにひざまずいていたのである。今日の中国は、多くの人口を抱え、貧困で、旱魃《かんばつ》と洪水による苛酷な飢餓の危機や、言語を絶する恐怖、堕落、蛮行、金銭上の不正に満ちている。また、がめつさ・掠奪そして冷酷な強欲にも満ちている。政治的にも宗教的にも希望がない。

（C06『中国奥地紀行（1）』p.333）

中国の裁判は因果報応的で、人の命はほとんど考慮されない。

（C06『中国奥地紀行（1）』p.331）

『クルス「中国誌」』（C02）にも、実際に明の監獄に投獄されたポルトガル人が体験した監獄の様子が描かれている。飢餓の苦しさから逃れるためにやむを得ず盗賊になった善良な民が捕まると、地獄の目に遭わされる囚人となるのだが、近代的な人権など全くない中国の牢獄の恐ろしさが、垣間見える。

アメリカ人宣教師のアーサー・スミスは、フランス人宣教師であるレジス・ユックの『旅行記』から次の文を引用している。

（ユック氏は『旅行記』に）囚人たちが衙門（役所）へ連れて行かれる途中、警官が足枷を持ってくるのを忘れたために、彼らの手を彼らを運ぶ荷車に釘で打ち付けてあるのを見たと述べている。

（C11『中国人的性格』p.238）

スミスは、長年の中国滞在から中国人の残虐性について次の確信を表明している。

中国人の思いやりの欠如を示す多くの行為の中で、際立っているものの一つは残虐性である。中国人は一般に、中国にいるイスラム教徒の方が自分たちより残虐だと信じている。だが、いかにそう信じようとも、中国人を知っている人なら誰でも、苦しんでいる人に対してどの文明国にも比類のない冷淡さを示すのは中国人だと思っているのは疑いない。

（C11『中国人的性格』P.237）

スミスの言うように、中国では罪人だけではなく病人ですら生きるに値しないという取り扱いを受けた。その実例をバードの旅行記から見てみよう。

病気の苦力は木の下に横たえられた。……その時、中国人の潜在的な残虐性が現れた。……病気の男をラバに乗せるように提案してみたけれど、（仲間の苦力たちは）拒絶したのである。この一二日間、寝食をともにしてきた男なのに、である。しかも、お前たちはこの男をここに置き去りにして死なせるつもりかと尋ねると、彼らはせせら笑いながら、「死なせればいい。もう何の役にもたちませんぜ」と宣《のたま》った。病気の男が懇願した水が目と鼻の先にあったにもかかわらず、それをやろうとさえしなかった。

（C06『中国奥地紀行（2）』p.192）

イザベラ・バードの『中国奥地紀行』（C06）で私が一番驚いたのが、この部分である。わずかの期間とはいえ、仕事をともにした仲間が病気にかかった時、看病をするどころか見捨てて行こうとしたのだ。それ故、彼女の「中国人は冷酷、残忍、無慈悲で、徹底して利己的であり、他人の不幸に対して無関心である」（C06『中国奥地紀行（1）』p.280）という意見は、中国人の本性をずばり指摘していると言える。かつて、孫文は「中国人は砂のような民族」と表現したが、仕事仲間でさえ冷酷に見捨てることからも孫文の指摘の正しさが分かる。

清代の台湾の風俗

最近のDNA分析によると、台湾人は中国の南部、広東に類すると言われるが、言語的には大陸のシナ・タイ語族ではなく、マレー半島からフィリピン・インドネシアに住むオーストロネシア語族に属す。17世紀の末から清国に支配され、大陸の、特に対岸の福建省、広東省から多くの漢民族が移住してきた。その影響かどうかは明らかではないが、19世紀中ごろの台湾の民俗を記述した『問俗録』（C10）によると、当時の台湾の風俗はかなり中国大陸に似ていると言っていいようだ。

どんな(盗難)事件も(住民は)官に訴える。犯人を捕えて出頭させようとする時は、馬快(警察官)などは必ず経済的に余裕のある中等の家に食いつき、賊をかくまっているとか贓物《ぞうぶつ》(盗難品)買いだとか申したて、ひどい場合は盗賊の仲間であると指弾し、決して賊の本当の巣《そう》窟《くつ》を追及しようとはしない。事実が明らかとなり疑いが晴れたときには、すでに田宅を質に入れ妻子を売りとばしているということになる。

(C10『問俗録』p.51)

『問俗録』(C10)によると、19世紀の台湾では金持ちをゆする種として、自分の身近な者を殺してその罪をなすりつけることもあったという。

貧乏人の子や乞食を買ってきて衣食を与え、困苦を救済して、実子と同じように扱う。これを「作餉《さくしょう》」といい、いったん、ある金持ちに恨みをもったり、恨みはなくとも尋常な方法では得られないものを何としてでも手に入れようと思うと、この作餉を自分の手で切り殺し、相手の村まで死体を担いで行く。はじめは「晩に出たまま帰ってこない」といつわり、それから「こんなところで死んでいた」と言って、泣きながら「誰それが私の子を殺した」とののしる。その金持ちはこれを聞くと、訟師(三百代言)が介入することを恐れ、なだめたりすかしたりして、賄賂を贈って和解しようとする。恐喝する側は満足がいかなければ、すぐに裁判沙汰にするのである。

(C10『問俗録』p.68)

これと全く同じとは言わないが、現在、日中、日韓の間で持ち上がっている太平洋戦争中の事件に関する中韓の言いがかりにはこれに類するものも中にはある。

ところで、中国や朝鮮の盗賊に対する処刑は残酷に過ぎると我々には思えるが、そうでなければ国を治めることができない事情があったと、『問俗録』（C10）は次のように述べる。

治めにくくなるか、治めやすくなるかは、盗賊を極刑に処すか否かにかかっている。残酷すぎるきらいがあるとはいえ、時と場所によっては適切な方法となる。そうしないで、もたもたと徒刑（懲役刑）や流刑に処したぐらいでは、子供の遊びでも見るようにばかにするだけだ。もし、たかがこそ泥ではないかとか、貧しさのあまりにやむを得ずしたことだとかいって、いい加減に放置したり、大目に見てやれば、噂を聞いて近隣の盗賊が集まり、奥深い藪沢《そうたく》で賊を捕えるといった厄介な事態になり、燎原《りょうげん》の火の如く広がって撲滅《ぼくめつ》できなくなる。乱れた国を治めるには厳しい法律が必要である。

（C10『問俗録』p.77〜78）

ここに、「奥深い藪沢で賊を捕える」という言葉が出てくるが、『春秋左氏伝』（C01、昭公20年）に出てくる次の話を踏まえている。

鄭の子産が病んだ。子大叔に言うには、

「わたしが死んだら、あなたがきっと政治に当たるであろう。徳の備わった人に限り、緩やかにしても民を服させる。その次は力を烈しくして見せるのが何よりだ。あの火というものは烈しければこそ、人は見ただけでも恐れる。だから火のために死ぬことは少ない。水は柔《やさ》しく見える。人はなれて水いたずらをするから、水のために死ぬことが多い。だから、緩やかにして治めるのは難かしい」

わずらってから五六ヵ月して亡くなり、大叔(游吉)が政治に当たった。はげしくするのに忍びず、緩やかにした。すると鄭には盗人がふえ、萑苻《かんぷ》の沢で盛んに人殺しがあった。大叔は悔い、

「早くあの人の教えに従っていたら、こんなことにならなかった」

と言い、兵を集めて萑苻の盗人を攻め、皆殺しにした。これから盗人が暫しなくなった。

(C01『春秋左氏伝』p.405)

このように、強盗のあくどさはとても日本の比ではないことが分かる。また、殺人犯を捕まえることができない時は、大金を渡して死刑の身代わりの人を見つけるとも言う。金に困っている貧乏人の中には、喜んで身代わりに名乗り出る者がいるという(C10『問俗録』p.80)。日本人の感覚では、このような倫理観はとても理解困難だと言えよう。

現在の台湾の伝統には当然のことながら、土着の文化とともに、中国からの移民が持ってき

た中国本土の文化が混じっている。ここで述べたことがどちらの文化に根差しているのか私には判断できないが、いずれにせよ台湾は本質的には日本とは違う文化であったことが分かるであろう。

清代中国の想像を絶する不潔さ

清代の中国を訪問した欧米人が共通に感じたのは、「不潔、うるさい」であった。例えば、幕末に清国と日本を訪れたハインリッヒ・シュリーマンは天津の町の不潔さについて次のように述べている。

私はこれまで世界のあちこちで不潔な町をずいぶん見てきたが、とりわけ清国の町はよごれている。しかも天津は確実にその筆頭にあげられるだろう。町並みはぞっとするほど不潔で、通行人は絶えず不快感に悩まされている。（F12『シュリーマン旅行記 清国・日本』p.19）

バードは日本、中国、朝鮮を旅行した中でソウルに行った時は、これ以上不潔な町はなかろうと思ったが、北京はそれ以上に不潔だという。まず、ソウルの様子を見てみよう。

（ソウルの）路地の多くは荷物を積んだ牛どうしがすれちがえず、荷牛と人間ならかろうじてすれちがえる程度の幅しかなく、おまけにその幅は家々から出た固体および液体の汚物を受ける穴かみぞで狭められている。（K12『朝鮮紀行』p.59）

しかしバードが経験した中国の町は、このソウル以上の汚さであった。

信じられないような汚さ、……ひどい悪臭、薄汚なさ、希望のなさ、騒がしさ、商売、そして耳障りな騒音は中国の都市に共通する特徴であるが、それにしても渠県の騒音は、耳をつんざかんばかりだった。（C06『中国奥地紀行（1）』p.371）

中国の町のごろつき連中は、無作法で、野蛮で、下品で、横柄で、自惚れが強く、卑劣で、その無知さ加減は筆舌に尽くせない。そして、表現することも信じることもできないような不潔さの下に暮らしている。その汚さといったら想像を絶するし、その悪臭を言い表せる言葉は存在しない。（C06『中国奥地紀行（1）』p.381）

バードは「北京を見るまで私はソウルこそこの世でいちばん不潔な町だと思っていたし、紹興へ行くまではソウルの悪臭はこの世で一番ひどいにおいだと考えていた」（K12『朝鮮紀行』p.

58）と述べるが、中国の不潔さに対する同様の感想は、明治期の日本人からも聞かれる。

桑原隲蔵は明治3年生まれで（1871～1931）、京都大学の中国史学・東洋史学の祖である。明治40年（1907）、中国に留学し、この機会に中国の北部、山東・河南、東蒙古を三度にわたり旅行した。その時の記録をまとめたのが『考史遊記』（C07）である。桑原は同じく当時北京に留学していた宇野哲人と二人で旅行した。ちなみに宇野の旅行記は『清国文明記』（C08）に収められている。

硤石《こうせき》の地は、実に峭陵の谷底に当り、土地荒寥《こうりょう》、僅に一客舎あるのみ。しかも客舎の不潔ほとんど言語に絶せり。（C07『考史遊記』p.49）

桑原が北京から旧都・西安に向かう途中、8日目に到着したのが、洛陽の西の硤石駅であった。そこには一軒の宿しかなく、それがとてつもなく汚かったというのだが、我慢して宿泊したのであろう。後日、山東省済寧《さいねい》市の宿に泊まった時にはこの時よりも一層不潔な宿であったと述べる。

歴史的評価にかける執念

中国人は彼らの文化や歴史に誇りを持っている。それも日本人の想像をはるかに超える。というのは、彼らは常に行動規範を過去の歴史的事実(と伝えられているもの)に求めている。それも50年、100年の単位ではなく、1000年、2000年の単位である。

日本で言えば、150年前、幕末の坂本龍馬が今でも人気があるが、それは彼が江戸時代のさまざまな羈絆《きはん》を離れて自由に行動しているからだ。しかし150年ではなく、1000年前の武将、源義家となると、歴史的に源氏の首領としての統率力は評価するものの、彼の言動に学ぼうとする人はいないであろう。

それに反し中国の場合は、単に時代が古いというだけの理由で過去を顧みないということはない。2000年以上も前に書かれた『論語』や『大学』『孝経』などに叙述されている倫理観が今でも立派に通用するし、歴史書の筆頭に挙げられる『春秋左氏伝』(C01)は紀元前数世紀歴史を記述しているが、現在でもよく使われる故事成句の宝庫である。

中国というのは、紀元前の段階ですでに思想的には完成していた国である。その時代を頂点とし、これ以降、思想的に大きな進展はなかった。この点では、ギリシャと相似形である。しかしギリシャと異なり、中国は行動規範を歴史的事実に求めるという点では、世界でも類を見ない。時代に対応して論理的に考え出すというより、過去に手本を探し求め、それに付随する歴史的評価から自らの言動、進退を決めるという傾向が強い。

この意味で、歴史的事実のディテールを書き残すことは彼らにとっては何よりも価値のあることであった。その記録も、当初は『春秋』や『春秋左氏伝』（C01）のような編年体であったが、司馬遷が史記において紀伝体で成功を収めて以降、各王朝が前王朝の史実を紀伝体で書き残すことが慣習となり、延々と２０００年も続いた。この熱意には全く脱帽する。中国人や中国社会を考える時に、歴史に対するこの偏執狂じみた性癖を知っておくことは、非常に重要だと私は考える。

コラム2　三本の矢の諺は日本以外にも

戦国武将の毛利元就と言えば、臨終に際して子供たちに諭した「三本の矢」の話が有名であろう。戦国・江戸時代の武将のエピソードを集めた本、『名将言行録』には次のように書かれている「子の数程に箭を取寄せ、是箭一本折れば最も折り易し、然れども一つに束ぬれば折り難し。汝等之を監み、一和同心すべし。必ず、乖くこと勿れと」。

　この教訓、我々にとっては、なじみ深い話ではあるが、これと同じ話がジョン・マンデヴィルの『東方旅行記』(P04)に見える。

　大汗はカタイの国土(中国)を制圧し、その他の多くの国国を屈服させたのち、重い病気にかかったが、全快の見込みはなく、もはや助からないように思った。そこで、彼は十二人の息子を面前に集めて、めいめいに一本ずつ矢をもってくるようにいいつけた。……矢がくくられると、大汗は最年長の息子に、くくった矢を折ってみよと命じた。彼はこれを折ろうとしたが、とても折れなかった。

（P04『東方旅行記』P.192〜193）

　これ以下の話の顛末とそれに続く教訓も、全く同じである(もっとも『東方旅行記』の記述に関しては、信憑性について疑問があると言われている)。

　さらに、これと全く同じ話は毛利元就から遡ること1500年も前にすでに文書に残っている。ギリシャの文人・プルタルコスの『モラリア』の中の《おしゃべりについて》には次の話が載っている。

（要約）（カスピ海の付近の遊牧民である）スキタイの王・スキルロスには8人の息子がいた。臨終の際、息子全員を集め、槍の束を持ってくるように言った。息子たちにそれを手にとり、束ねたままで折るように命じたが誰も折ることができなかった。王は自ら一本ずつ引き抜き、いともたやすく折って見せた。兄弟仲良く団結しろ、ということを教えたのだった。

さらに、プルタルコスより遡ること数百年前、ギリシャのイソップの寓話集には「兄弟喧嘩する百姓の息子たち」という話が載っているが、内容は同工異曲で、息子たちに薪の束を折らせる、というものである。

このように、日本の毛利元就だけが団結の必要性を教えたのではなく、世界には同じ考えや教訓はいくらでもあるということを知っておくことは、グローバル時代の我々には必要なことであろう。

第3章

差別を是《よし》とする朝鮮（韓国）

日本とは似て非なる国

我々の隣国である韓国および北朝鮮(以下、「朝鮮」と総称する)について歴史の時間に習うことは、非常に偏っている。飛鳥時代から奈良時代にかけて、百済および新羅との交流を習ったあとは、少し元寇に触れると急に秀吉の文禄・慶長の役にまで話が飛ぶ。その後、江戸時代の日朝交流は一切すっ飛ばして、近代の韓国併合と第二次世界大戦後の日韓関係の話となる。

半万年は大げさにしても、少なくとも過去2000年間は歴史的文書が存在する朝鮮の歴史について教えられることがほとんどない。結局、朝鮮の歴史に関しては、歴史の試験に出るので、王朝の名前(高句麗、渤海、高麗、李氏朝鮮)とその成立年代を覚えるだけにとどまる。

その結果、朝鮮の歴史全体についてはまるで知らないし、歴史上の著名な人物の名前も2、3人程度しか思いつかないのが、大多数の日本人であろう。その国をどの程度知っているかという簡単なリトマス紙は、その国の人をどれだけ思い出せるかである。このリトマス紙を使うと、日本人は隣国である朝鮮をほとんど知らないと言っていいレベルだ。

しかし、かく言う私も学生の時はこのような大多数の一人であった。当時(1975年ごろ)の日韓関係は冷え切っていて、韓国では日本の歌謡曲や映画などは禁止であった。その後、1982年にアメリカに留学中、何人かの韓国人留学生に会ったが、私がいくら努力しても、決して親しくなろうとはしなかった。また日本においては、北朝鮮はいうまでもなく、韓国ですら全く相手にせず、彼らの日常の情報は全くと言っていいほど入ってこなかった。

それで、飛行機で飛べば日本国内の地方都市へ行くのと同じぐらい近い隣国でありながら、朝鮮に対しては、学校で習った以上の興味を持つに至らなかった。

私の無関心が劇的に変わったのは、20年近く前にイザベラ・バードの『朝鮮紀行』（K12）を読んでからである。

イザベラ・バードは李朝末期（1894〜1897）に朝鮮を一人で旅行したが、そこに描かれている朝鮮の様子は、私が想像すらし得なかった姿であった。日本の武士に該当する、両班《ヤンバン》（高麗・李氏朝鮮王朝時代の官僚機構・支配機構を担った身分階級）と言われる支配者階級たちの目に余る横暴と、庶民の極端に貧しく虐げられていた様子は、とても自らを小中華の文明国と誇っていた姿ではなかった。それはまさしく未開で野蛮そのものであった。

日韓併合を朝鮮ではいまだに「日帝36年の支配」と日本が極悪非道なことだけをしたように言いふらすが、このバードの書を読むと、実情は異なることが分かる。つまり、日韓併合の一つの側面として、一足先に文明開化を完了した日本が、朝鮮の民衆の悲惨な生活実態を見るに見かねて、わざわざ日本の国費を投入して朝鮮の近代化の改革に着手したのだ。その結果、両班ではなく庶民の権利や生活がかなり改善された。

しかし、そのように朝鮮人に良かれと為した日本の改革が、現在では全く感謝されていないのは、朝鮮人独特の歴史観による。日本人の視点ではなく、朝鮮の歴史に色濃く表れる彼らの視点、価値観、倫理観を理解しない限り、我々日本人はこの隣国を永久に理解できない（ただ、日本人の非道な行為が皆無ではなかったことは事実として認める必要はある）。

バードの『朝鮮紀行』（K12）を読んで以来、私の朝鮮に対する関心は非常に高まった。それから20年、歴史や政治、文学、風俗、科学・技術、料理の変遷など、多くの分野の本を読んだ。これらの本から私が辿り着いた結論は、「日本や日本人を理解するには、朝鮮のことを正しく理解する必要がある」ということであった。それを前著（X12『本物の知性を磨く社会人のリベラルアーツ』）では、次のように表現した。「顔や頭は正面の鏡だけからでは、全体的な姿は分からないが、三面鏡を使えば分かる。これと同じく日本を全体的にとらえるためには、中国と韓国（朝鮮）という「合わせ鏡」で見ることが必要である」（p.140）。

特に、韓国（朝鮮）は日本と似たような立場で中国の影響を大いに受けているので、日本との比較が重要だ。日本では当たり前なので、朝鮮（韓国）でも当然そうであろうと考えていることが、全く別であることも多い。例えば……。

● 韓国（朝鮮）では姓が３００弱しかないが、日本では10万から30万あるのは、なぜか？　現在の韓国の姓はほとんどが一字姓（金、李、朴、崔、鄭など）だが、新羅の時に儒教を受け入れる前は、新羅や百済の古代人は日本と同じように、長い名前だった。例えば、『日本書紀』によると新羅人の名前として、汗禮斯伐《うれしほつ》、毛麻利叱智《もまりしち》、また百済人の名前として、前《ぜん》部奈《ほうな》率眞牟貴《そつしんむくい》文《もん》、護徳己州己婁《ことくこつこる》、物部施《もののべのせ》徳麻奇牟《とくまがむ》などがあった。

●李氏朝鮮において支配者階級であった両班は建国当初、人口比では10%以下であったが、18世紀ごろから急激に増加した。現在では、韓国国民の大多数(90%)が両班の子孫だと名乗っている。統計的に考えるとおかしいが、その矛盾を誰も問題視しない。もし、日本人の誰もが公家や大名の子孫だと名乗れば、社会的に大問題になるはずだ。なぜ、彼らは先祖の身分を詐称しようとするのか?

●高麗時代には優れた工芸技術があったが、現在には伝わらない。高麗では、青磁、青瓦、朝鮮紙など独特の高い技術を持っていた。しかし李氏朝鮮になって、これらの技術は伝承されず、途絶えてしまったのはなぜか? 日本では各地に伝統工芸の高い技術が今に至るまで脈々と伝えられているのに。

一般論を云々するのではなく、このような具体的な事例を考察することで初めて日本人及び韓国人・朝鮮人の物の考え方の本質をとらえることが可能になる、と私は考える。

両班という特権階級

現代の韓国、北朝鮮の理解には高麗と李氏朝鮮の理解が欠かせない。現在、日韓及び日朝の問題の多くは日本の支配(1910〜1945)に由来するが、その前の朝鮮は一体どういう国であったのかを知らずして、正しい理解はできない。そのためにはまず、彼らの伝統の要である両班制度と朱子学を理解しなければならない。

朝鮮人の行動規範が大きく転換したのは、高麗(918〜1392)が科挙を実施し、ついで李氏朝鮮(1392〜1910)が儒教を国教とした点にある。朝鮮では日本と異なり、儒教は正しく受け入れられた。その結果を社会構造の変化、社会規範に見ることができる。文化的に日本と一番似ている朝鮮の社会を歴史的に俯瞰してみることで儒教の本質が分かり、同時に日本の本質が見えてくる。

朝鮮の上流階級は、古代から高麗の初期までは貴族であった。つまり血統がものをいう世界であったのだ。ところが、高麗の第4代王の光宗《コンジョン》が958年に中国から科挙の制度を導入してから、両班(文班と武班)が貴族を押しのけて上流階級の地位を占めるようになった。

両班は科挙という国家試験に合格しないとなれないもので、元来は自分の(父系)の先祖三代に遡り、一族に科挙に合格した人がいることが条件であった。つまり、実力主義的、流動的な社会身分であったのだ。しかし、次第に両班の定義が崩れ、門閥的、固定化された社会身分となった。

（要約）両班は元来、科挙に合格し、政府の役職（官職）に就き、富貴を極めるのを目標にしていた。しかし、科挙の合格はとてつもない難関であった。文官の科挙（大科）の合格者の定員は3年毎に33人であったし、武科も28人という狭き門であった。ただ、正式な試験（式年試）以外に必要に応じて臨時の試験が催されたが、それでも年平均にして、高麗では約15人、李氏朝鮮では約30人しか両班になれない。（K16『韓国の科挙制度』P.49、88）

ただ、両班といえども官職を得ない限りは俸給と職田はもらえなかった。しかしながら、両班の身分であると、田税や軍役の免除の他、一般庶民から富を搾取する悪業が因襲的に認められていた。それ故、李氏朝鮮の末期ともなると、資金難の政府が積極的に売官したため両班の割合が増加した。ある統計調査によると、１８６０年代には両班は実に人口の半分を占める程度にまで膨らんだようだ（K17『両班（ヤンバン）』P.198）。

その変遷の実態を、もう少し詳しく見てみよう。

韓国・朝鮮人は誰もが、「両班」であることを希求し、自称「両班」がきわめて多い。

……さように「両班」という用語ほど、あいまいなものはない。別に法的規定があるわけではないが（だからあいまい）、一般的には李朝末期まで「三祖まで顕官（高い地位の官僚）がなければ、両班にあらず」となっていた。自分からさかのぼって三祖とは、曾祖父（祖父の父）のことである。
朝鮮には一族の血統を記録した「族譜《チョクプ》」があって、七代や一〇代もさかのぼった祖先が顕官であったから、その子孫がすべて両班であるわけではない。

（K24『朝鮮儒教の二千年』p.218〜219）

統計上では両班は漸次増加していった。その理由を『韓国文化史』（K27）では、具体的に次のように説明する。

商業的農業生産と小作料の変化などは、一部の農民にも有利な条件を形成させ富農になっていったし、これらの富農の中には納粟または空名帖などで両班身分に上昇したりした。納粟策によると、郷吏が八十石の納粟で東班実職（武班の職）を受け、農民は満六十歳以前から八十歳まで生存を予想して堂上に昇進させたし、合法的な売官売職の手段である空名帖のような白紙辞令書で官職を得て両班身分に上昇する機会もあった。

しかし、このような合法的なやり方で両班になるよりは、てっとり早く族譜を偽造し、両班を詐称した者が多かったようだ。（K27『韓国文化史』p.194）

私商たちが両班を詐称する場合が増えたし、金銭で官職を買収した農民及び巨商たちは、族譜まで偽造して両班としてふるまった……（K27『韓国文化史』p.194）

結局、このようになし崩し的に免税の特権を有する両班が増加したため、農民の割合が減少し、その分の税が残りの農民に一層重く課せられることとなった。

庶民は科挙を受験できない

李氏朝鮮において、国の憲法とも言うべき法律「経国大典」が世祖によって、1460年から1469年にかけて作られた。そこには科挙の受験資格が厳格に規定されている。文面上では両班以外の良人、つまり常民にも受験資格があるように見えるが、現実は文面上とは逆で受験できなかった。

『経国大典』に、郷吏・庶孼《しょげつ》（正妻以外の子供）にたいする文科、生員・進士試の受験制限が、力説されてはいるが、良人の受験者にたいして法制的にもその可否についてなんら言及されていないのは、良人は受験者の範疇に入ってはいるが、現実的にはさほど問題にされる対象になっていなかったのである。

（K16『韓国の科挙制度』p.183）

また、両班は自分たちの既得特権を犯されないよう、すぐ下のクラスである中人や両班の家系であっても庶孼が台頭しないように、受験基準に厳しい制限を設けた。科挙の本場中国では、才能ある人材を広く募集するという本来の理念通り、庶民でも科挙の受験資格が与えられたが、その輝かしい理念は朝鮮では全く捨て去られてしまった。同じ科挙という制度でも文字づらだけで判断するのではなく、実態にまで踏み込んで調べないといけない、という一例だ。

それだけではなく、科挙は公平で実力主義的な制度だと一般的には考えられているが、朝鮮での実態はかなり出来レースであったようだ。韓国併合時代の反日運動家であった金九《キムグ》は、実体験を次のように述べる。

ソウルの権門勢家からの「請札」（嘆願文）一通か、試験官のなじみの妓生《キセン》にやる絹一匹のほうが、進士になるのには、文章のじょうずな大学者が書いた文よりずっと手っとり早いのだった。われわれが書いた文などは、通引《トンイン》（召使い）の家の食膳の覆い紙にでもなるのがおちで、試験官の眼にふれることさえなかったのだろう。進士科の及第者をあらかじめ決めておいて、あとから科挙を行なうというわけだったのだ。（K18『白凡逸志』p.31）

こういった不正は、李氏朝鮮の末期ではなく、中期からすでに蔓延していたようだ。

科挙の試験場の管理は、朝鮮時代前期には比較的きびしく行なわれたので、科挙は、比較的公正に運営されたが、壬辰の倭乱以後は、管理が緩み、科挙の不正がしばしば発生して、そのために科挙も公正に行なわれなくなった。このために、門閥の子弟たちが、科挙の及第を独占することができるようになった。（K16『韓国の科挙制度』p.216）

壬辰倭乱《じんしんわらん》とは、日本で「文禄の役」と呼ばれている秀吉軍の朝鮮侵攻である。李氏朝鮮はざっくり言って1400年から1900年までの500年間続いたが、この文によると1600年以降、科挙の受験において不正が発生したというのであるから、実に半分以上の期間にわたり科挙は不正だらけであったということになる。

傲慢な両班と軽蔑される僧侶

日本の徳川時代、李氏朝鮮は鎖国をしていたが、日本以上に外国人に対して固く門戸を閉ざしていた。それで、西洋人による朝鮮への旅行記は極めて数が少ない。その上、通訳がいないので見聞のレベルが浅い場合も多い。ここに取り上げるイギリス人、ベイジル・ホールの旅行記もその一つであるが、残念ながら短期間の滞在で、観察したのも狭い地域であった。それでも当時(1816)の李氏朝鮮の実際を伝えてくれる貴重な内容を含んでいる。

ホールたちが朝鮮(忠清道)の海岸に近づくと、何艘かの小船が集まってきた。その中の一つの船に、長老の武官がいた(以下、首長という)。首長はホールたちの乗ってきた艦・ライラ号に乗りたいという身振りを示したので、ホールたちは首長たちを甲板にあげてもてなした。チェリー・ブランデーやラム酒などでもてなしたあと、首長が自分の船に戻る時、彼の部下に対する態度にホールは驚いた。

首長が出発の用意を命じ、同時に(立ち上がるために)手を貸すようにと二人の従者に声をかけたときには、日もとっぷりと暮れようとしていた。彼はわれわれの面前であるにもかかわらず、ほとんど喧嘩腰といってもいい威猛高な調子で命令を下したのである。

（K08『朝鮮・琉球航海記』p.46）

この時だけではなく、別の艦（アルセスト号）に乗り込んだ時にも、首長は従者に対して5分とおかず常に叱責していた、とホールは伝える。

この首長は両班である。両班の横暴は他書にも書かれているが、このような実見の記述は価値がある。

ところで、ホールのこの本には仏教と仏教徒の実態に関する話が載せられている。高麗の時には、仏教徒と両班に代表される儒教徒の両者が社会の指導的役割を担っていたが、李氏朝鮮は儒教を国教とし、仏教を排撃した。そのため、平地にあった仏教寺院は破壊されてしまい、寺院は山間部にしか残らなくなった。その様子もホールによって実見されている。

この土地（忠清道の海岸地帯）には寺も偶像も墓さえもない。一方、中国では、この朝鮮の村よりもっと小さな村でさえ、それらの宗教的なものは至る所に見出されるのである。

（K08『朝鮮・琉球航海記』p.82）

仏教弾圧の様子は、80年後に朝鮮を旅行したイザベラ・バードも次のように記す。

朝鮮人の大半は仏教と坊主頭で托鉢をする僧を忌みきらっている（K12『朝鮮紀行』p.185）

ただ、バードの観察によると、傲慢で横暴な両班に比べると、仏教徒である僧侶のほうがずっと人間的であったようだ。

仏教の生みだした文化全般、そして親切なもてなしや配慮、やさしい態度は、この地以外の儒教信奉者を自称する朝鮮人のなかで目撃した尊大な横柄さ、傲慢さ、慢心ときわめて対照的である。（K12『朝鮮紀行』p.197）

仏教徒に関しては、1653年に済州島に漂着し、13年間の抑留ののち脱出に成功し、無事、故国オランダに戻ったヘンドリック・ハメルは次のように記す。

学問がよくできさえすれば、誰でも希望次第で僧侶になれますし、好きな時にやめることができます。人々はほとんど僧侶を尊敬していません。……上級の僧侶は、学識があるために非常に尊敬され、国の有識者の中に数えられています。（K09『朝鮮幽囚記』p.44〜45）

このように、僧侶の社会的地位や寺院の立地など、朝鮮は日本とは大いに異なっている。仏教は朝鮮（韓国）にも日本にもあるので、つい両国における社会的役割や発展が同じではないかとの錯覚を抱くが、歴史的な実態や現実を見ない思い込みがいかに危険であるかがよく分かる。

それでも両班に憧れる

もっとも、両班の全てがこのように傲慢であったわけではなかった。儒教的仁愛を実践した本来の両班のあるべき理想像は、ソンビ（士林、士大夫、処士）と呼ばれ、郷村では、地元民の指導に尽くした。あるいは、外敵の侵入に対して率先して義勇軍を起こしたりした。

しかし、全般的に言って両班は李氏朝鮮においては、社会の後進性と災厄の元凶であった。それにもかかわらず、朝鮮人の誰もが両班に憧れた。歴史的に見て、李氏朝鮮の前期には10％未満だった両班が、1900年ごろには60％を超え、現在に至っては、韓国の人口の実に90％以上の人が、自分の先祖は両班だったと言っているそうだ。彼らは両班ということを証明するための族譜を持つが、統計的に見て70％以上の族譜はニセモノということになろう。

皮肉なことに現在のハングル教育によって、日本の小学校で習うような漢字ですら読めない大学生がいるようだが、族譜は漢字で書かれているから、両班の証として持っていても中身は読めない、いわば空手形《からてがた》のようなものだ。

しかし、族譜を改竄《かいざん》してまで両班の末裔《まつえい》を名乗ろうとする心情こそが、彼らの独特な歴史観である。元来、両班とは中国の経書や史書を楽々と読みこなし、漢詩文に長けた文化人である。それ故、一切の手仕事を卑しいものと見下し、人の上に立ち、部下を思いのままに使うのが、両班にふさわしい態度だと考えている。日本のみならず、近代西洋文明でも自ら汗を流して働いたり、手作業をすることは人間の品性と全く無関係と考えるが、両班を崇拝する朝鮮の人たちはそうとは考えなかった。近代においてもなお、両班意識は朝鮮の社会に盤踞《ばんきょ》していた。その一例として、戦前の朝鮮独立運動の闘士であった金九の述懐に耳を傾けてみよう。

（わたしは）いつも常奴《サンノム》の立場を恨みに思っていて、そこを脱け出して両班になりたいという気持ち、それも位の高い両班になってわが家を蔑視した両班たちをいちど見くだしてみたいというような気持ちも、胸の内に潜んでいた。（K18『白凡逸志』p.130）

常奴であるわたしの身分を高めるために、わたしの父母に連山の李天敬の邸を与えてそこに住まわれるようにし、近隣の何人かの両班と語らって、わたしの家を両班の仲間に入れてしまおうということになったという。

柳仁茂はこのような説明をしたあとで、

「まだわが国では、両班の家柄でなくては、事を成しえないのだ」

といって慨嘆した。（K18『白凡逸志』p.145）

独立運動をするくらいであるから、思想的にかなり自由主義的な面を持っていたはずであるにもかかわらず、独立運動の仲間内ですら、リーダーになるには両班でないとだめとの認識が根強くあったということが分かる。

ヤクザまがいの両班の横暴

両班は傲慢であっただけではなく、法を無視した横暴な行いが多かった。朝鮮人自身の記述は、朝鮮後期の実学者の丁若鏞《チョンヤギョン》は主著の『牧民心書』(K07)にその悪業の手口を次のように列挙する。

胥吏《しょり》の悪事は数え切れぬ。その中で甚だしいのを挙げれば、一は反作、二は立本、三は加執、四は暗留、五は半白、六は分石、七は執新、八は呑停、九は税転、十は徭合、十一は私混、十二は債勒。（K07『牧民心書』p.160〜161 ※一部現代表記に改めた）

煩を避けて、これらの手口の詳細の説明は省くが、法を無視した現場での悪業の数々は、とても日本の悪代官の比ではない。地方の下級役人(胥吏)と結託した富家は、税金よりはるかに少ない金額で税逃れをし、そのしわ寄せが全て貧農に向かう。結局、役人たちがむしり取る税金の4分の3は役人たちのポケットに入り、国庫に治められる税収はわずか4分の1に過ぎないと丁若鏞は嘆く(「奉公六条、貢納」)。

近代になって、西洋人が朝鮮に旅行や滞在をし、実際に見聞した記録が残る。19世紀の後半にフランスの宣教師が朝鮮に滞在したが、彼らが見聞した内容をシャルル・ダレが『朝鮮事情』(K14)に書き残した。

朝鮮の両班は、いたるところで、まるで支配者か暴君の如くふるまっている。大両班は、金がなくなると、使いの者をおくって商人や農民を捕えさせる。その者が手際よく金を出せば釈放されるが、出さない場合は、両班の家に連行されて投獄され、食物も与えられず、両班が要求する額を支払うまで笞打たれる。両班のなかで最も正直な人たちも、多かれ少なかれ自発的な借用の形で自分の窃盗行為を偽装するが、それに欺かれる者は誰もいない。なぜなら、両班たちが借用したものを返済したためしが、いまだかつて無いからである。彼らが農民から田畑や家を買うときは、ほとんどの場合、支払いなしで済ませてしまう。しかも、この強盗行為を阻止できる守令は、一人もいない。

(K14『朝鮮事情』p.192)

このダレの記述に類した記述は、他のヨーロッパ人たちの旅行記にも見られる。例えば、日本をも訪れたイザベラ・バードは、19世紀の末に朝鮮を数度訪問したが、両班は憎むべき存在だと痛感したようで、次のように述べる。

朝鮮の災いのもとのひとつにこの両班つまり貴族という特権階級の存在があるからである。両班はみずからの生活のために働いてはならない……両班は自分ではなにも持たない。自分のキセルすらである。……慣例上、この階級に属する者は旅行をするとき、おおぜいのお供をかき集められるだけかき集めて引き連れていくことになっている。……従者たちは近くの住民を脅して飼っている鶏や卵を奪い、金を払わない。
（K12『朝鮮紀行』p.137）

貴族は家や田畑を買う場合、その代価を支払わずにすませるのがごく一般的で、貴族に支払いを強制する高官などひとりもいないのである。
（K12『朝鮮紀行』p.138）

結局、朝鮮では二つの階級しかないと述べる。

朝鮮には階級がふたつしかない。盗む側と盗まれる側である。両班から登用された官僚階級は公認の吸血鬼であり、人口の五分の四をゆうに占める下人《ハイン》は文字どおり「下の人間」で、吸血鬼に血を提供することをその存在理由とする。
（K12『朝鮮紀行』p.558）

このような記述から浮かび上がってくる両班の横暴は、日本でいうヤクザの所業と全く変わるところがない。

それどころか、このような横暴を規制する法が事実上存在しないので、ヤクザ以上にあくどい。しかし、このような歴史的な実態を身近に知っている朝鮮の人たちが、それでもなお、先に述べた金九のようになぜ、両班に憧れるのか？ 庶民(常民)から嫌われているにもかかわらず憧れるのは、まるで分別のない少年がヤクザに憧れているようなものだ。横暴な所業をすれば処罰された日本の武士との差、この点を理解することが朝鮮の伝統文化の理解には不可欠だ。

こういった過去の伝統の残滓《ざんし》が、現在の韓国、北朝鮮にも見られる。例えば、韓国では財閥による下請け企業へのいじめは日本の比ではなく、また北朝鮮では軍隊は勝手に近辺の庶民から必要物資を強制的に調達するが、その代金は一切支払わないと言われる。

韓国の一例として、最近の「朝鮮日報」のコラム「韓国経済の成長を阻む〈強者の横暴〉」には次のような文が見られる。

大手企業と中小企業との取引において、大手の横暴が今も相変わらず続いている。……納品単価の強引な引き下げに対する不満も多い。大手は中小に対し、経営をギリギリで維持できる程度にしかマージンを手にさせないというのだ。これは決して大げさな話ではなく、大手企業と中小の下請けの利益率の推移を比べればすぐに分かる。２００６年から

13年までの営業利益率を見ると、サムスン電子は10・6%から16%、現代自動車は2・8%から9・5%へとそれぞれ上がっているが、サムスン電子のある下請け企業は10%から4%、現代自動車の下請けは6%から3%にまで下がった。影響で賃金格差も拡大している。下請け各社の賃金は1994年の時点で大手の77%前後だったが、2013年にはこれが62%にまで下がってしまった。

（朝鮮日報日本語版、2015年10月15日）

李氏朝鮮時代の両班の悪辣な略奪の実態を知ることは、非常に衝撃的である。しかし、現在の韓国でも同様のことが行われていることを知ると、日本人の多くがおぼろげに感じている「日本と同質の朝鮮」という図式が完全に崩れることであろう。

収奪を避けるためにわざと働かない

日本が併合する前の朝鮮における耕作地面積は240万町歩であったが、日本が統治してからわずか20年後の1929年には、440万町歩にまで増えた。これは、未登録地や未耕作地が多かったことを意味する。つまり多くの荒地が放っておかれたわけであるが、どうして朝鮮の民は飢饉などの災害から身を守るために、近くの荒地を開墾しなかったのか、との疑問が湧いてくる。

だが、これは日本的な考え方である。日本では、開墾の申請などいろいろな手続きはあったものの、基本的には開墾した土地は開墾した本人のものとなり、その土地から得られる収穫物も自分のものとなる(例：東大阪市の鴻池新田や新潟・新発田《しばた》市の紫雲寺潟など)。ところが、朝鮮ではそうとはならなかった。

繁昌して富裕になったような人は、たちまちにして守令の執心の犠牲となった。守令は、とくに秋の収穫の豊かであった農民のところへやってきて、金品の借用を申し出る、もしも、その人がこれを拒否すれば、郡守はただちに彼を投獄し、その申し出を承認するまで、半ば絶食同様にさせたうえ、日に一、二回の笞刑を加えるのであった。

(K10『朝鮮の悲劇』p.28)

ある朝鮮の農民が、あるとき私にたずねた。「私が、なぜ、もっと多くの穀物を栽培し、もっと多くの土地を耕作しないのかって?」「なぜ、私はそうしなければならないというのか? より多くの穀物収穫は為政者のよりひどい強奪を意味するだけなのに」と。

(K10『朝鮮の悲劇』p.28)

商人なり農民なりがある程度の穴あき銭を貯めたという評判がたてば、両班か官吏が借金を求めにくる。これは実質的に徴税であり、もしも断ろうものなら、その男はにせの負債をでっちあげられて投獄され、本人または身内の者が要求額を支払うまで毎朝笞《むち》で打たれる。

（K12『朝鮮紀行』p.138）

つまり、稼いだ分だけ、あるいは稼いだ以上に収奪されるので、皆わざと働かないのである。朝鮮の人々が本来的な怠け者というわけではないが、制度上、怠けたほうが身の安全であったというわけだ。

実務を軽視する国民性

朝鮮の支配者階級であった両班は科挙に合格するため、専ら中国の古典籍に耽溺し、詩文の練習にふけった。その一方で、手作業や肉体労働などの実務は自分たち君子の携わるものではないと考えた。実務を卑賤視した両班たちは、庶民の暮らしの向上にも無関心であった。

朝鮮の士大夫は、こまごました雑事をみずから体験しない。……実務を恥と思って下僕や奴隷の手にまかせている。

（K05『熱河日記（2）』p.118〜119）

朴《パク》趾源《ジウォン》は両班の出身であったが、意図的に科挙を受験しなかった。後年、清への朝貢使節（燕行使）の一員として清の夏の離宮のある熱河《ねっか》まで旅行した。その旅行記が『熱河日記』（K05）である。朴趾源は中国の詩文だけではなく、実務的な知識にも大いに関心を払い、朝鮮の実情に批判的な意見を持つようになった。ただし、朴趾源のように一般庶民の生活の向上に関心を持った両班は極めて少ない。

政治を担当している両班たちの民生への無関心は、交通システムの不備にも表れている。朴趾源は実際に中国を旅行し、朝鮮における交通の未発達は、自然要因（山が多い、岩道が多い）ではなく、人為的なものだと悟った。一例として、中国では車の轍《わだち》がずっと通っている、つまり「車同軌」（車は軌を同じくす）の実態をじかに見たのである。この実見から朝鮮における交通の不備の根本原因を次のように指摘する。

車制はなによりも軌《わだち》を同じにすることが急務である。……いま（中国の）沿道千里の間、毎日、万という車を見たが、前の車も後の車も同じく一つの跡に循《したが》っていた。……わが朝鮮は、車がなくはないのに、車輪は正円形でないし、轍（車跡）は軌（車轍）に入らない。これでは車がないようなものだ。しかしながら、人は、きまり文句として、「わが朝鮮は岩石の多い土地で車の使用は駄目だ」という。これはなんという発言か。国が車を使用しない。だから道路が整備しないのだ。車が通行すれば、道路は自《おのずか》ら整備する。

道路と車が整備されていないせいで、朝鮮では産物が各地方でたくさんとれるにもかかわらず、輸送されずにいると嘆く。

（K05『熱河日記（1）』p.181〜182）

これら豊富でおびただしい産物は、どれもこれも人民生活の日用に、相互に助けあい、融通しあいたい物資である。ところが、甲地では安くて乙地では高く、名ばかり聞いて実物が見られないのはどうしてか。主としてそれを輸送する力がないからである。四方数千里の国ながら、人民の生産はこのように貧しい。一言で要約するなら、車が領域内（朝鮮）で使用されていないからだ。

（K05『熱河日記（1）』p.183）

知識階級が技術面だけではなく、庶民の生活の向上に無関心であったことは、李氏朝鮮が1876年に開国して、西洋との交渉を始めた時の対応にもよく表れている。日本と比較してみると、彼らの伝統的価値観がよく分かる。例えば、岩倉具視の欧米視察団と同じような使節団を李氏朝鮮も送ったが、成果はなかった。

同じ時期（明治初期）に韓国でも、朴定陽（一八八二年に日本へ、八八年には渡米見学した学部・内務大臣歴任者）などのいわゆる紳士遊覧団が海外の文物を吸収しようとする努力はしたことがある。

ところがなぜ日本では成功し、韓国は失敗したのか。（K22『韓国人が見た日本』p.236）

ここでは韓国の失敗した理由を詮索するよりも、日本が成功した理由を探り、それを韓国が見習うべきだと朝鮮日報の執筆者は指摘する。とりわけ、零細な家業でもその伝統を引き継ぐ心意気は、韓国には全く見られないとして次のように述べる。

ただひとつだけ、韓国人にどうしても今さらまねられないものがある。

それはたとえみすぼらしい飲み屋でも伝統工芸でもいいが、数百年ものあいだ連綿として引き継がれている伝統なのだ。自分のものを根気強く大事にしながらも、他人のよきものを消化する根強い頑張り精神、それから逆境に屈せぬ負けず嫌いの競争心などが韓国人には欠けているのではないだろうか。（K22『韓国人が見た日本』p.237）

ここにはサービス業において韓国が日本に劣っている理由が挙げられるが、1980年代の韓国では、ホテル、レストランなどの接客サービス業は卑しい仕事だと思われていたようだ。

ずさんなサービスが（ソウル市内で）蔓延するのは、伝統的にそうしたサービスは召し使いか奴僕の仕事だという考えが色濃く残っていて、従業員が自分の仕事に誇りをもつことができないためであろう。

（K29『新・韓国風土記（第1巻）』P.111）

これが前述の「韓国人には欠けている」という文句の意図するところであろう。

党争――詩の一字で反逆罪に問われる

朝鮮の政権闘争においては、絶対君主であるはずの王ですら命が懸かっていた。一方、日本はと言えば、五代将軍の徳川綱吉は治世の後半では「生類憐みの令」を出して民心が離れたが、将軍職を剝奪されることなく天命を全うした。朝鮮であれば、このような暴君は10年も経ずして臣下から追放され、暗殺されてしまう（例：李氏朝鮮10代目の国王、燕山君《ヨンサングン》）。それだけにとどまらず、追放された王に愛顧を受けた臣下・官僚やその親族、友人に至るまで何百人が巻き添えを食う。

王もさることながら、政治家、官僚の政権闘争は凄惨そのものである。政権闘争に敗れ失脚すると、たちまちのうちに弾劾の上書が数多く提出され、真実かどうかに関係なく、不正嫌疑がかけられる。そして、当人だけではなく家族や召し使いなども投獄され、拷問を受ける。さらに少しでも事情を知っていると思われる人は、証人として引っ立てられる。朝鮮では証人に対する拷問も許されていたので、ほぼ政権側のシナリオ通りの証言と判決が下されることは容易に想像できよう。

本人だけではなく、家族の多くが死罪あるいは追放刑に処せられる。さらには遠い親族や友人・知人など何百人もの人間が無実にもかかわらず巻き添えを食って悲惨な境遇に突き落とされる。権力に就くだけではなく、権力を維持できなければ、一時的にどれほどの高官に登りつめようとも生命・財産が保証されない、というのが朝鮮の(そして中国の)党争の怖さであった。

かつて韓国の長編歴史ドラマの傑作をいくつか(龍の涙、王と妃、女人天下、張禧嬪《チャンヒビン》)見たが、つくづく李氏朝鮮における両班の「党争」のすさまじさを見せつけられた。これらのドラマで描かれている党争は何もテレビ用のフィクションではなく、現実の出来事であった。それ故、韓国の歴史ドラマはフィクションを含むとはいえ、人々を熱狂させるドラマチックな展開が可能なのだ。

無実でありながら党争の犠牲になった悲劇を紹介しよう。

李氏朝鮮の8代目の国王・睿宗《イェジョン》の時、王室の一人である南怡《ナムイ》は武勇に優れていたので、睿宗は自分の位が脅かされるのではないかと恐れた。そんな時、南怡が以前に作った詩の内容が政敵(柳子光《ユジャグァン》)によって謀叛の疑いありと告発された。そのいわくつきの詩とは……。

白頭山石磨刀尽、豆満江水飲馬無、男児二十未平国、後世誰称大丈夫

（白頭山の石は刀を磨いたので尽きてしまい、大河の豆満江の水を多くの軍馬が飲み干した。男児、二十歳にもなってまだ賊を平定できないでいる。このざまでは、後世、どうして立派な男だと呼んでくれようか？）

ここの「未平国」（未《いま》だ国を平らげず）を「国の王になれずに」とこじつけて解釈して、南怡には国を簒奪《さんだつ》する意図ありと告発されたのだ。南怡は反逆罪という大罪のため、凌遅刑《りょうちけい》（生きたまま肉をそぐ刑）に処せられ悶絶死した。ちなみに、南怡の遺体はソウルの北東50㎞にある南怡島に埋葬されたが、ここは「冬のソナタ」のロケ地にもなった。

南怡の事件（1468）の30年後、今度は金宗直《キムジョンジク》の事件が起こったが、その経緯は次のようなものだ。

韓国の伝統では、王が亡くなってからその事蹟をまとめるが、その時、金宗直の弟子である金馹孫《キムイルソン》が書いた文章の中に師の「弔義帝文」（義帝を弔《とむら》う文）が載せられていた。ところが、この文章は王をないがしろにしているとの強引なこじつけで、金宗直が反逆罪に問われた。当時、金宗直は死亡していたので、墓を掘り起こし、死体を八つ裂きにする刑（斬屍）に処せられた。それだけではなく、彼の多くの弟子たちが流罪・死罪を言い渡された。

これら二つのケースを見ても分かるが、朝鮮では根も葉もないことでも、政敵にかかると反

逆罪として告発されて投獄されて殺されてしまうのだ。このような事情があるので、日本に来た朝鮮通信使の日記（K02『老松堂日本行録』、K04『海游録』）には、揚げ足を取られないように用心して、型通りの話（天気、行事、旅程など）ばかりを書き、本音の話は至って少ない。

彼らの党争と比べると、日本の政治闘争は現在は言うまでもなく、過去においても全く平穏そのものだ。寛政の改革を主導し、政敵を手厳しく罰したため、数多くの人たちの怨《うら》みを買った松平定信でさえも失脚したあと、隠居して悠々自適の生活を送って天命を終えた。それ以降のいろいろな政治闘争においても、死罪や財産没収をされるようなことは極めて稀であったのが日本だ。

結局、このような朝鮮の歴史を一貫している朝鮮人のメンタリティを考えると、基本的に、事実であるのかどうかよりも、少しでも自分にとってメリットがあるなら、嘘でもいいからとにかく何でもでっちあげるのがよい、と考えているように思えてならない。

というのは、韓国の裁判所における偽証や誣告《ぶこく》（虚偽告訴）の割合は日本と比較すると、人口比で実に数百倍も多いと言われているからだ。実際、「朝鮮日報」によると韓国で２０１０年に偽証罪で起訴された人は、人口比では日本の４２７倍になる。誣告はさらに酷く、人口比では日本の５４３倍になると言われる（「朝鮮日報」２０１０年2月2日記事）。

私は、この数値の信憑性について、日本の申告件数が少なすぎるのではないかとの多少の疑念は持つものの、全体として、韓国では利益が得られるなら嘘を言うことをためらわない、という風潮があることは確かだろうと考える。

今も続く執拗な差別

過去における韓国の大統領選挙（例：金大中《キムデジュン》）などで、しばしば話題になったが、韓国ではいまだに地域の対立が根深い。

現在の韓国において全羅道《チョルラド》（古くは百済の領土）に対する差別意識はかなり強いと言われる。大統領は現在の朴槿恵《パククネ》まで11人いるが、そのうち全羅道出身は金大中一人だけである。正確な資料は持たないが、全羅道出身者は、政官界の主流に入れないのではないかと推測する。そのような差別の元を辿《たど》れば、高麗の建国者・王建《ワンゴン》（８７７〜９４３）の「訓要十条」にまで遡ると言われる。実に１０００年以上の根強い差別意識である。

具体的には、「訓要十条」の第８項には次のように記されている。

（意訳）車峴より南の公州江より外部は山脈や土地がすべて逆向きに並んでいる。そこに住む住民の心もまた同じように反逆的だ。彼の地に住むやつらが朝廷に出仕したり、王家や諸侯と婚姻関係を結んで政治に係《かかわ》ると国を乱し、併合された恨みを言い出し、きっと王権に刃向かうようになるだろう。また、彼の地の奴婢たちや下人たちは勢力のある家々を目当てに主を変え、王家や宮家に言葉巧みに取り入ると必ずや混乱を引き起こしたり、災厄をもたらすものが現れる。それ故、彼の地の者はたとえ善良な者であっても、決して雇ったり、登用してはならぬ。

（原文：其八曰、車峴以南、公州江外、山形地勢、並趨背逆、人心亦然、彼下州郡人、參与朝廷、与王侯国戚婚姻、得秉国政、則或変乱国家、或銜統合之怨、犯蹕生乱、且其曾属官寺奴婢、津駅雑尺、或投勢移免、或附王侯宮院、姦巧言語、弄権乱政、以致災変者、必有之矣、雖其良民、不宜使在位用事）

王建が全羅道出身者を激しく憎んだのは、高麗建国時に甄萱《キョンフォン》に率られた全羅道（後百済）の住民たちとの激しい戦争が原因だと言われている。

高麗を引き継いだ李氏朝鮮でも、地域差別は露骨で厳しかった。

李氏朝鮮の建国当初に、李朝時代最大の乱と言われる李施愛《イシエ》の乱が１４６７年に咸鏡道《ハムギョンド》で起こった。この乱のために、北朝鮮の北部の咸鏡道はその後、李氏朝鮮の末まで国家から全く見捨てられた地域となった。

同じく、由緒ある古都・平壌のある平安道も建国初期から４００年間、いくら科挙に優秀な成績で合格しても下級役人にしか登用してもらえなかった。これは「西北人勿為重用」（西北人は重用するなかれ）という句に表されている。

韓国最南端の済州島は言語、習慣が本土と異なる上に、李氏朝鮮時代に流罪地であったため、今なお続く差別がある。

結局、極端な地域差別は同じ地域の人間だけが排他的に結びつくという「地閥」を生んだが、これは極めて牢固なものである。

門閥と地閥は……士林派の朋党争いが残した最悪の遺産である。それ（士林派が消滅して）から一〇〇年が経過したこんにちでも、伝統的な地閥意識は、牢固たるものがある。

（K24『朝鮮儒教の二千年』p.478）

差別は何も身分や地域だけではない。時間を遡って過去に対してもある。その一例を歴史書に見ることができる。中国の文の伝統を引き継いだはずの朝鮮では、本来であれば自国の歴史書を大切に保存し、伝えるべきであるが、実際のところは、かなり酷い歴史破壊を行った。そのことは、現代の韓国人ですら次のように指摘することからも明らかである。

金富軾らによって一一四五年に編纂された『三国史記』は、高句麗、百済、新羅の歴史を伝記体形式で記した歴史書で、……

儒教と事大主義的見地から資料を収集、整理した撰者たちの思想的立場によって、『三国史記』には、当然とりあげられるべき資料と書籍が参酌されず、恣意に叙述された部分も散見される。

（K28『朝鮮文学史』p.95）

もっとはっきりと書いているのが、咸錫憲《ハンソクホン》の『苦難の韓国民衆史』だ。

わが民族には文化を破壊する習性がつよいということだ。戦争によって偶然にあるいはやむを得ず失われることもあろうが、いちど局面が変わると、以前のものはあますところなくばっさりとなくしてしまおうとする習性がある。……

伝わる話によると、金《キム》富軾《プシク》は『三国史記』を書きおわったあと、参考にした古い記録をすっかりなくさせたという。

（K26『苦難の韓国民衆史』p.103）

高麗になって、金富軾らが『三国史記』を編纂した時に参照したであろう書籍の全てが湮滅《いんめつ》したという。伝えられるところによると、湮滅の理由が故意であるようだ。「恣意に叙述された部分も散見される」というからには、改竄がばれないように証拠隠滅のために意図的に焼却したと考えられる。これと同様のことが、李《イ》成桂《ソンゲ》によって高麗が滅ぼされた時にも起こっている。

すなわち、李氏朝鮮の初期に『高麗史』および『高麗史節要』が書き上げられたが、その時に参照したはずの資料が現在伝わっていない。これらのことから考えると、どの程度一般化できるか確信は持てないが、ひょっとすると朝鮮では過去の歴史を否定するのを善しとする伝統があるのかもしれない。

職人蔑視の根深い伝統

サービス業に限らず日本と朝鮮の社会における大きな差は、職人という身分の差と職人自身の持つ職業に対しての使命感である。いくつかの職人の境遇を見てみよう。

(要約)陶工は朝鮮では奴婢の身分。拉致されて九州につれてこられた朝鮮の陶工は士分に取り上げられた。

（K43『江戸時代の朝鮮通信使』p.70）

つまり、陶工は朝鮮では奴婢の身分であったことが分かる。つまり、一般民ではなく人身売買される賤民であったのだ。

李朝においては、工芸といわず経学といわず一切の文化は王室を中心とする貴族両班階級のものであり、民間人は専ら彼らの誅求の対象に過ぎなかった。陶工なども賤民であって、人間の数にもはいることができなかった。

（K30『韓国人』p.99）

陶工は、なぜそれほどまで卑《いや》しめられたのか？ その理由は次のようだ。

焼き上がった陶器の分配が終わると、残るのは売りにだす問題である。近頃（1970年代）では交通手段もよくなり市場も発達したので、こちらから運んで行って売ることもあれば、また窯までやってきて陶器を運んで行く商人の数もめっきり増えたが、昔は窯場で働いている職人や陶工が、夫婦して陶器を背負いばしごで運んだり頭に載せて運んだりして、何里もの道程を歩いて売ってまわらなければならなかった。

（K33『続・アリラン峠の旅人たち』p.125）

重くてかさばる陶器を売りに歩く行商をしなければいけないため、陶工という職業が人々から蔑《さげす》まれたのである。

「窯場の職人が下賤の者と蔑まれ、人間扱いされんようになったのも、きっとそんな按配に、商い半分物乞い半分の暮らしだったからじゃろうよ」

（K33『続・アリラン峠の旅人たち』p.126）

背負いばしごで陶器を担ぎ、行商に向かう人々
©caricature japan, Inc

重い陶器の行商と言ってもイメージが湧かないだろうが、ここに掲げるイラストを見ると、その辛さが身に染みて分かるだろう（なお、このイラストは１９００年初頭に撮られた写真を正確になぞったものである）。

荷物を背負う道具を「背負いばしご」や「チゲ」と言うが、朝鮮の人たちは60kgから90kgもある重い荷物を載せて、遠くまで行商したという。その結果、背中は痣《あざ》だらけになった。明治期（１９０７）に朝鮮を訪問したイギリス人女性のエセル・ハワードは、実際にその悲惨な様子を見て、次のように述べる。

背中に荷物を背負うための木の板を括《くく》りつけていたが、それは荷物がなくともそれだけで大変な重さであった。……道端でその中の一人が休んでいるのを見かけたが、彼が背中から板を下ろして私に背を向けたのを見ると、それは全くの裸であった。最初私は、彼が背中いっぱいに入れ墨をしているのかと思ったが、よく見ると木の板が皮膚を押しつけて一面に青い痣になっているのだった。

（K15『明治日本見聞録』P.218）

陶工の暮らしは、作るより出来上がった物を行商するため、旅が主体であった。それ故、家財道具はないに等しかったと述べる。

「近頃では窯場の職人の中にも、たんすを買いこんだり所帯道具をととのえたりする者がおるけど、昔の窯場職人の暮らしなんてものは、風呂敷包み一つあれば上等じゃったわ」

（K33『続・アリラン峠の旅人たち』P.128）

秀吉軍によって日本に数多くの陶工が連れてこられたが、彼らの朝鮮における待遇の実態を知ると、中には日本に来てよかったと感じる人がいてもおかしくないと、私は考える。それは現代において、移民する人は多くいるが、全員が不幸ではないのと同じことだ。

わびしすぎる職人の境遇

日本で大工の棟梁といえば、かつては社会的地位は非常に高かった。明治に神田の棟梁の息子として生まれ、大工職人の腕前を磨いたあと大学に進学し、建築家となった竹田米吉（1889〜1976）の回想によれば、大工は職人の中でも上位の職であったという。幼いころから厳しい修行を積むが、一人前ともなれば生活（衣食住）においてかなりゆとりがあったという。さらに棟梁ともなれば、いわば町の顔役として皆（町衆）から一目を置かれていた（J07『職人』）。

日本と比較すると、朝鮮の大工は家族にすら敵意と嫌悪を向けられるほどのわびしい境遇であった。

いったん大工になってしまったら、この職についたものはその瞬間から渡り歩かなければならない。しかも、腕が確かであればそれに比例して渡り歩く時間も多くなり、空間は広がっていく。……近いところで数里の道程、早くて一、二ヵ月は要する。

（K32『アリラン峠の旅人たち』p.204）

大工だけではなく、陶工、鍛冶屋など、職人の職業はいずれも皆、嫌われた。親自身が息子にも家業を継がせたくないという。

日本で言えば、人間国宝級の腕前を持つ細工師・許鈞《キョキン》には4人の息子がいたが、上の3人はいずれも別の仕事に就いた。その理由をインタビューされると次のように説明した。

彼らがなぜ一人も家業を継ごうとはしないのか、その点がひどく気になった。

「なして刀鍛冶なんぞ継がせるっちゃ。こんなやくざな仕事を覚えとったら、一生苦労の種が尽きんちゃ」

（K33『続・アリラン峠の旅人たち』p.198）

大工だけではなく、紙漉き職人も同様だった。

なぜ息子を紙漉き職人に仕込もうとは考えないのかと気を引くと、とたんに「砂浜に顔を突っこんでおっ死ぬことがあったって、わしゃ倅《せがれ》だけは紙漉き職人風情にするつもりはねえだよ」と、にべもなく撥ねつけた。爺さんが自分のたどってきた人生に、どれほど深い侮蔑感を抱いているかを教えてくれる言葉であった。

（K33『続・アリラン峠の旅人たち』p.176）

職人がこういう意識を持っていれば、技術の向上などあり得ないし、伝統工芸が継承されないはずだということが分かる。

伝統工芸技術の断絶

古代朝鮮の工芸技術のレベルは高く、飛鳥時代・奈良時代にそれらが日本に伝わってきたおかげで、大仏や法隆寺などを造ることができた。その後も高麗時代には、青磁、青瓦、朝鮮紙、木版印刷などの分野において高度な技術を誇った。ところが、これら高麗の技術は李氏朝鮮に入ってから全く継承されなくなり、途絶してしまった。それは、政府や文人（両班）たちの技術者蔑視、民生無関心がもたらしたものだ。韓国で伝統が継承されない原因は、まさにこの李氏朝鮮時代の因襲に由来する。

> 韓国には「青磁瓦職人」（高麗時代に世界に誇るべき青磁の瓦をつくったことがあるが、その作法を後代に教えなかったゆえに、伝統が引き継がれなかったという意味で使われる）ということばがある。卓越した才能や技能を他人に伝授しない悪習を表わした言葉なのである。
>
> （K22『韓国人が見た日本』P.234）

かの青瓦の製造法——今日如何に真似をしても出来ぬ——の伝わって居ないのも（李朝が発明、

発見を阻害した結果である）

（K19『歴史民俗朝鮮漫談』p.494※一部現代表記に改めた）

李朝時代に某寺の僧が、精巧なる紙を漉く事を発明したが、誅求が甚しく、多額の賄賂を使って、製造の中止を、ようく許可して貰《もら》ったという奇談もある。

（K19『歴史民俗朝鮮漫談』p.494〜495※一部現代表記に改めた）

この僧のようなケースが他にもあった。つまり、見事な特産品を作ることができる技を持っている職人には注文が殺到するが、代金を払ってもらえないので暮らしは却《かえ》って困窮するのだ。そのため、後継の息子や娘の腕を縛りあげて不具にして物を作れなくする風習が起こった。これを「封臂《ふうひ》」と呼ぶ。

韓国の墨のうち、黄海道の海州産の首陽墨が最高だとして、官庁によるこの墨の収奪が甚だしかった。当時、権力の上層部に取り入るための贈り物としては、首陽墨が最高の品だったのである。その墨作りの秘法を受け継いだ父は、唯一の伝授者であった息子に封臂を加えて自分は死んだ。技法を凍結、断絶させることによって、息子を救ったのである。

（K31『韓国人の心の構造』p.64）

同様の事例として、咸鏡道の特産である薄い布（サムベ）の娘たちの封臂がある。鉢内布《はちないふ》とよばれ、鉢の中に麻布一疋《いっぴき》を入れることができるほど縦糸が細く美しい咸鏡道六鎮地方のサムべも収奪の対象となり、怨布とさえよばれた。この鉢布内のせいで一生苦しめられた母たちは、娘たちにはこの恨みのつのる技倆を伝えるのを願わず、幼いうちから腕に封臂を加え、腕の障害者にしてしまい、その天下の秘法を断絶させたのである。

（K31『韓国人の心の構造』p.64〜65）

このように伝統工芸技術が途絶えてしまったのには、二つの理由があることが分かる。一つは、手作業の仕事を卑しいと軽蔑したので、職人自身も自分の仕事に誇りが持てなかったせいである。もう一つは、儲かる品となれば、役人がすぐさま高い税をかけるので、生産者は作れば作るほど貧乏になるからである。それ故、特産品の生産を自発的に廃業するのである。

全羅陸地で、蜜柑を栽培試植して成功した。其の部落へ蜜柑の誅求が甚しくなって、作人は蜜柑の為に苦しみ遂に木を伐り倒す者が出て来たから、官に於て台帳を作り、伐取を禁じた、そこで作って居る者は窃《ひそ》かに、木の根に穴を穿ち、毒草の葉汁を注ぎ、自然立ち枯の如くしたという。

（K19『歴史民俗朝鮮漫談』p.495※一部現代表記に改めた）

伝統工芸技術の断絶はとりも直さず、老舗が存在しないことを意味する。現在、韓国では200年を超える社歴のある老舗は存在しないと言われる。この裏付ける資料を、表1(p.167参照)に示す。

日本には社歴200年以上の老舗は優に3000社を超えるが、韓国には一社もない。日本の老舗は単に社歴が長いだけではなく、会社運営においても極めて誠実で優秀であることは、エノキアン協会への加盟数からも分かる。エノキアン協会は家族経営で社歴が200年以上の会社しか加盟が許されないが、加盟審査は非常に厳しく、単に年数だけではなく、健全な財務内容と共に、誠実な経営理念などもチェックされる。日本からは5社の加盟が認められているが、老舗の存在しない韓国では当然のことながら一社の加盟もない。

現在の韓国に老舗が一社も存在しないのは、1910年に始まった日本の韓国併合のせいでもなく、朝鮮戦争のせいでもない。李朝を通してずっと老舗なるものは存在しなかった。この結論は、李朝の厳しい身分制度と、現在もなお韓国社会に根強く残る両班志向から論理的に導くことができる。

実際韓国人の書いた本にも同じ趣旨のことが載せられている。1954年生まれで、ソウル大学政治学科卒業のエリート官僚である李銅君《イドンフン》は1994年から3年間、アジア経済研究所の客員研究員として日本に滞在した。『韓国は日本を見習え』(K34)という本は、その滞日時に経験した日本の長所を極めて客観的な立場で書いている。

表1 韓国の老舗と日本の老舗 ヨーロッパとアジアの老舗・エノキアン協会

	Henokiens（エノキアン）協会加盟社数	老舗 社歴200年以上
イタリア	15	192
フランス	12	376
ドイツ	3	1850
オランダ	2	296
北アイルランド	1	——
ベルギー	1	79
スイス	2	167
日本	5	3886
中国	0	75
韓国	0	0
インド	0	3

出典：「週刊東洋経済」2010年11月20日、P.43
Henokiens:http://www.henokiens.com/index_histo_gb.php

その一節に、ハーバード大学で博士号をとった人が寿司屋の三代目を継いでいるという店を李氏が訪問し、伝統を守る日本人気質に感銘を受けたというくだりがある。その反面、と言って、李氏は韓国の状況を説明する。

韓国には代々受け継がれた店というものはなく、したがって秘伝を体得することがむずかしい。たとえ当代が体得した秘訣があったとしても、それを次の世代にまで伝えようとは思わない。自分は人生に失敗したからこんな商売をしている、こどもにだけはこんな商売をやらせたくない、と考えるのが一般の韓国人の親ごころだからである。

韓国社会で親の仕事を継がせるのは、財閥の会長のように富や権力を独占する特権層だけである。いまだ韓国には職業に対する貴賤意識が強く、職業には厳しいランクづけがなされている。それだけに、だれもが自分の階層を乗り越えることだけに力をふりしぼるのだ。

韓国には伝統的に職人の技を尊重する風土がない。儒教が労働を卑しんだので、汗をかいて仕事をすることを恥と考える風土ができてしまったのである。そうした両班思想の弊害が近代産業にも陰を落とし、どんな企業でも忍耐強い技術の積み重ねの努力があってはじめて成り立つのに、韓国ではじっくり技術開発に取り組むような姿勢はない。なんでも日本から輸入すれば済むと考え、自分で技術を開発しようという企業が少ないのは深刻だ。

（K34『韓国は日本を見習え』p.145〜146）

李銅君がいみじくも指摘しているように、職業に対する貴賤観、とりわけ汗水を垂らして働く労働に対する極端な蔑視が中国や朝鮮（韓国・北朝鮮）に今でも根強く残っていることが分かる。

儒教的禁欲主義は、匠と商の発展を抑制し、それをなりわいとする匠人や商人を賤視した。日本のように、都市的雰囲気の町人文化が育たなかった理由である。

（K24『朝鮮儒教の二千年』p.441）

こういった社会背景が理解できると、どうして現在の中国や朝鮮（韓国・北朝鮮）は日本のように社会全体に健全な工業の発展が見られないのか、その根源的な理由が見えてくる。

技術職者の使命感の欠如

韓国のキリスト教牧師である咸錫憲は、朝鮮の労働者には自分の職業に対する使命感や奉仕意識が欠落していると指摘する。

外国では一人の人が一つの仕事に生活を貫くだけでなく、子子孫孫まで何代もその家業を継いでいるのに、わが国（韓国）では農業を除くと別にみあたらない。それゆえ、当然のことながら発達するわけがない。また仕事をするにしても、原始的な方法をそのまま受け継いで一時的な生存を維持する手段にするだけで、自分の職業に使命感・奉仕意識を持って研究し、あとの人に影響を与えようとする考えが非常に乏しい。

（K26『苦難の韓国民衆史』p.354）

朝鮮では、年月をかけて技術を磨くことは、社会的には全く評価されなかった。その伝統は今日もなお厳然として生き続けていることは、韓国の巨大財閥サムスンのえげつない政治の裏工作を暴露した『サムスンの真実』（K35）の次の文章からも分かる。

サムスンで最も優遇されるのは、優れた技術を開発して会社の地位を向上させた人ではない。李健熙、李在鎔の私的利益のために働く者だ。たいていは会社が犯した不正の共犯者たちだ。サムスンでは不正の共犯になり、経営陣と秘密を共有する関係を築いてこそ、手厚い待遇を受けた。「半導体技術者」よりも「裏金技術者」が上に位置する構造なのだ。

（K35『サムスンの真実』p.253）

こういった社会で、子供たちの将来の職業はどうすればいいのかと、筆者の金勇澈《キムヨンチョル》は問いかける。

科学者は、どうなのだろうか。やはり勧めるには忍びない。国内最高の企業といわれているサムスンで科学技術を研究する人たちが単なる消耗品の扱いを受けている。担当以外のことに目を向けないように指導し、研究用の機械として扱った。そんな生活を長く続けていれば、担当技術以外の分野について無知になってしまう。そして研究していた技術の効用が切れると、会社から追い出される。別の分野に関心を持つ間がなかったからだ。会社を辞めても別の仕事に適応するのが難しい。徹底して会社の利益のためだけに飼いならされた人生を歩み、捨てられるのだ。

（K35『サムスンの真実』p.253〜254）

現場労働者や職人だけではなく、サムスンのような一流企業の高いレベルの技術者（や多分、科学者）たちでさえも軽蔑されている社会に、健全な科学や技術の発展はあり得ないと考えるのが自然であろう。ノーベル科学賞分野で韓国から一人の受賞者も出ていないのは、根源的にこのような伝統的な科学技術者への蔑視が根付いているせいだと私は考えている。

朝鮮人が見た室町時代の日本とは

日本と朝鮮の間には、古代から人や物の往来がある。李氏朝鮮が成立（1392）してから、室町時代には何度か日本に正式の使節が往来している。彼らの見た室町時代の日本の社会の様子や風俗は、『老松堂日本行録』（K02）や『海東諸国紀』（K01）に触れられている。分量的に多くはないが、当時の様子が分かる資料としては貴重である。

宋希璟《ソンヒギョン》の『老松堂日本行録』（K02）は旅行記というより、詩文集と言ったほうがふさわしく、旅行の日程や出来事を詳細に記録するというより、日本の風景や風俗に接して、湧きあがった感興に応じて詩を作った、というのが近い。それでもいくつかの文章から当時の日本が分かるので、それを引用してみよう。

摂津州兵庫……

高低の板屋は蜂屯《はちのす》の若《ごと》し　数日停帆して海門に滞す

（K02『老松堂日本行録』p.96）

兵庫の港は日宋貿易の中心地であった。その繁栄ぶりが、この描写からも分かる。兵庫から使節の一行は京都まで陸路をとったが、その途中の西宮で数多くの乞食に出会う。

毎《つね》に聴く飢民の食を乞うる声《日本は人多し。また飢人多く、また残疾多し。処々の路辺に会坐し、行人に逢えば則ち銭を乞う。》

（K02『老松堂日本行録』p.97）

町中に乞食が多いということであるが、これが常態であったのか、突発的な天災や火事のためだったのかは不明であるが、食べ物より銭をほしがる姿は、李氏朝鮮時代に貨幣経済がついぞ定着しなかった朝鮮人には驚きであったに違いない。

また、日本の性風俗は朝鮮よりもずっと乱れていたとして、次のように言う。

日本の俗、女は男に倍す。故に路店に至れば遊女半ばに迨《およ》ぶ。其の淫風大いに行われ、店女行路の人を見れば、則ち路に出でて宿を請い、請えども得ざれば則ち衣を執《と》りて店に入らしむ。其の銭を受くれば則ち昼と雖も従う。

（K02『老松堂日本行録』p.133）

つまり、日本には女が多くいて街道沿いには客引きの女が数多く立っていた。旅行客を無理にでも店に引き込み、昼から売春をしているというのだ。また日本には、僧や武士階級に稚児の風（ホモセクシュアル）が盛んだと記す。これだけにとどまらず僧侶と尼僧も、実質的にフリーセックスであったことを指摘している（同書 p.160）。こういったことを正式の報告書に載せるということは、朝鮮では事情が異なっていたためと考えられる。

室町時代に来訪したもう一人の申叔舟《シンスクチェ》は23歳の若さで科挙に合格し、世宗から成宗までの六朝に仕え、トップの領議政にまでのぼりつめた大政治家であり文人であった。日本には1443年（27歳）に訪れ、京都にまで来た。『海東諸国紀』（K01）はその経験を活かして書かれた朝鮮外交使節の日本訪問のマニュアルとも言うべき本で、紀行文というより、外交儀礼と日本の国情報告に主眼が置かれている。それでもいくつか室町時代当時の日本の風俗に関する記述がある。

刑は笞杖《ちじょう》無し。（K01『海東諸国紀』p.117）

日本の刑罰に笞《むち》打ちや杖打ちの刑罰がないと驚いているが、それによって朝鮮では一般的な刑罰だったことが分かる。中国で笞杖の刑として昔からあり、それが唐で制度化されていたのを日本も奈良・平安時代に取り入れたが、室町時代までにそれが実施されなくなっていたということだ。

人家は木板を以て屋《おく》を蓋《おお》う。唯天皇・国王(足利将軍)の所居および寺院は瓦を用う。

(K01『海東諸国紀』p.118)

人家の屋根が板であることをわざわざ記しているのは、朝鮮では庶民の家が藁葺であったということだ。このことから、日本では縦挽きのこぎりが鎌倉後期から普及したため、製材技術と製材業が発達し、庶民でも板が安く購入できたということが分かる。

朝鮮通信使の目に映った日本

江戸時代には、李氏朝鮮から日本に12回にも渡り、善隣友好使節がやって来た。毎回、総勢500名近い大使節団は通信使と呼ばれ、ソウルから下関を通り、兵庫まで船に乗り、そこから陸路を江戸まで旅行した。その間、日本の風物を見、また数多くの日本の文人・学者と交流した。

(要約)江戸時代、日本は朝鮮と正式な国交を結んでいた。釜山には日本人が600人常駐していた。江戸時代を通じて、合計12回の朝鮮通信使(総勢500人)が来日した。護衛の対馬藩士など含め、合計3000人の大名行列で大阪、京都、名古屋から江戸に向かった。
（K43『江戸時代の朝鮮通信使』p.3）

(要約)関ヶ原の戦い以降、徳川家康が朝鮮から連行されてきた朝鮮人を送り返し、朝鮮との和交を求める。朝鮮国は徳川家康が豊臣家を滅ぼしたのは、朝鮮の仇を討ったものとして徳川家の行為を徳として、和交に応ずる。
（K43『江戸時代の朝鮮通信使』p.27）

(要約)室町時代に日本から朝鮮に使節を60回以上派遣している。一方、日明貿易では、18回(『老松堂日本行録』や『海東諸国紀』などの記録あり)。
（K43『江戸時代の朝鮮通信使』p.97）

通信使の接待に費やした日本側の経費は毎回百万両、動員された人足三十三万人、馬は七万七千六百頭にのぼったという。
（K43『江戸時代の朝鮮通信使』p.278〜279）

毎回100万両もの費用がかかったというが、一両を20万円と見積もると2000億円にもなる。このように日本、李氏朝鮮ともに莫大な費用がかかった朝鮮通信使であるが、彼らの旅行記のうち日本語訳で読めるものは極めて少ない。しかし、それらの記述から、現代にも通ずる彼らの意識を知ることができる。

朝鮮通信使の一員として来訪した申《シン》維《ユ》翰《ハン》は、日本に本が多いことに驚いて次のように述べる。

> 国中の書籍は、我が国(朝鮮)から往ったものが百をもって数え、南京から海商たちが持って来るものが千をもって数える。古今の異書、百家の文集にして書肆で刊行されたものは、我が国に比べて十倍どころではない。
>
> （K04『海游録』p.305）

朝鮮の両班は一般的に日本を倭奴と見下し、侮蔑感をあらわにしたが、申維翰は日本の物質的な繁栄ぶりを客観的に評価している。

朝鮮の不潔さは、数多くの旅行記や滞在記に記されているが、申維翰も日本との比較から、朝鮮が不潔だと認めざるを得なかったようだ。

> 夏の暑い時、蝿がはなはだ稀である。これはすなわち、室中を精潔にして汚さず、魚肉の腐敗したものはただちに土に埋め、厠間の悪臭を放つものはただちに田畔に移すからである。
>
> （K04『海游録』p.292）

ところで日本人の本好きは、江戸時代だけではなく、現代においても韓国人の眼には驚異と映るようだ。例えば、先に紹介した李銅君が日本の書店で文庫本の種類が多く売られていることに驚いている。その理由は、彼なりに推論し、日本人は通勤電車内で本を読むからだと結論づけた。それに反して、韓国では文庫本は売れないとして、その理由を次のように述べる。

韓国人は本は家の中で読んだり、飾って置く物と考えているので、文庫本は売れない。韓国人にとって、本とは少なくとも教科書以上の大きさがなくては本ではないのである。

（K34『韓国は日本を見習え』p.166）

さらにもう少し、現在の韓国人の言葉を聞いてみよう。『韓国人が見た日本』（K22）には、ニチイ創立時の話を載せている。４つの会社が集まって株式会社ニチイを創立した時、梅田の土地を購入する資金がなかった。しかし、取引先の銀行支店長や友人たちが、無利子で返還期限を決めずにお金を貸してくれたという美談を紹介して次のように言う（なお、株式会社ニチイはその後、株式会社マイカルと名称変更したが倒産し、現在はイオングループに吸収されている）。

日本人の社会は、韓国人の尺度でみると、本当に馬鹿げたほど相互信頼する習性がある。

……

韓国でも日本でも「袖振りあうも他生の縁」という仏教の共通的な教えがある。が、日本ではその「他人との因縁」が信頼の体系をなしているのに反し、韓国では「他人」は「私」とは全然無関係だと、日本の『生産性比較報告書』は指摘している。

（K22『韓国人が見た日本』p.139〜140）

人を信じることが、下手をすれば文字通り命取りになるような社会に住む韓国人と、人を疑うことは卑しい品性の持ち主だと考える日本人の差は大きい。

日本への旅行記から逆に知る朝鮮事情

室町時代の朝鮮からの来訪者の記述を通して、逆に当時の朝鮮の様子がよく分かる。その例として経済事情、および貨幣の流通を取り上げてみよう。

(旅客を)宿に留め、酒食を饋《おく》りて直銭を収《おさ》めしむ。故に行《たびゆ》く者は粮を齎《もたら》さず。

（K01『海東諸国紀』p.118）

(日本)人は喜びて茶を啜《すす》る。路傍に茶店を置きて茶を売る。行人《こうじん》銭一文《もん》を投じて一椀を飲む。

（K01『海東諸国紀』p.118）

この記述から判断すると、朝鮮では旅行するのに自分が食べる食料を持参しなければいけなかったということが分かる。それに対して、日本では室町時代にすでに貨幣経済が全国的に行き渡り、銭を持って旅行できたことは、路傍の茶店でも一椀の茶を銭一文で販売していたことからでも分かる。

1900年代の初頭においても、朝鮮では貨幣がほとんど流通していなかったことは、バードや朝鮮総督府時代の記述が証拠立てている。

貨幣はほとんど流通しておらず、取り引きは物々交換、もしくは農民が労働で支払う。

（K12『朝鮮紀行』p.110）

詮《せん》じて見れば、朝鮮という国は昔から、資本欠乏の国である。近頃まで米と布とを貨幣として居たが、此等の品は腐朽するから、巨額に永年に亙《わた》って、蓄積の仕様が無いのである。

（K19『歴史民俗朝鮮漫談』p.497※一部現代表記に改めた）

もっとも、日本においても銭の全国的流通は元禄期以降であると、荻生徂徠は次のように述べる。

むかしは在々に銭、殊の外に払底にて、一切の物を銭にては買わず。みな米麦にて買いたる事……近年の様子を聞き合するに、元禄の頃より田舎へも銭行き渡りて、銭にて物を買う事になりたり。

（J05『政談』p.134※一部現代表記に改めた）

さて、通信使の旅行記は漢文で書かれるのが常であったが、唯一ハングルで書かれたのが『日東壮遊歌』（K06）である。その内容を見てみよう。

(大阪の)本願寺に向かう　道の両側には
人家が塀や軒をつらね　その賑わいの程は
我が国の鍾路《チョンノ》の　万倍も上である

（K06『日東壮遊歌』p.235）

(大阪の)館所に入る　建物は宏壮雄大《こうそうゆうだい》
我が国の宮殿よりも　大きく高く豪奢である

（K06『日東壮遊歌』p.236）

大阪の賑わいは、ソウルとは比べものにならないぐらい華やかだと感嘆している。このような記述から、江戸時代の日本と李氏朝鮮の経済力の大きな格差が分かる。

朝鮮人はなぜ日本人を蔑視するのか

現在の日本には、明治以降醸成された朝鮮蔑視観が残っていることは否定できない。しかし、朝鮮（韓国・北朝鮮）には、日本蔑視は伝統的に存在していた。例えば、江戸時代、朝鮮通信使の一員として1719年に日本を訪問した申維翰の文に、彼らの日本蔑視の一端が見える。

（林家の儒者たちの）文筆を観るに、拙朴にして様を成さない。日本の官爵はすべて世襲であり、高才邃学の士ありといえども、（林）信篤の牀下に望みを得るにあらざれば用いられぬ。可《お》笑《か》しいことだ。

（K04『海游録』p.192）

林信篤父子は、その文学をもって関白（徳川将軍）の儒臣をなすが、濫竿《らんう》（実力なくしてその地位にある者）の客である。

（K04『海游録』p.203〜204）

（朝鮮通信使の正使・尹趾完の言）日本には、科挙試によって人を採用する法がなく、官は大小にかかわらずみな世襲である。奇材俊物が世に出て自鳴することのできない所以である。民間人のなかで恨みを抱きながら世を去るもの、多くはこのたぐいである。

（日本の儒者たちは）眼識が明るい。だから、古事を述べ論じてその能否を論評するのをみると、……その所見の的確なること、あるいは能言の士（論客）にちかい。
（K04『海游録』p.246〜247）

しかし、彼らに歌行や律語をつくらせると、すなわち平仄（漢詩における平韻と仄韻のこと）を多く間違えて、趣きと味わいをまったく失い、我が国の三尺の童子でさえ聞いたら笑うことだろう。
（K04『海游録』p.306）

まず、日本の学者が科挙のような実力評価ではなく、世襲で選ばれている（例：林信篤、林榴岡）と非難する。また日本儒者たちの作る詩は全くだめだと貶《けな》すのは、朝鮮では人格の優劣と詩の優劣とが直結しているからである。

詩が人格のバロメーターであり、才質の評価基準になるほどだったため……
（K23『韓国人の情緒構造』p.96）

さて、朝鮮通信使たちの一行は日本の経済力には感心しているものの、日本人は本当の礼儀を知らない野蛮人だと見下している。例えば、彦根から大垣に向かう途中の休息所に入るや、日本人の儒者・勝山が詩を書いてくれと頼みにきた。そこで、金仁謙《キムインギョム》は詩を書いて与えた。しばらくすると、勝山は風呂敷に銀貨を包んで持ってきた。その時の金仁謙の反応を見てみよう。

驚き呆《あき》れて　紙に書いて見せる
「貴公は外国の人とはいえ　儒者の身でありながら
銀貨をもって　詩文の礼をするなど
その志《こころざし》　には感激するが　義の道には大いにもとることである……」
（K06『日東壮遊歌』p.257）

金仁謙はさらに、日本のほとんどの儒者は漢詩が下手だと見下している。さらには将軍も、犬と同じように軽蔑すべき対象だと考えていたようだ（K06『日東壮遊歌』p.292、391）。

日本人は儒教を知らない

姜沆《カンハン》は李氏朝鮮の儒者で、大儒・李退渓《イテゲ》（本名：李滉《イファン》）の弟子である。秀吉の朝鮮出兵の慶長の役で囚われ、日本に連れてこられた。京都で藤原惺窩《せいか》と知り合い、朝鮮儒学（朱子学）を教えた。のち、朝鮮に戻り、捕囚の様子や日本の地理・人物についての記録『看羊録』（K03）を書き残した。その本の中で、朝鮮の儒者に共通の日本蔑視が、次のように表されている。

> (倭人の)風俗は、小〔事〕にさとくて大〔事〕にうとく、衆〔人〕の尊び誉《ほま》れとすることについては、そのあとさきをよく調べもしないでひたすらそれに従い、一度それに惑わされたが最後、死ぬまでさとりません。
> （K03『看羊録』p.31）

もっとも、これが果たして姜沆の本心であったかどうかは分からない。というのは、李氏朝鮮の歴史を見ると党争や士禍という宮廷内のすさまじいまでの政治権力争いが常にあり、その時、些細な詩文の一節でも政敵から糾弾の口実にされかねなかった。そのため、彼らが書く文章には必ずしも本心が吐露されていないことも考えられる。

ところで、朝鮮ではすべてにおいて上下関係が厳しかった。これは朱子学の影響であると言える。一方、日本には朱子学は江戸時代に入ったが、民衆レベルの生活儀式を変えるまでには至らなかった。その差は、次の文からも分かる。

> 彼ら(日本人)は、互いを呼ぶのに、必ず「様《さま》」と言い、次いで「殿《どの》」と言います。書〔簡の〕辞には、必ず「御」をつけ、天皇から庶民に至るまでこれを通用しております。……その〔身分差に対応すべき〕等級のなさは、このようなものであります。
> （K03『看羊録』p.224）

日本蔑視とは、つまるところ中国の文章（詩文・経書・史書）を絶対的に素晴らしいものだと考え、それをどの程度理解しているかを評価基準とした場合、朝鮮の文人が日本の文人に勝っているというのに過ぎない。つまり、中国の故事成句や歴史などの知識を競っているだけの話だ。また、中国の礼儀から外れているものを絶対的に悪と見なした場合、日本の風習（尻からげ、裸で行水、など）には俗悪なものがあるということに過ぎない。

（要約）朝鮮の書堂（庶民の学校）は、実生活と遊離した儒教（朱子学）だけを教えた。結果的に大多数の生徒が脱落し多くの文盲を生み出した。一方、日本の寺子屋では、実生活に必要な「読み・書き・ソロバン」を教えた。（K24『朝鮮儒教の二千年』p.217）

日本蔑視は彼らの文化水準の基準が中国の詩文であったことが、最大の原因である。それ故、庶民が必要とする実務に関わる教育などは、どうでもよかった。同じ庶民教育という単語でも、内容は大いに異なることが分かる。

韓国で発刊された『韓国の発見』という本がある。韓国語で書かれた全11巻が部分的に日本語訳されて、『新・韓国風土記』（K29）として1989年に出版された。韓国の各道について、歴史・風俗から始まり、1980年代の発展の様子まで広範囲に筆が及ぶ。韓国人が韓国人のために書いた本なので、いつもながらの日本批判オンパレードであるが、それはさておき、日本人には垣間見る機会の少ない、彼らの意識がそのままストレートに出ている好著である。そこには、朝鮮は血族中心の村社会であり、欧米や日本のような市民社会が近代まで形成されなかった様子が次のように記されている。

漢城府(ソウル)が朝鮮王朝の首都と定められると、全国津々浦々から各階各層の人々が我がちにここに移り住むようになった。……彼らの間では、血縁や地縁による共同体意識などなきにひとしかった。……特別な関係でもない限り、隣人との親交はおろか日常的な交わりにさえ背を向けた。彼らは近所に出産、婚礼、還暦、葬儀など、日常生活における重大事があっても、祝ってやることも弔問に出かけることも、贈り物をすることもなかった。

(K29『新・韓国風土記(第1巻)』p.82)

つまり、日本人が最低の礼儀と考える「向こう三軒両隣」という概念が朝鮮には育たなかったということだ。ついでに次のような文も見えるが、なんともやるせない気分になってしまう。

慶尚南道における食文化の伝統を溯っていくと、農耕文化のなかに溶けこんでいる生活苦が生んだ文化と出くわす。生活苦が生んだ文化にとって最も大切なことは、ひもじさが癒されるまで腹いっぱい飯を食うことであった。いまでこそ飯といえば米の飯と決まっているが、一世代前までは(昭和30年ごろ)、せめて米の飯のいくらかでも食べてから嫁に行けたら思い残すことはないという愚痴が、そちこちで聞かれたものであった。

（K29『新・韓国風土記(第5巻)』p.170）

中国人と朝鮮人の「1―0」理論

儒教が日本に入ってきたのは、かなり古い。伝説的には百済の王仁《わに》が千字文と論語をもたらしたのが、4世紀の末と言われる。日本人は、それから儒教とはかれこれ1500年にわたる長いつきあいがある。しかし、長くつきあっていても、儒教本質をまるっきりとらえていない。というのは、私の前著にも書いたように儒教に基づく中国や朝鮮の伝統な考え方は、「中国の伝統的な道徳は本質的に顔見知りの人々に対する礼儀や道徳を大切にせよ、と教えるだけで、それ以外の他人との付き合いにおける倫理はじつはどこにも規定されていない」(X12『本物の知性を磨く社会人のリベラルアーツ』p.95)という点にあるからだ。

朝鮮社会における、他人に対する氷のような冷たさを、現代の韓国人、李圭泰《イギュテ》の口から直接聞いてみよう。

ある人間との関係の濃度が濃いほど「母子間のようだ」と言い、また関係の濃度を母子間の濃度と対比させて、それが薄いほど他人視する。そしてまったく無関係な人が他人であり、韓国人にとってのその他人は恐いぐらいよその人となる。欧米人にとっての他人は韓国人の他人に比べて、それほどひどいものではない。

（K23『韓国人の情緒構造』p.77）

日本人が実見した朝鮮人同士のつきあい方が『朝鮮風俗集』（K20）に載せられているが、近代の日本人にとってはあたかも、江戸時代の幕藩体制下のような不自由なつきあい方を髣髴《ほうふつ》とさせるが、これが朝鮮社会を1000年以上にもわたって貫いてきた伝統であることを理解する必要がある。

（朝）鮮人はその社会組織が族制の上に立られ、一族の利害は其の間に於て負擔《ふたん》し、族外の事は越楚肥瘦相関せず。未識の人と会する時にあたり、先づ其の氏族を聞き、祖先の同族なるや否やを確むるの風あり。その社会観念甚だ薄弱にして……

（K20『朝鮮風俗集』p.414※一部現代表記に改めた）

理解しにくい文であるが、要は朝鮮人は一族の人間に対してはとことん面倒を見るが、一族以外の人間に対しては全く素知らぬ顔をする、ということだ。したがって、初対面の人には必ず出身地(本貫)を確認し合う儀式が必要ということだ。

中国や韓国の儒教倫理は顔見知りの間の礼儀についてはやかましいが、見知らぬ人はもはや人間として見なしていない、というのが儒教の本質である。顔見知りの中でもとりわけ強調されたのが、「血族」だ。実際のところ、「血族」はたとえ顔見知りでなくとも大切にしないといけない。つまり、日常的には全くの没交渉であれ、系譜上のつながりがあれば最後にはそれがものをいう、というのが本物の儒教徒の考えである。

これに反して、日本人は「袖振り合うも多生の縁」と言って、全くの赤の他人もやはり「人間」と見なす。これは仏教が日本に入ってきてからそういう考えになった、というより、日本人が固有に持っていた倫理観であると私には思える。むしろ「遠い親戚より近き他人」というように、日々つきあいのある身近な人々との交際を、全く知らない親族より大切にする。その意味で、「血族」という概念が日本人の間には全く定着していない。つまり、日本人は過去から現在に至るまで――ありがたいことに！　――儒教の本質を理解していない、ということだ。

以上の点をまとめると、次のようになる。儒教では、究極的に顔見知りの中でも特に血のつながりのある血族を極端に重視する。それに反比例して、血族以外の他人を極端に無視する。この現象を説明するために、私は「1―0」理論を考えた(以下の説明で、「朝鮮」というのは「朝鮮および中国」の意味である)。

「1」とか「0」というのは、親近感の度合いを言う。「1」とは100％を意味し、「0」

図2　中国人・朝鮮人の「1−0」理論

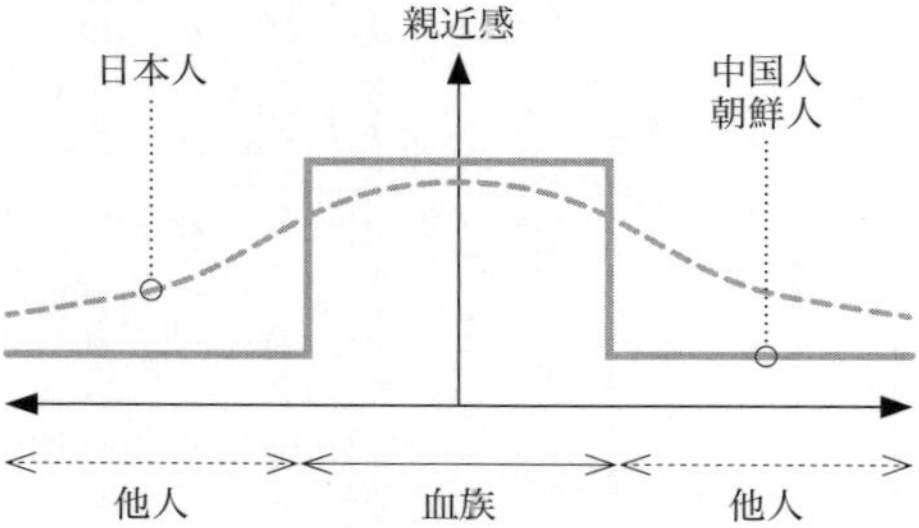

とは0%を意味する。図2に示すように、血族同士では、極めて親近感が高い、つまり「1」である。それに反し、血のつながりのない他人に対しては、親近感を全く持たない、つまり「0」であるのが伝統的な朝鮮社会である。

それに対して、まず血族という観念が日本と朝鮮とでは異なる。朝鮮で言う血族とは、正確に言うと父系の血統を指し、母系は厳密な意味での血族には含まれない。それに反し、日本では父系と母系をひっくるめた親族という概念が一般的だが、その間での親近感や結束も朝鮮ほど高くはない。その一方で、他人に対する疎外意識も朝鮮ほど極端ではない。つまり「1」と「0」の両極端ではなく、図に示すように、親族から他人まで、親近感がなだらかに変化するのである。

朝鮮（韓国）の社会が血族中心であることが分かると、日本との差が明確になってくる。

韓国人の場合、出生と同時に形成される無条件的な父系血縁を中心に非血縁者との区別を徹底的にさせ、これが社会行動の重要なる一基本形態を成しているが、日本人は、血縁そのものよりは家系または家門（の名誉）を誰が立派に継承するのかにいっそう関心を寄せる。したがって、立派な人の家統を引き継ぐためには、韓国のように必ずしも父系血縁が絶対要件ではない。有能な人物であり、育てる値打ちのある人間であれば、姓名を変えさせ養子として入籍させればいいのである。

（K22『韓国人が見た日本』p.91〜92）

日本人にとっては当たり前の、娘婿を養子として家を継がせるということは、儒教の血族の倫理から言うと、全く論外の背徳的行為であるということだ。

さて、朝鮮と日本の両国（それと中国）を１９００年代初頭に訪問したイザベラ・バードは、イギリス人という客観的な立場から、韓国併合の日本の統治について次のような評価を下している。

わたしが朝鮮を発った時点での状況はつぎのようにまとめられよう。日本は朝鮮人を通して朝鮮の国政を改革することに対し徹頭徹尾誠実であり、じつに多くの改革が制定されたり検討されたりしていた。また一方では悪弊や悪習がすでに排除されていた。

（K12『朝鮮紀行』p.350）

朝鮮人は日本蔑視であったが、これは彼らの考える文化という尺度（メジャー）が全て中国が基準であったからである。しかし、バードが指摘するように、社会の普遍原理である、人権、法の公平な運用などは、日本は早くに取り入れた。日本人は本来的に人権に関し、西欧と根本的に価値観を共有していたと言える。しかし、朝鮮人は中国の価値観（漢文の知識）から判断して、日本はレベルの低い国だと蔑視していたのだ。

自国の歴史は無視、中国の歴史だけを学ぶ

平凡社東洋文庫の『看羊録』（K03）には、巻頭に姜沆の弟子である兪棨《ユギエ》の序文が載せられている。兪棨は師の姜沆が秀吉軍に家族を殺され、囚われて日本に連行されるという辱めを受けても、卑屈になることなく生き抜いたことに感嘆している。その時、いつものように過去の偉人を比較に出しているが、十数人は全て中国人であり、朝鮮人は一人も登場しない。名前は思い出せないが朝鮮の儒者の誰かが、朝鮮では歴史といえば中国の史書を読むだけで自国の史書は全く読まないと嘆いていた。彼らの熱烈な中華敬慕のメンタリティは、次の文からも分かる。

朝鮮の少なからぬ儒者たちは中国中心の華夷的史観に毒されて、自国史を書くばあい、中国帝王史を「本紀」とし、自国の王朝史を中国の諸侯史と同じレベルの「世家」として叙

述する……

（K25『西洋と朝鮮』p.119）

両班は子供のころから、科挙の試験のために中国の書物を読む。それらは、儒教関係の書物である経書、中国の歴史書、そして詩である。この中には朝鮮の本は入らない。それは、科挙には中国の書物からしか出題されないためである。それ故、過去の歴史に関しては自国（高麗、朝鮮）よりも中国についてのほうが詳しいぐらいだ。つまり、彼らにとっての教養の深さとは、どれだけ中国のことを知っているかという点に懸かっていたということだ。

朝鮮（韓国）の国民的反日論

現在、韓国では、従軍慰安婦や36年間の日本統治などの理由で反日感情が国民に蔓延しているような報道がなされているが、必ずしも全国民が同じ感情を抱いているわけではない。それは、韓国人の海外旅行先で一番多いのが日本であることや、リピート客が多いことからも分かる。個人的には日本が好きな人が多いにもかかわらず、なぜそういった声が挙がってこないのだろうか？

それは、個人ではなく集団の考えが朝鮮を支配しているからだ。朝鮮では、事の是非曲直を問わず、強硬な意見を言うほうが賛同を得やすい。その証拠に、朝鮮では「激論保身」（過激な発言をすることで身の安全が保障される）とか、「硬論阿世」（世間に阿《おもね》って心にもない強硬意見を述べる）という熟語すらあるのだという。

彼等（硬論者）が主張する、文書、言議に表現せられたる、慷慨淋漓《こうがいりんり》たる思想は、全部衷心からの叫びでは無い、『曲論阿世』或は『激論保身』とも熟字すべき不純を含有して居る、……今日でも猶《なお》此風がある、『激論保身』『硬論阿世』こんな熟字が朝鮮にあり得る事は、為政者の知って置かねばならぬ事である、

（K19『歴史民俗朝鮮漫談』P.94～95※一部現代表記に改めた）

冷静に考えると、韓国には反日運動すべき合理的根拠がないにもかかわらず、依然として過去の日本の支配などで日本に対して強硬な言論が止まないのは、こういった心情が与《あずか》っていると私は考える。つまり、理性ではなく情念の問題であるのだ。さらに朝鮮では、集団の考えに逆らうことを良しとしない伝統がある。

韓国では、父親や姑がどんな不当なことを言っても、また教師が不当な指示をしても、その不当さと錯誤と欺瞞に対立して緊張を解消させる方法を取ってはならないため、それを従容として受け止めて「恨」として残存させる他ない。

また、家族や団体や職場の体制のような集団の利害に一致しない個人の意見は、たとえそれが正当で正しくても、主張しないケースが多い。（K23『韓国人の情緒構造』P.127）

この点から考えると、現代の韓国は一見、民主主義国家であり、思想・言論の自由が保証されているので、日本や欧米と価値観を共有しているように見えるが、それは錯覚に過ぎず、実際は彼らの伝統的価値観がいまだに頑固に支配し、個人の自由な言論が日本以上に抑圧された社会であることが分かる。

客観的に見れば、韓国国内にも韓国が国を挙げて行っている反日的言動は、行き過ぎだと考えているような人はかなりいると推定される。ただ、それを朴槿令《パククンリョン》（朴槿恵《パククネ》大統領の実妹）のように公言する勇気がないだけの話だ。

この点から言えば、韓国と北朝鮮の軍隊では、新米兵のいじめが度を越していることはしばしば報道されるが、これも不当なことに反発することができなくて、怒りを「恨」に沈殿させるしかないという風習と同じ根源からきているように思われる。

虐待、人権無視の伝統

現在の朝鮮（韓国、北朝鮮）では報道されるところによれば、女性に対する虐待やそれの反動で妻の夫殺しが数多く発生している。また軍隊内の陰湿ないじめも多い。１９１０年の韓国併合のあと、日本の統治下では酷い拷問を廃止した。しかしながら、彼らの拷問の伝統は根深いものがある。高麗の風俗に関して、『旧唐書《くとうじょ》』（巻１９９上）では次のように記す。

（意訳）高麗の法律では、謀叛を起こした者を捕えた時は、人々が手に松明をもって集まり、犯人の体をくまなく、焼いたあとで首を刎ねる。家財を没収し、家族全員を奴婢の身分に落とす。

（原文：其法：有謀反叛者、則集衆持火炬競焼灼之、燋爛備体、然後斬首、家悉籍没）

単に、首を刎《は》ねて殺すのではなく、見せしめのために酷い火刑を科して焼き殺したのだ。このことから高麗の段階で、すでに日本とかなり風俗が異なっていたことが分かる。

李氏朝鮮時代に編纂された高麗の歴史書『高麗史節要』（巻17、１２５８年）には高麗時代の拷問の様子が次のように書かれている。

（意訳）人を尋問する時に、両手の拇指同士をくくり、拷問室の梁から吊るす。さらに両足の親指同士をくくり、そこに重い石をぶら下げ、地面から30㎝ほど離して足がつかないようにする。足の下に炭火を焚き、二人の獄吏に交代で腰や背中を杖で打たせる。そうすると誰もが痛みに耐えきれず、無実の罪でも認めてしまう。

（原文：鞫囚、縛両手拇指、懸于梁架、合結両足拇指、縋以重石、去地尺余、熾炭其下、使両人交杖腰膂、囚不勝毒、皆誣服。）

これは、現在の北朝鮮の強制収容所で行われている拷問（p.210参照）と全く同じ手法である。

さて中国では、古来「車裂」という重罪犯を処刑する方法があった。2頭あるいは4頭の牛に縄をつけ、罪人の手足に縛りつけ、左右から引っ張り、文字通り裂くのである。高麗においても実際に、2回ばかり行われている。『高麗史節要』によると、1374年（巻29）に「轘崔萬生、洪倫」（崔萬生と洪倫を車裂した）、また1382年（巻31）に「轘前判事金克恭」（前判事の金克恭を車裂した）との記事が見える。

連綿と続く残酷な処刑

李氏朝鮮に13年間にわたり幽囚の身であったハメルたちは、当時の庶民の生活実態をかなりよく観察する機会に恵まれた。酷い処刑の様子を、次のように記す。

彼等（役人達）は盗人の足の裏を、長さは約一ヒロ（2m）、太さは普通の若者の腕ほどもある杖で叩きましたので、その中のある者は、三、四十回も叩かれて、足のゆびが落ちてしまいました。
（K09『朝鮮幽囚記』p.13）

ハメルたちのうち数人が船を奪って脱走しようとしたが、捕らわれ投獄された。ついで、笞《むち》刑《うち》が執行された。

（罪人の）一人一人尻を裸にして、長さは一ヒロ（2m）くらいで端の方は幅が掌ほどで厚さは指ほどもあり、握る所が丸くなっている棒で、二十五回ずつ叩かせました。彼等はそのためにそれから約一ヵ月の間寝込んでしまいました。
（K09『朝鮮幽囚記』p.20）

25回叩くだけでこのような重症となるのであるから、100回叩かれると半死半生となって一生ひきずる後遺症が残るであろうと想像される。しかし、笞刑は手加減次第でどうにでもなるようで、100回でなく50回でもたいていは死ぬという。

尻を叩くのは次のようにします。すなわち彼等にズボンを下げさせて地面に平伏させるか、または台に縛りつけます。婦人は恥ずかしくないように下着を一枚だけつけさせますが、叩きよいようにまずそれを濡らします。そして、長さ四、五フィート（1・5m）の一方は丸く、一方は掌ぐらいの幅で、小指ほどの厚さの棒で叩きます。こうして一度に百回も叩くとほとんど半死半生になります。〔しかし多くの者は五十回も叩かれないうちに死んでしまいます。〕

（K09『朝鮮幽囚記』p.43）

夫を殺した妻は、多くの人々の通る道傍に肩まで土に埋められ、その傍に木の鋸が置かれます。そしてそこを通る人々は貴族以外は彼女の頸をその鋸で挽いて死にいたらしめなければなりません。

（K09『朝鮮幽囚記』p.41）

これに対して、東洋文庫ユネスコ東アジア文化研究センターで研究員を務めた生田滋は、次のような注をつけている。

妻が夫を殴って過失で殺した場合は斬罪、故意に殺した場合は凌遅処死と規定されているが、この記事はおそらく当時の私刑の様子を伝えているものであろう。

（K09『朝鮮幽囚記』p.105）

凌遅処死とは、いわゆる「なぶり殺し」で、体を少しずつ切り刻み、長時間（1日から3日）かけて死ぬまで苦しませる刑で、のこぎり刑と酷さにおいて変わるところがない。

スウェーデン人のジャーナリスト、アーソン・グレブストは１９０４年から約1年間、朝鮮に滞在した。韓国併合直前であったためか、概して日本に対しては批判的、朝鮮に対しては同情的であった。グレブストの政治的な批判はさておき、彼が実見した残酷な公開処刑の様子を見てみよう。

棒の使いみちはチュリの刑罰を与えることにあった。囚人の脚の内側に棒を挟んで、執行人たちは自分の体重をすべて棒の片側にかけた。囚人が続けざまに吐き出す叫び声は、聞いていて実に凄絶なものだった。脚の骨が砕けつぶれる音が聞こえると同時に、その痛さを表現する声さえもはやないかのように、囚人の凄絶な悲鳴も止まった。

（K11『悲劇の朝鮮』P.237）

このようにしてまず膝の骨を折ってから、次々に手足の骨を折り、最後に首を締めて殺す。

気絶した囚人はややあって意識をとりもどした。力なく首を左右にゆすりながら呻き声を出し、その場に身を横たえている。執行人らは囚人の腕の骨と肋骨を次つぎと折ってから、最後に絹紐を使って首を締めて殺し、その死体をどこへやら引き摺っていった。

こういった残酷な処刑が李氏朝鮮（や、多分それ以前の高麗など）では、当たり前のように行われていたと考えるのが妥当であろう。

（K11『悲劇の朝鮮』p.239）

グレブストはここに紹介した記述以外に、実に5ページにもわたり残酷な刑罰の様子を詳細にレポートしている。グレブストは、なぜこのような残酷なことを書きとめようとしたのか？　それは、彼のジャーナリストの信念からであったことが次の文から分かる。

ある者はこの世の明るい面だけを見ようとして片方の目を閉じたまま人生を送っていくかもしれないが、そんな人たちの抱く人生の理解は明るく美しいものであっても、けっして正しいものではありえない。

（K11『悲劇の朝鮮』p.240）

グレブスト以外にも反日本、親朝鮮の立場から朝鮮の事情を世界に発信したアメリカ人のジャーナリスト、ハルバートは明治初期に朝鮮を訪れたが、裁判の様子について次のように書いている。

多くの場合、証人は無理矢理連れてこられて、裁判の始まるまで、囚人さながらに留置される。……証人席はときに拷問場に変わる。……(証人は)地面にあぐらをかいた格好で太い杭につながれた。彼は足首と膝頭を結えられ、それから両脚のふくらはぎめがけて棒が二度にわたってふり降ろされた。ちょうどてこの原理である。すると下股の骨は、折れはしないが、ゆっくりと曲がる。これはひどい苦痛だったに違いなく……

(K13『朝鮮亡滅(上)』p.94〜95)

日本人にとって、朝鮮でのこのような拷問は、目をそむけたくなるものであった。それで日本は朝鮮を実質支配した1908年に、朝鮮の因襲的悪弊である酷い非人道的な拷問を廃止した。日清戦争のルポのために朝鮮に潜入したグレブストは、それについて1905年の段階で次のように予言した。

こんな状況(酷い拷問)がまだこの地球の片隅に残されていることは、人間存在そのものへの挑戦である。とりわけ私たちキリスト教徒がいっそう恥じるべきは、異教徒の日本人が朝鮮を手中にすれば真っ先にこのような拷問を廃するだろうという点だ。

(K11『悲劇の朝鮮』p.239)

グレブストの予言は、数年後日本政府によって成就した。

人にも動物にも容赦ない残酷さ

カナダ国籍のジャーナリストであったマッケンジーはロンドン・デイリー・メイル紙の記者として、1904年に朝鮮に来た。そして、朝鮮の監獄を自分の目で見て、言葉では言い表せないくらい非人道的であったと、次のように証言する。

その監房は筆舌につくし難いほどに不潔であり、なんらの身体運動や労働もなしに、数年間も監房に閉じこめられたままなのであった。ある囚人は、六年間もその監房に閉じこめられてきたというのであった。

（K10『朝鮮の悲劇』P.119）

また別の監獄では、次のようにさらに酷い様子が描かれている。

その監房の中はとても暗くて、部屋に入ってからしばらくは何も見えないほどであったが、地上に平らに縛りつけられている三人の男がそこにいた。彼らの首と足は台柱にくくりつけられ、手は縛り合わされていた。部屋には明かりもなく通風窓もなかった。ただわずかに壁にあけられた小さな穴があるだけであった。彼らの背には笞打ちで裂かれた恐ろしい傷跡があり、その手は、きつく縛りつけた縄のため、ところどころ骨が見えるほどに肉が裂けていた。そしてそれらの傷跡は、まったく膿ほうだいになっていた。手足の上部は腫れあがり、笞跡と水ぶくれができていた。一人の男の目はふさがっていて視力を失っており、まぶたからはたくさんの膿がたれ出ていた。……そこは、私のこれまでに見たかぎりでの、地獄への一歩手前であった。

（K10『朝鮮の悲劇』p.119〜121）

とかく日本では、中国や朝鮮の過去の残酷なことについて書くと「反中論者」「反韓論者」であるとのレッテルを貼られてしまうが、グレブストの言うように、それは真実と嫌悪を取り違えているに過ぎない。

事実を事実としてとらえ、そういった事象が起きた要因を探る必要がある。さらに、もう一歩踏み込んで、過去のそういった要因が現在にも引き継がれていないかを検証する必要もある。

李氏朝鮮では人だけではなく、動物に対しても残虐であったようだ。

朝鮮人は牛の喉を切り、開いた切り口に栓をしてしまう。そうしておいてから手斧《ちょうな》を取り、牛の尻を死ぬまでなぐる。これには一時間ほどかかり、牛は意識を失うまで恐怖と苦痛にさいなまれる。このやり方だと放血はほんの少量で、牛肉には血液がそのまま残り、その結果重量が減らないので売り手には得というわけである。

（K12『朝鮮紀行』p.223）

いくら過去に動物愛護という概念がなかったとはいえ、これはあまりにも酷いと誰もが思うだろう。朝鮮では人（罪人、病人、賤民、女性）、動物に関係なく生命が全く尊重されなかったということだ。それは、彼らの病人に対する冷たい態度にも表れている。我々は病気は病原菌によるという科学的知識を持っているが、当時の朝鮮人は病気に罹るのは自分の悪業の結果である。つまり、自業自得だと考えていたようだ。

彼等（朝鮮人）は病人、特に伝染病患者を非常に嫌います。病人はただちに自分の家から町あるいは村の外に出され、そのために作られた藁ぶきの小屋に連れて行かれます。そこには彼等を看病する者の外は誰も訪れませんし、誰も彼等と話をしません。その傍を通る者は必ず病人に向かってつばを吐きます。（K09『朝鮮幽囚記』p.53）

私は、数多くの国々の古代からの歴史を読み、感覚的にざくっと言えば、それぞれの文化圏のコア部分の約8割はこの数千年変わっていないとの確信を抱くに至った。この意味から、李氏朝鮮で見られた残虐な処刑、厳しい身分差別・地域差別、人命をないがしろにするなどの朝鮮の伝統は、形を変えて現在の韓国ならびに北朝鮮に生きていると感じる。

高齢者を虐待する現代の韓国社会

韓国（および北朝鮮）は儒教の色濃い影響で、親孝行が非常に重要視されると考えられている。しかし、現在の韓国の現状を見れば、これを否定する事実が次々と明らかになってくる。それらの事実をつなぎ合わせると、これまで述べた朝鮮社会に見られた人や動物に対する残虐性が今も生き続けていることが分かる。

２０１２年のデータによると、韓国の高齢者（65歳以上）の自殺率は経済協力開発機構（ＯＥＣＤ）中では最悪で、10万人あたり81・9人もいる。この値は米国（14・5人）の5・6倍、日本（17・9人）の4・7倍にもなる。ざっと日本の5倍にもなるのである。

その大きな原因が、高齢者の貧困だ。高齢者の貧困も深刻で、同じく２０１２年の統計によると、韓国の高齢者の貧困率は48・6％で、ＯＥＣＤ平均（12・4％）の4倍にもなる。比較のために日本の高齢者の貧困率は、19・4％に過ぎない。

高齢者が貧困である原因の一つは、子供が経済的に親を支えないからである。一部の報道によると、韓国では、核家族化の進展で親の面倒を見る子供が激減したと言われる。とりわけ資産の少ない親は、見捨てられる傾向にあるという。

それだけではなく、２０１４年6月13日の韓国保健福祉部が発表した高齢者への虐待に関する調査によると、２００９年からの5年間で、高齢者虐待事件の加害者の大部分は息子や娘とその配偶者だったと言われる。その結果、韓国の65歳以上の高齢者のうち、少なくとも78万人が虐待された経験を持つとも言われる。

「孝」の国、韓国になぜこのような現象が起きているのか、不思議だと思わないだろうか？これは、経済の観点からだけでは説明できない現象である。私は以前からこの点を疑問に感じていた。ところが、最近になって李御寧《イオリョン》の『韓国人の心』（K41）という本を読んで、ようやくこの謎が解けた。同書の「二つの孤島」という章に次のような記述があった。

（韓国は）家族中心の社会であるとはいえ、実生活の面で韓国人は、家族だけで楽しむということがほとんどない。……

それればかりか、日常生活でも、家族はみなばらばらに散って生きている。

（K41『韓国人の心』p.138～139）

つまり、見かけ上では、家族の絆が強いように見える韓国の社会であるが、家庭内においても男女長幼の厳しい序列に従って人々は孤立しているのである。それが最もよく分かるのは、韓国人の家庭の食事風景であろう。

それでも、いったん食事の時間となれば、旅館さながらあちこちから家族が集まってくる。みんな同じ席にいるのに、父は祖父の、息子は父親の顔色を窺いながら、一言もしゃべることなく、スプーンの音ばかりが聞こえる。窒息しそうな不自然な空気が渦巻けば、それだけ、その家庭は両班〔良家〕であり、物事をわきまえている家庭ということになる。まさに「死の家」のようだ。家族が共に集まって談笑するということは、多くの面で上品ではないことであり、普通ではないことと考える。（K41『韓国人の心』p.139）

このように、韓国の家庭内では一見年配者が尊敬されているように見えても、若い者たちは形式的に従っていただけであり、心の底では家族同士がお互いに疎外感を感じていたのだと分かる。

家庭内の最も大きな不和は、嫁姑の間である。それは何も韓国に限るわけではないが、韓国の場合それが根深い確執にまで広がり、ひいては家族分裂の遠因となっていると李御寧は指摘する。

いずれの国においてもみなそうではあろうが、とくに韓国の「お母さん《オモニ》」は、その夫婦の生活が円満でなかったことから、ことのほか息子を愛した。盲目的な溺愛に近いものである。そこに新来の競争者（嫁）が出現することとなれば、その妬《ねた》みと争いがいかに熾烈なものとなるかは、十分に想像できよう。このようにして「嫁への虐待」（嫁暮し）が開始される。

……

夫婦生活の挫折が嫁暮しに悪循環をもたらし、そのような悪循環のなかで韓国の家族は分裂、反目、嫉視、紛乱を重複させた。これを拡大してみれば、そのまま韓国の社会となり、韓国の歴史となる。

（K41『韓国人の心』p.181〜182）

結局、韓国では家庭内がバラバラなので、形式的に年配者を敬っていても、真心がこもっていなかったのだ。こういう伝統があるので、今日のように核家族化が進んだ韓国では、高齢者が簡単に見捨てられてしまったのだと推測できる。

北朝鮮のおぞましき強制収容所

最後に、北朝鮮の事情も検証しておこう。

北朝鮮には、国内何ヵ所かにいわゆる強制収容所が存在している。その一つ、14号収容所内で生まれ育った申東赫《シンドンヒョク》が単独脱出に成功し、韓国を経由してアメリカに亡命した。完全統制区域という、脱出がほぼ不可能と考えられている収容所内の様子は、世界にほとんど知られることはなかったが、彼の証言によってその過酷な労働実態、残酷な罰則などが明らかになった。例えば、拷問の様子は次のように語られている。

（要約）両手、両足首をしばり、背を床に向けたまま吊るされた。下から炭火で体を炙られた。肉が焼けた。火を避けようと体をゆすると鳶口で股ぐらを刺されて動けなくされた。しまいに申東赫は気絶してしまった。（K39『収容所に生まれた僕は愛を知らない』p.155）

「ワシントン・ポスト」の元支局長が、亡命した申東赫にインタビューをして彼の経験を本にした（K40『北朝鮮 14号管理所からの脱出』）が、一部の証言内容は、以前の彼の証言（K39『収容所に生まれた僕は愛を知らない』）と食い違いがある。

しかし、総体として彼の証言内容は他の類似の本『北朝鮮脱出』（K36）、『北朝鮮』（K37）と比べて、収容所のおぞましい実態を正しく伝えていると言える。これらの本から、北朝鮮国内の聞くだけでも身震いのする悲惨な実態を知ることができる。21世紀に入っても、北朝鮮の人々の暮らしは李氏朝鮮時代や高麗時代とさして変わらない過酷な労働と酷い餓えにさいなまれている。まことに北朝鮮全土が大きな監獄だという気がする。

※ Wikipedia（https://en.wikipedia.org/wiki/Shin_Dong-hyuk）によると、彼の証言内容にはいくつかの点で疑念が持たれる点があると言う。

北朝鮮の強制収容所の伝統を探る

『朝鮮雑記』（K42）という本がある。１８９４年（明治27）に二六新報に連載され、連載終了と同時に出版された。著者は本間九介で、李氏朝鮮当時の民衆の生活実態を実に克明に記述している。とりわけ、本間は宿屋や食堂などでは朝鮮の民衆と一緒になって寝泊まりし、飲み食いしているので描写が非常に詳しい。この点では、同時期に朝鮮を旅行したイザベラ・バードはそこまで生活実態に踏み込んでいないので、本間の記述のほうがはるかに価値が高い。例えば、朝鮮の粗末な宿屋（客舎）の宿泊客の動作を次のように描写する。

座っている客が、痰《たん》を吐《は》きたいと思えば、座っている蓆をめくって、その下に吐く。鼻水が滴《したた》るときは、それを手でこすって、じかに壁に塗りつける。これで、いっこうに不潔とも思わないのは、彼ら韓人《かんじん》には、あえて珍しいことではないからだ。

（K42『朝鮮雑記』p.208）

本間の記述によって、当時の朝鮮の一般大衆の生活が日本と比較していかに未開であったかよく分かる。さて、不潔や未開はさておき、100年前の李氏朝鮮にはまだ奴隷が存在していたとは、本間だけではなく、当時の日本人なら誰もが驚いたと思われる。その実態を次のようにレポートする。

わが国と一葦水《いちいのみず》(一衣帯水)を隔《へだ》てる隣国で、この時代に、奴隷制度が行なわれるといえば、誰もがこれは真実かと思うだろう。

（K42『朝鮮雑記』p.94）

人間性を全く否定された奴隷(下人)の境遇は、日本では想像できないほど悲惨なものだった。

いったん下人となったものは、その生まれながらの精神を主家に捧《ささ》げ、犬や馬の境遇におちいり、悲惨な目に涙をのんで、一生を終えるだけでなく、未来永劫《みらいえいごう》、何も知らない子々孫々をも、同じような、はかない運命に身を沈ませるのだ。

（K42『朝鮮雑記』p.95）

これらの記述を読むと、当時の様子と現在の北朝鮮の強制収容所での様子が全くそっくりだと分かる(K39『収容所に生まれた僕は愛を知らない』、K40『北朝鮮 14号管理所からの脱出』)。この意味で、北朝鮮の強制収容所での非人道的な扱いは何も共産主義独裁政権が考案したものではなく、朝鮮半島の伝統をそのまま引き継いだものであることが分かる。

北朝鮮のエリート外交官の証言

高英煥《コヨンファン》という北朝鮮のエリート外交官が韓国に亡命し、北朝鮮の政治上層部の恥部を暴露した本には、次のような記述が見える（K38『平壌25時』p.97〜100）。

（要約）政治局委員の大学生の息子たちが女子大学生を入れて破廉恥な遊びをした。このことを聞いた金正日が怒って全員を政治犯収容所に送った。しかし、6カ月すると彼ら特権層の息子たちは何事もなかったかのように復学した。平民の子供の大学生だとたばこを吸ったのがばれただけでも退学させられるのに。

（要約）現在の党幹部のような特権層の者の姿は、以前の地主の姿にそっくり。

（要約）北朝鮮にも族譜（家系図）がある。要注意人物が親戚にいると、必ず族譜に書き込まれ、いくら本人の頭がよくとも大学に入学できない。

これらを総括して、高英煥は次のように言う。

このように北朝鮮の階級社会は日に日に細分化され、封建的な貴族社会への復帰を計っているのである。

（K38『平壌25時』p.100）

以上のような観点から、私は韓国・北朝鮮というのは精神構造上は今でも李氏朝鮮時代そのものであると考えている。ブローデルの言うように（p.308参照）、両国とも一見、資本主義あるいは社会主義に基づいて近代化された国家のように見えるが、人々の価値観、倫理観、行動規範などは過去数百年、たいして変わっていないのである。

コラム3　ちょんまげの東大教授とケーベル博士

明治初期にドイツ系ロシア人のラファエル・フォン・ケーベル（1848〜1923）という哲学者が来日した。

ケーベル博士は、東京大学で哲学と西洋古典学を講義したが、夏目漱石も教え子の一人であった。大学の教員室は大部屋であったので、漢学者の根本通明ともしばしば顔を合わせていた。根本通明は旧秋田藩の儒者で、風采はまったく江戸時代の武士そのものであった。両刀をさし、高下駄を履いて登校したという。根本通明は、西洋語が全くできないのでケーベル博士と話すことはなかったものの、ケーベル博士は古武士さながらの根本通明を非常に高く評価していたと言われる。

当時、鹿鳴館に代表されるような欧化旋風が吹き荒れていた中で、欧米の知識人の中には日本古来の伝統や日本美術を高く評価していた人が多い。それは単なるエキゾティズムだけではなく、彼らの考える文化資産という概念を江戸の日本人が既に体現化していたからである、と私は考える。

欧化思想が吹きすさぶ中、二束三文で投売りされていた古美術品（特に仏教関係の美術品）を購入し、丁寧に梱包して海を越え、はるばる欧米の故国にまで注意深く輸送した。その上、自前で修理をし、人類の共通財産として日本美術のよさを世界に示すべく展示したのであった。彼らのこのような態度は何も日本の美術品に限らず、全ての文化遺産に対して示された。

現代、アングロサクソン（英米）流と言えば、拝金主義、能率一本やり、競争社会で敗者に冷酷、といったようなイメージが一般通念であるが、文化遺産には非常に良識を持った行動をしている。

例えばイギリスでは、ナショナル・トラストという民間の団体が自然保護や伝統的建造物の保護を積極的に行っている。アメリカは建国後250年にも満たない国であるにもかかわらず、各都市には歴史的景観地区(Historic Landmark)と呼ばれる区域があり、古い建物や街区が行き届いた管理の下、保存されている。

産業革命後、機械化を推し進め、競争を重視する一方で、このような古い文化遺産を保護するというのは一見矛盾したように思えるかもしれない。しかし私はアングロサクソン流というのは、本質的には伝統的な生活環境を守りつつ、斬新なアイデアを思いついたら試さずにはいられない性急さと実行力を持った文化であると考える。

特に、私自身が1982年から2年間、アメリカに暮らした時に何軒かの家族の家にホームステイしたが、この時彼らの生活をじかに触れる機会を得て、こういった感じを強く抱くに至った。

つまり、単一の価値基準ではなく、複数の価値基準を持つ(正しくは持ち替える)ことを当然と考えて行動するのが、アングロサクソン流だと私は考えている。日本人にとってアングロサクソン流が理解し難いのは、日本では「純粋さ」や「一意専心」など単一の価値基準に殉ずれば、事の善悪、事の成否を顧みず、それだけで至高と見なす精神構造に染まっているからだ。

私は常々「日本人には多様な価値観の並存を認めつつ包括的に最適運用するというマネジメントができない。つまり多様性、複雑性には対処できない」(X12『本物の知性を磨く社会人のリベラルアーツ』p.150)と考えているが、グローバルな視点から文化の価値を考えてみる必要を感じる。

第4章

強者の論理
中東・イスラム・中央アジア遊牧民

「ヨーロッパの師」だった中東

日本人にとってイスラムの世界は極めて縁遠い。一昔前の欧米人が日本といえば、決まって「フジヤマ、ハラキリ、ゲイシャ」を連想したように、我々がイスラムと聞くと決まって「砂漠、ターバン、アラビアンナイト」を連想する。しかし、イスラムとはこのようなものではないはずだ。

日本人全般にとってイスラムが縁遠いのは、地理的な理由ではない（地理的と言えば、ヨーロッパはイスラムよりまだ遠いのだから）。インドネシアやイラン、サウジアラビアなどとは石油など通じて、日本と緊密な二国間の関係は存在している。しかし、それは極めて限定的と言っていいだろう。過去そして現代においてイスラムは日本に対して文化的、政治的に影響を与えることが少なかった。しかし、イスラムと地続きのヨーロッパのみならず、アメリカにおいてもイスラムの人々は数多く住んでいるし、イスラエルとの関係もあって政治的・経済的にも欧米はイスラムと密接なつながりがある。

つまり、日本は欧米を経由して間接的には大きくイスラムと関連を持っている。しかし、何といっても２００１年に発生した９・11事件（同時多発テロ事件）以降のヨーロッパとアラブ諸国、あるいはイスラム国家との対立は、全世界的な問題となってしまった。それはもはや個別の国家間の問題ではなく、サミュエル・ハンチントンの説く「文明の衝突」という大きな潮流の問題としてとらえることが妥当であろう。

ところで、イスラム世界に対する誤解の端的な例は「砂漠の民は過酷な自然環境の中で生活していかなければいけないので、絶対的に帰依するものを求め、一神教を信仰するようになった」という意見だ。しかし、アラブの歴史を振り返ると7世紀になってムハンマドがイスラム教を唱えるまでは、砂漠の地にアラブ人が住み着いて何千年あるいは何万年もの間、アラブ人はずっと多神教徒であった。つまり、「砂漠に住むから一神教」という図式は正しくない。

もう一つの誤解は、第二次世界大戦以来、イスラエル(ユダヤ民族)とアラブ諸国が軍事的に対立している、との側面をとらえて両者には相容れないものがあると考えていることだ。しかし、歴史上でも生活実態上でも、彼ら自身はさほど大きな差を感じていないという。次の文に見られるように、そのことについては、アラブ人自身も認めている。

アラブ人とユダヤ人はいずれもセム語系の言語を話すセム族に属し、その先祖はイブラーヒーム(アブラハム)(と、イブラーヒームをつうじてアーダム(アダム))まで遡るとされている。……ユダヤ教の聖典である旧約聖書に登場する諸々の物語は――すなわちアダムとイヴ、カインとアベル、ノアの箱舟、ヨセフとエジプト、モーセとエジプトのファラオなどをめぐる一連の物語は――アラブの伝承にも組みこまれていた。西暦六世紀後半の時点では、アラブ人の大多数はさまざまな神々を崇拝する多神教徒であり、ユダヤ教徒は先祖伝来の厳格な一神教を奉じていた。とはいえ、それ以外の文化や生活様式の面では、両者のあいだに目に見える違いは認められなかった。

（P12『イスラームから見た「世界史」』p.61～62）

こういった問題意識を下敷きとしてグローバルな視点でイスラムを考える時、我々日本人が民族性を考える際に、何千年も前の縄文人から説き起こしていくように、イスラムが勃興した7世紀よりも前の時代、つまり紀元前数世紀の古代ペルシャから問題を掘り起こしていく必要があると、私は感じる。

例えば、我々がアジアにおける日中、あるいは日韓の問題を考える時に弥生、奈良時代まで遡って2000年のタイムスパンで互いの関連性を考えるのと同様に、ヨーロッパとイスラムの問題も過去2500年という長いタイムスパンで考えなければならない。そうすると2500年のうち、過半数の2000年の間、中東はずっとヨーロッパより物質的に豊かであり、文化レベルも高かった。大航海時代以降のわずか500年間という近年の比較的短い期間だけが、ヨーロッパがイスラム（中東）を凌駕しているに過ぎないことが分かる。

さらには、キリスト教よりずっと寛容な社会政策を実施していたイスラム社会は、ヨーロッパが見失ってしまったギリシャ・ローマの知識（哲学、論理学など）や新しい科学的知識（天文学、薬学、化学など）を、ヨーロッパに惜しみなく供給し続けていた。つまり、ヨーロッパにとってのイスラム（中東）は、随分長きにわたって師であったのだ。その師恩に報いるに怨みをもってしたのが、一連の十字軍の遠征であり、近年のヨーロッパ諸国（主として、英仏露）の侵略と統治であった。

日本では高校の世界史のみならず、十字軍といえば、イスラム教徒によって不法に占拠された聖地エルサレムをキリスト教徒が奪回するための聖戦である、との認識が一般的であろう。しかし、11世紀末に起こった十字軍という切り取られた歴史の一断面だけを見るのではなく、それまでの1500年の長い歴史絵巻物としてヨーロッパとイスラム（中東）を俯瞰した場合、全く違った景色が見えてくる。それは『アラブが見た十字軍』（P02）に詳しい。また十字軍のおぞましい所業は、『コンスタンチノープル征服記』（A09）に余すところなく記述されている。

以上のように、私は多少なりともイスラムを客観的に評価する立場に立つものの、一方では別の見方も同時に持っている。

古代ギリシャの歴史家、ヘロドトスの『歴史』（E01）やローマ帝政時代のギリシャの文人、プルタルコスの『プルターク英雄伝』（E02）には、古代ペルシャの王たちの陰湿かつ冷酷非情な仕打ちが数多く記述されている。またタイトルそのままの本、『策略の書』（P14）には、身の毛もよだつような悪辣な策略の数々が載せられている。

このような記述を読むと、ペルシャ・イスラムの人々の根本的な考えには正直言って、納得できないものを感じる。

私は、個人的にイスラム社会やイスラムの人々との接触が極めて限定的であるので、このようなambivalent(相反する)な感情をうまく統合することができないでいる。それはあたかも、現代中国の若者が、学校での授業や両親から「日本軍は中国において極悪非道な行いをした」と聞く一方で、日本に旅行した友達から「日本人は礼儀正しい、心優しい人たちだ」と聞いて、「それじゃ、本当はどうなんだ?」と判断に迷っているようなものである。

このような限定条件ではあるが、実際にイスラム圏を訪問した多くの人の旅行記や滞在記を通して、間接的ではあるが、イスラム文化のコアをつかんだと思えるので、それを示したい。

本章では、中東(アラブ、イスラム、ペルシャ)と中央アジアの遊牧民などに共通する風俗・習慣について述べる(なお本書では、イスラムとは宗教的な意味よりも、むしろ地理的な意味に用いる。地域としては、主として中東アジア及び中央アジアを指す)。

幸福のアラビア(アラビア・フェリックス)

アラビア半島の南部一帯は現在はイエメンという国名となっているが、昔は「幸福のアラビア」(Arabia Felix)と呼ばれ、物産が豊富で生活しやすい場所だと言われた。

1761年、デンマークから5人のヨーロッパ人がアラビア半島を縦断して幸福のアラビアに至るまでの冒険を敢行した。７年後、５人のうちただ一人、ドイツ人のニーブルだけが故国へ戻ることができた。彼らの命懸けの旅行の記録は長らく人々から忘れ去られていたが、２００年経ってようやくトーキル・ハンセンというデンマークの作家・冒険家によって日の目をみた。ヨーロッパ人のアラビアの探険旅行記としては、これ以外に前嶋信次がパルグレイブの旅行記をかなり自由に訳した『アラビアに魅せられた人びと』（P13）がある。

ところで、絹の道のように、砂漠を行来する隊商によって東西の文物が運ばれたことは、世界史の常識である。しかしこのような観念的なことではなく、隊商は一体どれぐらいのラクダを引き連れて交易していたのかという具体的な点に関してはあまり知られていないのではないだろうか。イブン・バットゥータの『大旅行記（４）』（P03）には、バットゥータたちがアフガンを旅行していた時は４０００頭の馬を引き連れていたとの記述が見られる（p.218）。

バットゥータは、一説によると中国には行かなかったと言われるが、それでも中国に関して臨場感あふれる説明をする。天性のエンターテイナーであるので、記述の所々にホラ話が潜んでいるかもしれないと注意する必要はある。しかし、ドイツ人の手になる本書の次の記述から、バットゥータの話もまんざら誇張でないことが分かる。

キャラバンのラクダの数については、探険隊員の記述にかなりのバラつきがある。……フォン・ハーヴェンは……キャラバンには約一五〇〇から一六〇〇頭のラクダがいると書いている。フォーススコルはこれより多く「五〇〇〇～六〇〇〇」と書き、一方ニーブールは四〇〇そこそこと言う。

（P08『幸福のアラビア探険記』p.160）

これらの記述から、隊商には少なくとも数百頭のラクダがいたことが分かる。大規模な隊商ともなると、数千頭ものラクダを引き連れて砂漠を横断することもあった。いずれにせよ、日本人の想像をはるかに超える規模である。「シルクロードによる東西交流」という観念的な知識に満足せず、具体的な交流の実態にまで踏み込んだ知識を得ることで、初めてイスラム圏の文化そのものを手触り感をもって知ることができる。

嘘も間違いも認めてはならない

本多勝一はジャーナリストとして自ら現地に飛び込み、実体験をベースにしたルポルタージュで人気を博した。とりわけ１９６０年代に出版した「極限の民族」の三部作、『カナダ・エスキモー』（X04）、『ニューギニア高地人』（X05）、『アラビア遊牧民』（X06）の生々しいルポルタージュから、我々の知らない世界の論理、倫理観をうかがい知ることができる。例えば、嘘を言うことに対する罪悪感は民族によってかなり異なると、次のように言う。

嘘という現象はその民族の文化の性質を考えるときたいへん参考になる指標であり、嘘の性格は民族によってかなり異なる。アラブ出身の女性人類学者サニア＝ハマディによれば、「嘘はアラブの間にごく普遍的な習性で、真理・事実に対する彼らの価値基準は高くない」「自分の目的を達するためなら、アラブは嘘をつくことに良心のとがめなど感じない」という。（X06『アラビア遊牧民』p.149）

実際に本多は、アラブ遊牧民の間にしばらく暮らして次のような結論を導き出すに至った。

信頼できるものは、自分自身と、アラー以外にない。ここまで徹した民族と、私のような〝善意〟を信じている民族とでは、一対一で対決したら結果は自明である。（X06『アラビア遊牧民』p.150）

本多の結論は、日本人のように安易に相手の善意を信じると必ず酷い目に遭うと警告している。嘘だけではなく、自分の間違いを認めることは、相手にどのような処置をとられても文句が言えないということである、との峻厳《しゅんげん》冷酷な事実も述べる。

とにかくだまされたら命がないのだから、人間は絶対に信用してはいけない。また、たとえ何か失敗しても、断じてそれを認めてはいかんのだ。

（X06『アラビア遊牧民』p.152）

このように説明して、次のような例を出す。

（要約）例えば100円の皿を割ったとして、過失を認めたなら、ベドウィン（アラブ遊牧民）なら1000円を要求されるかもしれない。このような場合、世界の中で素直に謝るのは日本人だけのようだ。謝るのは日本人には美徳だが世界に通用する美徳ではない。

（X06『アラビア遊牧民』p.152〜153）

私もいろいろな国籍の人とつきあって、本多の指摘はほぼその通り当たっていると思う。現在の国際化された社会でも、今なお伝統的な価値観が非常に根深く人々の行動を規定しているということが分かる。

イスラム研究家の片倉もとこはアラブ家庭に溶け込み、フィールド調査を行った。その結果、現在も伝統的価値観に生きるアラブの人たちの様子を次のように述べる。

彼ら（アラブ人）は労働そのものに意味を見出すということがない。人間が働けば働くほど、生活の実りは豊かになるということに、合理性を見出さない。農耕における「植物の生産」は、人間の介入によって生産性を高めうる。特に日本のように限られた小さな土地での生産性は、人間の努力とある程度比例するといえよう。

しかし、遊牧における「動物の生産」は、人間がいかに懸命に働いても、その生産性をあげることは難しい。どんなに山羊や羊を手塩にかけて世話をしても、妊娠の率がよくなるわけではない。人間がいくら頑張っても出産の時期を早めることもできない。

（P17『アラビア・ノート』P.209）


どこに書いてあったのか思い出せないが、アラブの人たちは日本人が台風や洪水で被害が出た時に行政を責めるのは自然をみくびっていると考えるそうである。つまり、自然などというものは人智で制御できるわけがないのであるから、自然災害を予見や予防できないと言うのは別に行政の怠慢でもなんでもないという理屈だ。その観点に立つと、片倉もとこのこの指摘は納得できるであろう。

ギリシャ人の見たペルシャ

クセノポン（紀元前4世紀）は古代ギリシャの軍人であると同時に、数々の書物も書き残した文人でもある。さらには、偉大な哲学者・ソクラテスの弟子でもある。彼の特異な経験としては、

1万人のギリシャ人兵士とともに、はるばるペルシャまで出かけてキュロス二世の側に立って、キュロス二世の兄王であるアルタクセルクセース二世との戦いに参加したことであろう。しかしながら、キュロス二世が戦死したため、クセノポンはギリシャの傭兵一万人とともにバビロンに取り残された。周囲は全て敵だらけで、容易ならざる事態であったが、クセノポンが隊長となり、1年半の苦闘の長旅の末に、ようやくのことで故国に辿り着くことができた。

この苦闘の経緯を描いたのがクセノポンの『アナバシス』(岩波文庫)である。バビロンから黒海へ抜ける途中では戦いの連続だ。とりわけ、クルド人からの7日連続の激しい襲撃はそれまでの苦難全部をあわせた以上のものであったと述べる。つまり、中東は当時から戦闘的な部族がそこらじゅうにうじゃうじゃしていたのだ。

さて、当時のギリシャはペロポネソス戦争で、社会が荒廃していた。そうしたギリシャの世相に対する社会批判として、クセノポンはアケメネス朝ペルシャを建国したキュロス大王の伝記を書いた。スケッチ的ではあるが、古代のギリシャ人が理想としたリーダー像を見てみよう。ちなみに、欧米においてこの本はリーダーシップの教科書として広く知られている。

彼らは自分の天幕へ去ったが、去っていきながらキュロス(大王)が記憶に優れ、命令を与えたすべての者に名前を呼んで指示をくだしたことをたがいに話しあった。

(E04『キュロスの教育』p.223)

リーダーは記憶力に優れていないといけないというのは、ペルシャだけではなく、ギリシャの伝統でもあったようだ。例えば、『プルターク英雄伝（巻2）』（E02、p.90）にはテミストクレスが大衆に人気があったのは、あらゆる市民の名前を暗記していたためであるとの記述がある。

一方、中国でも数千人もの部下の名前を覚えていたと言われるのが、梁の武将・王琳（526～573）で、『資治通鑑』には次のような記述がある。

（意訳）王琳は、体つきや容貌がふくよかで、感情を顔にだすことがなかった。記憶力がよく、物事をテキパキと処理した。部下の将兵、千数百人の名前を全部覚えていた。めったに罰を与えず、金品を惜しまず部下に配分したので、部下からは慕われた。

（原文）王琳体貌閑雅、喜怒不形於色。強記内敏、軍府佐吏千数、皆能識其姓名。刑罰不濫、軽財愛士、得将卒心。

（『資治通鑑』巻171・陳紀5）

キュロス大王も王琳同様、部下には褒賞を惜しみなく与えた。

彼（キュロス大王）はもっとも多くの収入を得ていることで他の人々より格段にまさっていたが、もっとも多く分け与えることでなおいっそう人々より抜きん出ていたのである。キュロス大王はこのような分配を始めたのだが、この惜しみなく与える慣習が今日もなお王たちに受け継がれている。富有な友人たちをペルシア王以上に所有しているのを示せる者はいない。ペルシア王以上に側近たちを衣服で美しく飾らせて現われる者はいない。

（E04『キュロスの教育』p.353）

この記述から分かるように、ペルシャではけちは悪徳の一種と見なされている。それ故、大盤振る舞いや贅沢に散財するというのは、彼らにとってはポジティブな評価となるのだ。

ペルシャ人はもてなしの達人

17世紀、フランス人の宝石商、ジャン・シャルダンはペルシャおよびインドを旅行した。彼は１６４３年にパリの裕福な宝石商の家に生まれ、１６６４年、宝飾品の売り込みと東方への情熱にひかれてペルシャを旅行し、１６７０年に帰国した。その旅行記『ペルシア見聞記』（P06）にはペルシャ人の手厚いもてなし（ホスピタリティ）を次のように誉めている。

ペルシア人の風習のうちもっとも褒むべきものは、外国人にたいする情の篤さ、つまり外国人歓待と保護であり、万人優遇であり、また彼らが偽りのものと信じ、忌わしきものとさえ見なしている異教にたいして示す寛大さである。

（P06『ペルシア見聞記』p.121）

(ペルシャ)帝国内いたるところ、町でも田舎でも、旅行者のために設営された公共の建物が数おおくあって、道中の安全が保証され危険がすくなく、細心の供給がいきとどき、出費がかさむことなくすむ国が他にないことは事実である。こうした建物にはまったく無料で宿泊できる……
(P06『ペルシア見聞記』p.140)

ペルシア人の生活のうち、簡素ということの他に私が感心させられるのは、客人にたいする彼らのもてなしの篤さである。食事をだすときは扉を閉めるどころか、家にいる者のすべて、その場にやってきた人、ときには門前で轡をおさえている(客人の)下僕までも招き入れる。
(P06『ペルシア見聞記』p.214)

ペルシャ人はイスラム教徒でない外国人をも歓待するという宗教的な寛大さがあり、概して宗教に対して公正であり、優しい生活習慣を持っていたというのがシャルダンの記述から分かる。ヨーロッパ人旅行者たちが経験した、このようなイスラム人の異邦人に対するホスピタリティは、近世になって急に出てきたのではなく、彼ら伝来の美風であったことは歴史を遡ってみるとよく分かる。例えば、古代ギリシャの書物(例：ヘロドトスの『歴史』、プルタルコスの『プルタルク英雄伝』)には、そのような事例が数多く書き残されている。

ペルシャ人の異邦人に対する歓待ぶりは、何も旅人にだけではなかった。中国に「窮鳥入懐、猶当活之」(窮鳥が懐に入れば、殺さずかくまってやる)という諺があるが、ペルシャでこの諺を文字通り実行したのがクセルクセス大王だ。

紀元前5世紀、ペルシャ戦争でクセルクセス大王の軍を撃破したアテネの将軍テミストクレスは戦争後、陶片追放によって国外に追放された。行く場所に困り果てたテミストクレスはなんと、仇敵のクセルクセス大王の宮廷に赴き庇護を求めた。大王は自分を負かした当の本人が来たことに驚くが、歓待の宴を設け仇敵をあたたかくもてなした。その宴席でテミストクレスはこれから1年間ペルシャ語を学び、通訳を介さずに直接大王と話をしたい、と申し出る。1年後、約束通りクセルクセスの前に姿を現したテミストクレスは持ち前の弁舌と機転とで大王を虜にし、立派な屋敷と褒美をたくさんもらい、余生をペルシャで優雅に暮らしたと伝えられる。

このような歓待の習慣は、20世紀になっても見られた。イギリス女性のガートルード・ベルは1905年にシリアを訪問し『シリア縦断紀行』(P05)を書き残した。彼女は語学に堪能な上に行動力にも富んでいたので、女アラビアのロレンスと言われていた。彼女もまた、イスラム人のホスピタリティに関しては次のように非常に好意的な評価を寄せている。

浅いつきあいながら敬服の念をトルコの農民の足もとに捧げたいと思う。彼らの生得の数々の美点、なかんずく人を親切にもてなす心は何にもまさるものであった。

（P05『シリア縦断紀行（1）』P.17）

彼女は語学の天才であったらしく、全く訛《なま》りのないアラビア語を話すことができたためであろう、至るところでシャリフ（長老）たちに大歓待されている。

現在のイランを中心としたペルシャ帝国は、かつては文明の先進国で優雅な雰囲気を持った文化が栄えた。数多くの異邦人が頻繁に行き交う中、洗練された歓待ぶりはペルシャの誇る伝統であったことが分かる。その伝統がペルシャだけではなく、アラブや中央アジア一帯に見られることは、マルコ・ポーロの話からも分かる（P.263〜264参照）。

旅行者だけではなく、アラブ人自身も自分たちのホスピタリティの伝統は他の文化圏にはない、誇るべき美風だと考えていたようだ。レバノン生まれのサニア・ハマディは『アラブ人の気質と性格』（P15）でアラブ人の気質の良い面も悪い面もすべて書いているが、客をもてなす風習は古くからの良き伝統であったと、次のように述べる。

「客を厚くもてなすことは、シェム（セム族の祖）のテントからイスラム世界の最末端にまで広がった美徳であり、その長所ゆえにイスラム教徒はあらゆる点で他民族、他教徒にとって一つの模範である」

（P15『アラブ人の気質と性格』p.65）

「ホスピタリティはアラビアの無宗教徒（つまりイスラム以前）たちの大きな美徳だったが、これはそののちのイスラム教徒の中にとり入れられた」

（P15『アラブ人の気質と性格』p.66）

我々はホスピタリティというと、ついヨーロッパが発祥のように錯覚しがちであるが、歴史を遡って見てみるとペルシャ人、およびイスラムの人たちにはヨーロッパ諸国以上に手厚いもてなし（ホスピタリティ）の長い伝統があるということが分かる。

イブン・バットゥータの大旅行

ペルシャだけではなくアラブも含め、最終的にイスラム教に改宗した地域には、異邦人を歓待する伝統が古くから綿々と続いている。

14世紀のモロッコ生まれの旅行家、イブン・バットゥータは生まれ故郷の北アフリカから始まってアラビア、ペルシャ、インドなどを経て、元末の中国にまで足かけ30年、延べ12万キロにもおよぶ大旅行をしたと言われているが、至る所でイスラム人からの歓待を受けたと述べる。

彼が30年にもわたり大旅行できたのは、北アフリカから中東、インド、東南アジアと、広大な地域が共通の価値観を持つイスラム圏として自由な東西交易で繁栄していたからである。多少の誇張や思い違いはあるものの、彼の体験から当時のイスラム圏の人々が異邦人を歓待する様子がよく分かる。

その一つの実例として、彼がトルコのラーズィクという町に入った時に見知らぬ若者たちの一団から引っ張りだことなり、くじ引きでかわるがわるの家に歓待を受け泊まったということがある。さらに、イラクのエルズルムでは泊めてもらった家を滞在2日目に出発しようとした時、「もし汝らがそうなさるならば、わしに対して無礼ですぞ。最も短い接待でも3日間じゃからな」と咎められたと言う（P03『大旅行記（3）』p.294）。

バットゥータは、メッカを訪問した時の現地人の持つ隣人愛を次のように高く評価した。

> メッカの住民は、数多くの気高き行動と申し分のない寛大さ、立派な性格、そして貧窮者たちや献身的に信仰のために世俗の生活を棄てた修行者たちへの惜しみなき施しと、異邦人たちに対する温かい隣人愛《ジワール》の精神を持っている。（P03『大旅行記（2）』p.128）

イブン・バットゥータは長年旅行したが、自分の金を支出する必要はなかった。それというのも、各地に無料の宿泊施設があったからだ。その一例を見てみよう。

われわれは、そこでこの町の有力者の一人、〈ハワージャ＝カーフィー〉と言う人物が建設したザーウィヤ(宿)に泊まった。彼は、かなりの大資産家であったので、神は善行の道に奉仕する様々な施しやザーウィヤの建設、旅人たちへの食事の[無料]提供[など]に、彼の資産を使うよう支援なされたのである。（P03『大旅行記(2)』p.317）

つまり、イスラム圏では資産家は旅人や赤の他人に施しをするのが義務であったため、宿だけではなく食事も無料の施設が至る所に建設されていたということが分かる。旅人へのもてなしは何も資産家だけに限らず、ある程度、資産に余裕のある人なら競って行ったとの記述も見られる。（P03『大旅行記(3)』p.279、294）

一転して陰湿な話になるが、イスラム圏だけではなくヨーロッパ諸国では、歴史的に密告による処刑が多い。それは、密告者が大きな利益を手にするからである。イブン・バットゥータはファルガーナで密告によって二人の資産家が処刑されるのを目撃したが、そのことを記したあとで、背景を次のように説明する。

ある人が相手のことを密告し、密告が事実であると証明されると、相手(被告人)は処刑され、密告者にはその被告人の財産が与えられるのである。（P03『大旅行記(5)』p.124）

つまり、密告が国家レベルで奨励されているというわけだ。この制度は、謀叛や陰謀を未然に防ぐという、一見まっとうな目的のために作られたようではあるが、実際のところは恨みをはらすためや、政敵を倒すためなどの目的に使われた。その際、些細なことでも謀叛として告発され、無実にもかかわらず殺されたケースも数多くあったことであろう。

「簡単に他人を信じてはいけない」、これは世界の大鉄則である。日本人だけの世界に暮らしていると分からないが、世界に出て、実際に自分が痛い目に遭うと、我々の持っている倫理観や価値観がいかに日本的であるかが納得できる。

イスラムでは皆、一流の役者

現在の日本は法治国家であると同時に、社会全般に緩やかに共有されている平等意識は長らく日本人の伝統的な価値観でもあったので、権力の濫用に対しては敏感に反応し、不法な行為を咎めるのが当然だと考えている。しかし、イスラム社会(やアジアの他の地域)においてはそのような価値観は通用しない。つまり、イスラム社会において、権力のある者が少々の不正を働いて富を蓄積するのは、許容範囲内の逸脱だと考えられていたのである。

例えば、19世紀にヨルダンからアラビア半島を縦断旅行したパルグレイブは、自身の体験談を次のように述べる。

（ブライダとカシームの総督に任命された）ムハンナーは、あらゆる口実を設け、あらゆる機会を利用して、罰金や強要、不本意ながらの寄附などによって、自分の強欲を満たし、自分のような有能な国家への奉仕者は少しばかり私腹を肥やしたとて、十分に許してもらえるはずだという信念のもとに、巨富を貯えるに至ったが……

（P13『アラビアに魅せられた人びと』P.276〜277）

このように、権力には必ず実質的な役得が付いて回るというのが、彼らの伝統的な考えである。それ故、近代西洋の倫理観からは悪とされる賄賂や買収などの政治腐敗は過去にもずっとあったし、これからもなくなることはないであろう。

ところで、日本人が騙されやすいというのは、相手が柔和な表情で優しい言葉をかけてくれると、てっきり本心からのものだと考える日本的情緒からきている。しかし、イスラム社会においては、穏やかな顔つきや優しい声は必ずしも信用できない。

というのは、心の中で考えていることは必ずしも顔の表情には出てこないからである。それどころか、表情と心情が全く逆の場合も稀ではない。つまり、イスラム社会の人は全て超一流の役者であるということだ。日本人はちやほやされると、つい本気で信頼しているのだと勝手に解釈するが、それが命とりになる。

アラブ人の生活の表と裏を余すところなく知り尽くしたパルグレイブは、次のように述べる。

本当は最も気にくわない相手、命令一下、直ちにイスラムの剣をひっこぬいてこらしめてくれようと思っている相手の学問や、敬神の念、名声などを口をきわめて褒めたたえるのだが、これを申し分なく、落ち着き、うちとけ、かつ自然な調子でやってのける。だから、相手の方では、これは心の本音が忠実に、言葉になって出ているのだと思いこまざるを得ないのであり、客人たるもの、普通の警戒心は持っていても、まさか自分のやり方や行動が相手の気にくわないのだなどという気配を感じとることはできないのである。

（P13『アラビアに魅せられた人びと』p.367）

パルグレイブはこれ以外にもイスラムの遊牧民は何気ないそぶりをしながら、常に復讐のチャンスを執念深く窺うとか（同書p.191）、預かっていた恩人の息子も用なしと分かると即座に毒殺した（同書p.207）などと、彼らの陰湿な策略を淡々と述べる。日本において、このようなことは戦国時代には稀ではなかったことを考えると、イスラムの遊牧民はかつて、そして今なお日本の戦国時代さながらの世界に暮らしているということになる。

このようにイスラムの世界では、権力のある者は自分の職掌範囲ではまるで帝王のごとく超法規的振る舞いをする。この現象は、イスラムに限らず日本以外のアジアではかなり普遍的な行動パターンのようだ。

（ペルシャ国王は）後で私に「獅子と太陽の勲章」と高価なペルシア肩掛け《ショール》を賜わったからである。しかし強欲な大臣たちは、自分の利欲心から、少なくとも五〇ダカットはする私の肩掛けを取り上げてしまった。これはテヘラン宮廷に特有のことであるが、決して驚くにあたらぬことである。テヘランではこういう不正、不道徳は日常茶飯のことで、行動が一本気で真正直な人間は逆に、馬鹿か気違いのように軽蔑される。（P07『ペルシア放浪記』p.280）

法律に素直に従うのは日本では当たり前のことであるが、アラブではそれは当たり前でも誉められたことでもないというのが、この引用文の示すところだ。この考え方が近代になっても変わらなかったことが、『アラブ人の気質と性格』（P15）に次のように書かれている。

アラブの農民は、暴力で取り立てを強行されるまで、納税を拒否した。すなおに払えば仲間たちから蔑視された。（P15『アラブ人の気質と性格』p.101）

これ以外に『アラブ人の気質と性格』（P15）には、レバノンで生まれ育った著者の自国民に対する忌憚《きたん》のない評価が次のように示されている。

アラブ人は感謝を忘れぬ人たちで、……たとえその恩人があとで敵側に回ったとしても感謝の念に変わりはない。

（P15『アラブ人の気質と性格』P.15）

ウソを言うことが唯一の道というような場合、ウソは合法的ともいえる。

（P15『アラブ人の気質と性格』P.21）

手作業は蔑視され、伝統ある家庭では、卑しい仕事に従事して恥をさらすより、餓死した方がましと考えられている。

（P15『アラブ人の気質と性格』P.23）

優和さや沈着ぶりは評価されず、弱く、卑下されるべきことと見下げられる。

（P15『アラブ人の気質と性格』P.37）

自己の弱みを知られれば、友人といえども敵に寝返るかもしれないことを警告している。「敵に対しては一度だけ用心すればいいが、友人には千回用心せよ」

（P15『アラブ人の気質と性格』P.40）

アラブ人とよい関係を維持するためには、彼らの自己に関する解釈のうち、最高のものは自己尊重だということを知っておかなければならない。……
アラブ人はきわめて感受性が強く、その自己尊重には簡単に傷がつく。彼らは自己に対して客観的ではありえず、自分に対する批判を静かに受け止めることはできない。

（P15『アラブ人の気質と性格』p.86）

アラブの社会が〝グループの内、グループの外〟という関係でつくられていることは前にも示したが、このことは外部の者を疑い、抗争、党派争いを激化させる。

（P15『アラブ人の気質と性格』p.87）

「言葉だけで満足する人はバカだ」というたとえは、アラブ人の間に言葉のうえの偽りが広く行なわれていることを、彼ら自身知っている証拠でもある。

（P15『アラブ人の気質と性格』p.87）

一度や二度会っただけで人を信用する我々日本人にとって、このような人々との価値観の共有は難しいであろうことは容易に想像できる。彼ら（アラブ人）の間で常に紛争が生じるのは何も経済的な貧困や格差、あるいは政治的腐敗のせいだけではなく、本質的に他のグループを信じないという彼らの伝統に起因する。それればかりか、身内のグループや友人たちですら信じられないことが、彼らの紛争を一層混乱に導いている。

理念では動かないペルシャ人

ペルシャ人は麗しき伝統を持つ一方で、度しがたい偽善者で阿諛追従《あゆついしょう》の徒であると、フランス人・シャルダンは指弾する。

（ペルシャ人）彼らは偽善的で人を欺き、世界で一番の無恥卑劣なおべっか使いである。彼らは阿諛曲説のいかなるものかを十分に心得、ほとんど羞じらうこともなくこれを用いるのだが、しかしまたじつに巧みに人の心にとりいる。……

彼らはこの上ない嘘つきである。彼らは喋り、誓い、ごく僅かの利益のために虚言を弄する。

（P06『ペルシア見聞記』P.125）

シャルダンの目には、ペルシャ人の行動原理は「利益」と「恐怖」で決まると述べる。彼らは「正義感に駆られて」とか「理念のため」のような観念的・抽象的なものでは動かないと断定する。また、新たな美の創造の熱意に燃えて美術作品の制作に打ち込むなどということも意味のないことだと考える。

ペルシア人は礼儀をよく心得ているが、寛大高潔の心によっては何事もせず、これはオリエントでは未知の徳なのである。……（ペルシャ人は）利害によってしか何事も行なわず、つまり期待か恐怖につきうごかされてするのである。そして、真の徳に従ってなんの報酬もなく奉仕し、義務をはたす人びとのいる国がある——とは彼らには想像しにくい。（P06『ペルシア見聞記』p.135）

絵画・彫刻・轆轤《ろくろ》細工、その他さまざまの、自然を正しく素朴に模倣することに美が存するような技芸のあらゆる美しい作品が、これらアジアの人びとにとってはなんの価値もない。……要するに美術品の製作にまったく重きをおいていない。彼らは物質だけを尊重する。（P06『ペルシア見聞記』p.235）

ペルシャ人は即物的なものにしか価値を見出さない唯物論者であることを、シャルダンは見出した。シャルダンはさらに庭園の鑑賞の仕方が、ペルシャ人とヨーロッパ人で大いに異なっていると述べる。

ペルシア人がわれわれ（ヨーロッパ人）のように庭を散歩しない……彼らは庭を眺めてその空気を吸うだけで満足なので、ただそのためだけにやってきて庭のどこかに座ると、出ていくまでそこにじっとしている。

(P06『ペルシア見聞記』p.77〜78)

このことからすると、ペルシャの庭園は静止画的な美が求められるのに対し、ヨーロッパの庭園は回遊しつつ、景色の変化を鑑賞する動画的な美が求められていると言えそうだ。つまり庭園という同じ単語でも、実質的な内容や評価ポイントが文化によって大きく異なるということを改めて考えさせられる。

略奪はスポーツでありゲームだ

アラブには、闘争のDNAが組み込まれていると私は考えている。その理由は、彼らの伝統では、略奪は犯罪ではなくスポーツだという点にある。略奪には当然争いがつきものであるが、これを犯罪というようにネガティブにとらえるのではなく、あたかも現代の日本人が野球とかサッカーのようなスポーツをするようなレクリエーションと考える点にある。そこに罪悪感は希薄である。

略奪が悪でないなら、こんな痛快なスポーツはあるまい。これはもはや、ひとつの性格を示すカルチュア(文化)でさえある。略奪文化。酷薄な自然を舞台に、惜しみなく奪い合い、惜しみなく殺し合う酷薄な人間たち。……ほんの四〇年前(一九二六年)……までは、これが普通の状態であった。あるアラビア史学者もいうように、ベドウィンは「日本の農家が秋になれば稲を刈るのと同じ感覚で、喜々として略奪に出かけた」のである。食うに困って襲うのではなく、当然の収穫として、むしろ余裕のあるときに実行した。

(X06『アラビア遊牧民』p.142)

これは本多が想像で言っているのではなく、1905年にシリアを縦断旅行した女性探検家のベルも次のように書いていることからも分かる。

私たちはグハズ(略奪あるいは襲撃)と、それを律する掟についていろいろと話をした。アラブたちの運勢の浮き沈みは株の取引所の相場師なみである。ある日砂漠きっての物持ちだったのが翌朝は仔駱駝一頭持っていない。その生活は常時交戦状態にある。隣りあう部族の間でいかに確実な担保を取り交わしていようとも、一団の襲撃者が何百マイルもの遠方から夜中に彼のテントに殺到しないという保証はない。二年前に、シリアでは誰も知らないベニ・アワージエという部族が、バグダードの北方の本拠からマルドゥーフ(駱駝の二人乗り)で三百マイルの砂漠を横断してアレッポの東南を襲い、家畜を全部奪い去り何十人という人を殺したこともある。このような状態が何千年続いていたかは、砂漠内奥の最古の

記録を見る人があれば教えてくれるかもしれない。（P05『シリア縦断紀行（1）』P.113）

略奪（グハズ）は犯罪ではなく、ゲームであるという。略奪はやられっぱなしではなく、時期をみて報復する。その様子をベルは次のように記す。

（略奪の被害にあった者は）何ヵ月も、あるいは何年も時機を待つ。ようやく機が熟すると、彼の部族の騎手たちは盟友と結んで撃って出て、奪われた家畜のみならずそれ以上のものを取り返し、争いは次の局面に入ってゆく。実はグハズとは砂漠が知る唯一の産業、唯一のゲームなのだ。産業とすれば商人の目には需要と供給の原理をはきちがえたものに見えようが、一つのゲームとして見れば大いに言い分がある。冒険心にとってそれは最大のはけ口だ。（P05『シリア縦断紀行（1）』P.114〜115）

（グハズとは）砂漠でいわれるように、危険という薬味がきいた最高のファンタジアにほかならない。その危険もあまり心配するほどのことはなく、結構な気晴らしがさしたる流血もなしにたっぷりと得られるのである。襲ってくるアラブたちは人を殺すのにさほど熱心ではない。女子供には決して手を出さないし、たまに死者が出ても事故によることが多い。無軌道にとびだしたライフルの弾がどこに届くかなど、誰に確たることが言えよう。これがグハズについてのアラブの見かたである。

（P05『シリア縦断紀行（1）』p.115）

はるか500km先の部族を襲撃するのは珍しくない、というのが遊牧民の生活なのだ。襲撃は、我々日本人が考えるような憎むべき犯罪ではなくスポーツである、と認識を改めることが必要だ。略奪が冒険であるというのは、殺人や金品の強奪を目的とする強盗とはニュアンスが異なる、という暗黙の了解があるからのようだ。

ただ、いつもいつもゲーム感覚というわけではなく、時には殺戮《さつりく》をいとわず、略奪を主目的にする襲撃もあるという。

（グハズ）だがドルーズ（シーア派から分派した一団）は別の見かたをする。彼らにとってはそれは血戦なのだ。彼らは本来楽しむべきゲームを楽しもうとせず、殺戮のために出かけて行き、誰も容赦はしない。弾薬盒にどんなにわずかでも火薬があり、引金をひくだけの力が残っているかぎり、男女、子供を問わず手当たり次第に殺すのである。

（P05『シリア縦断紀行（1）』p.115）

「このあたりではミルクでも飲むように人を殺す」……

「水をこぼしでもするように人を殺す」

（P05『シリア縦断紀行（2）』p.54～55）

このように、略奪とか襲撃は砂漠の民にとってはイスラム以前からの伝統であり、イスラム教徒となった現在もその伝統は続く。

（アラビア）諸部族にとって、襲撃とは大昔から続いている一種の民族的スポーツであり、彼らの尚武心はイスラム教をもってしても弱められるようなものではなかった。それどころか却って強烈にさえなった。（P10『シリア』p.155）

このようにアラブでは、領土や覇権を争う征服戦争と、襲撃して物を略奪することは全く別の種類の行動だと考えられているようだ。つまり、略奪などに対してはわざわざ法を適用するまでもなく、やられたらやり返せばよいだけだと割り切っている。これがアラブのＤＮＡであり、地域的な紛争がいつまでたっても絶えない原因も、彼らの伝統的価値観がいまだに根強くはびこっているせいだと私には思える。

惜しみなく強者は奪う

21世紀の現代においても、アデン湾やソマリア沖では航行する船を海賊が襲うというが、これは古代から綿々と続く伝統である。紀元1世紀に成立したとされる『エリュトゥラー海案内記』(P01)という海洋貿易に関する書物があるが、記述内容はアフリカの東海岸から紅海、インド、マレー半島まで広範囲に及ぶ。筆者の実体験と聞き書きが混ざっているが、当時のアラビア半島を中心とした東西交易の実態を知るには良い本である。

それによると、昔の航海は暴風雨などの自然災害の他に、見知らぬ土地に漂着し、そこの住民に殺されるか奴隷にされるかもしれない災難も待ち構えているという。紅海は昔からそういった難所であったようだ。

> アラビアの地方があり、長い距離に亙《わた》りエリュトゥラー海に沿うて延びている。其処には様々の種族が住んでおり、……奥地の方は村々と牧地に分れて二種の言葉を使う悪い人たちが住んでいる。かような仲間のところに湾の真中から航路を誤って迷い込むと、ひどい掠奪を受けるか、難破からは助かっても奴隷にされてしまう。それで彼らもまた絶えずアラビアの藩王や王などから捕虜にされている。
> (P01『エリュトゥラー海案内記』p.113)

そのように捕虜となった人々の処遇はどうだったのだろう。それは、現在の法治的な概念など全く通用しない弱肉強食そのものの世界だった。悲惨な実態が次のように記されている。

> (ペルシア人の奴隷たちは)重い鎖がその手足にはめられ、踝《くるぶし》や踵《かかと》の皮をひきむしられ、一歩一歩

と歩くたびに、激痛をおぼえるのである。……夜間の逃亡を防ぐため、鉄枷《かせ》(カラボグラ)を首にまきつけられ、一本の杭に鎖でつながれる。……親類が身代金を持参するか、あるいはヒヴァやボハラに売り飛ばされるまで、こんな悲惨な境遇がつづくのである。

(P07『ペルシア放浪記』p.165)

(戦争捕虜)第三の中庭には、三百人のチャウドル(トルコマンの一種族)人の戦争捕虜がいた。……彼らはすでに、二班に分けられていた。奴隷として売り飛ばすのに都合のよい、あるいは贈り物とするに好都合な四十歳以下の者と、その地位や老齢のためにアクサカル(白髭、または長老)とみられ、カン(戦勝者)の課した罪に服する者との二班であった。最初の班は相互に鉄首枷《かせ》でつながれ、十五人からなる護衛兵の一隊に連れ去られた。忍耐強くもあきらめて、第二の班は、屠所に曳かれる羊のように死刑小屋に連行され、そこに待ちうける恐ろしい運命を予期していた。彼らの一部は、首切台か絞首台に送られ、老齢の八人は、死刑執行人の指示で仰向けになっていた。この位置で手足がしばられ、胸に膝を折り曲げられて、死刑執行人が鋭利なナイフで一人ずつ眼球を突きさし、その視力を奪った。残忍な仕事をはたした執行人は、血だらけのナイフを犠牲者の白い髭で拭った。これはじつに恐るべき光景であった。彼らは手足の枷をはずされると、手探りしながら起き上った。

(P07『ペルシア放浪記』p.202~203)

戦争で捕虜となると、生命・財産は保証されないどころか全ての自由が奪われる。その結果、この引用文に見られるように勝者に歯向かう気力を完全にそぐために、眼球をくり抜かれることが多かったようだ。ただし、捕虜になるのは何も戦争に負けた人たちだけではない。一般人も油断しているといつ何時、さらわれて捕虜になるか分からないのが砂漠地帯の常識であった。

私のかたわらに坐っていた白髪の老人は、ちょうどボハラで三十歳になる息子の身代金を払ってきたばかりのところで、今その息子を、若い妻と幼児たちの腕に連れもどすところであった。この老人は全財産を犠牲にして、息子の自由を買わなければならなかったのだが、身代金は金貨五十枚の巨額であった。

（P07『ペルシア放浪記』p.239）

その男は、八年くらい前に奴隷に売り飛ばされ、六年ほど経って、父が身代金を払った。そして帰途、故郷まであと二、三時間というとき、父子もろともトルコマン人に襲われ、ただちに売られるためにボハラへ連れて行かれた。

（P07『ペルシア放浪記』p.240）

これらの引用文から分かるのは、強奪されると無実であっても身代金を払わされるはめに陥るのがアラブの弱者の立場だ。『アラブ人の気質と性格』（P15）には次の記述が見られる。「アラブの社会は無情で厳しく、冷酷である。強者を崇拝し、弱者への同情はない」（p.24）。弱者は強者から足蹴にされ、略奪されても文句も言えない。完全にWinner-Take-Allという強者の論理が一貫している。

「エゲツナイ」アラブの計略

歴史の父といえば、中国では司馬遷であり、ギリシャではヘロドトスである。いずれも自分の足でしっかりと現地調査をした上で書いている。近代・現代の歴史学者とは異なり、多少フィクションめいたところがないではないが、当時の人々が真実だと信じていた事柄を記述することを歴史家としての使命と感じていたようだ。

とりわけ、ヘロドトスの語り口には確証のとれた史実だけを記すというのではなく、むしろ積極的にエンターテインメントとして後世に残そうと考えていたような節が見られる。例えば次のような事例がそうだが、どう見ても「講釈師見てきたような嘘を言い」という川柳がぴったりだ。

さて祭司たちの話によれば、このエジプト人セソストリスは、彼の征服した国々の住民多数を捕虜として随え帰国してきたが、帰国の途中ペルシオンのダプナイに着いた時、セソストリスの弟で彼がエジプトの統治を委ねていた者が、彼のみかその子供たちをも饗応に招き、その家の周りに薪を積み上げ、火を放った。これを知ったセソストリスは、すぐにその対策を妻に相談した。彼は妻をも帯同していたのである。するとその妻は、六人いる子供の内二人を燃えさかる薪の上にねかせて、火の海を渡る橋代りにし、自分たちはその体の上を渡って脱出するのがよかろうといった。セソストリスは妻のいったとおりにし、二人の子供はこのようにして焼死したが、残りの子供は父とともに難を免れたというのである。

（E01『歴史(上)』p.224〜225）

何ともすさまじい脱出もあるものだと、度胆を抜かれる。私はこの話が真実かどうか判断できないが、かりそめにもこういう脱出法を思いつくところに、日本人の常識がいかに狭いかを痛感させられる(ちなみに、セソストリスとはエジプト王・ラムセス二世と言われる)。

本章の冒頭でもふれた『策略の書』(P14)は、元来14世紀ごろに成立したアラビア語の本であるが、当時だけではなく、ムハンマド以前の事蹟やアラブ以外の文化圏の話も含まれている。しかし、なんと言ってもこの本にはアラブ人の「エゲツナイ」策略が山と盛られている。

例えば、町に襲いかかると見せかけて、住民が武器を取って出てくると引き返す、ということを何度も繰り返すと、遂に住民は疲れてしまい、本当に攻撃してきたとき、武器をとろうとしなくなった。それで町はやすやすと占領されてしまった(同書p.311)。まさに「狼少年」を地でいく策略だ。

また、砂漠で、水の入った容器を銀貨5枚で買わされた男が、売主に油菓子をタダでたくさんあげた。売主は喉が渇いたので水をほしがり、男は一口の水を銀貨5枚で売り、結局は水を持っていた元の持ち主は銀貨5枚をわずか一杯の水で手にした（同書P.367）という話もある。

アラブでは相手の弱みを利用して利益を計ることは、誉められこそすれ非難されることはない。『策略の書』（P14）の帯には「策略を持たぬ頭はカボチャより劣る！」という文句が見えるが、まさにこの文句こそアラブ的思考の本質だ。

フィクションも追いつかない残酷刑

アラブでは、今でもコーランに則って公開笞刑や手足切断刑が行われている。それを日本人は残酷だと感じるだろうが、その程度の刑罰は彼らの刑罰基準からすればまだまだ残酷な部類には入らない。我々の想像をはるかに超えた、信じられないような残酷な刑罰がアラブ社会では実際に行われていた。顔をそむけたくなる人もいるだろうが、現実を直視してほしい。

ある男が大罪をおかした。アル＝ムタディドは男をひきだし、その身体のすべての穴を塞ぎ、綿につつんで、日向においた。男はどんどんふくれあがっていきついに頭のてっぺんがはずれ、全身ことごとくはじけ散った。

（P14『策略の書』p.202）

アル＝ムタディドはあるとき罪を犯した男をひきだした。その男の肛門に火をおこすふいごの端をあてがい、休みなくこの道具を操作しつづけるとついに男はふくれあがり、破裂し、かくして死んだ。

（P14『策略の書』p.203）

このような残虐な刑は何も彼らがイスラム教徒になってから考えついたものではない。古代の史書を繙《ひもと》くと、類似のものが実に多く見い出せる。その例をいくつか紹介しよう。

『プルターク英雄伝』（E02）は、通常ギリシャとローマの偉人の比較列伝であるが、最後の数人は比較ではなく単独の伝記となっている。そのうちの一人が、ペルシャ王のアルタクセルクセース二世（以下、アルタクセルクセース）である。歴史的にアルタクセルクセースが有名になるのは、弟のキュロス二世（以下、キュロス）と王位を争って戦争し、そこにソクラテスの弟子であったクセノポンがキュロスが集めたギリシャの傭兵隊に参加したからである。

さて、その戦闘の最中に飛んできた槍に当たりキュロスが倒れた。その槍を放ったのはミトリダテースという武人であったが、アルタクセルクセースは嘘をついて自分が放った槍に当たってキュロスは死んだのだと言いふらした。ミトリダテースはアルタクセルクセースから褒美をもらったものの、キュロスを殺したという手柄をアルタクセルクセースに横取りされて内心は大いに不満であった。ミトリダテースはその不満を口にしたために、悲惨な最後を遂げることになるのだった(P.258参照)。

さて、アルタクセルクセースとキュロス兄弟の母、パリュサティスは弟のキュロスを溺愛していた。戦争の結果、キュロスが戦死すると、大いに嘆き悲しみ、キュロスを殺した武人に並々ならぬ敵意を持っていた。

そういった時、キュロスがミトリダテースの槍に当たって落馬した時に、その膝を刺した功績でアルタクセルクセースから褒美をもらったカリアーの男がいたが、もっと褒美をもらおうとして、キュロスのとどめを刺したのは自分だと偽りの暴言を吐いた。これを聞いたアルタクセルクセースは怒って即刻その男の首を斬るように命じたが、母后のパリュサティスはそのような殺し方は生ぬるいとして次のような残酷な刑を科した。

そこに居合せた母后は『禍の元になったそのカリアーの男はそうやって片づけずに、私の手からその大それた言葉にふさわしい罰を受けさせて下さい。』と言った。王が引渡すと、パリュサティスは、刑罰の係のものに命じて、その男に十日間呵責を加えさせた後、両眼を刳り抜き、死んでしまうまで両耳に熱い青銅の熔けたのを注ぎ込ませた。

(E02『プルターク英雄伝(十二)』P.79※一部現代表記に改めた)

さて、キュロスに致命傷を与えたミトリダテースは自分の功績が正当に評価されていないと不満に思っていたが、ついにある酒席上で我慢ができなくなり「キュロスを殺したのはアルタクセルクセースではなく、この自分だ」と公言した。これを聞いたアルタクセルクセース王は自分の嘘が暴露されたのに腹を立て、ミトリダテースを最も酷い刑で殺した。その刑を「飼槽《かいば》の刑」という。飼槽《おけ》とは馬のエサをいれる桶《おけ》である。

飼槽の刑とはこういうものである。互いにぴったりと入れ子になる飼槽を二つ造らせて、その一つには罪人を仰向けに臥かせ、もう一つを上に載せて合せると、頭と両手と両足が外に出るが、体の他の部分は覆われる。そうして置いてその人に物を食べさせ、厭だと云っても眼を突ついて無理に嚥み込ませる。食べたら蜜と乳を混ぜ合せたものを口に注ぎ入れて飲ませ、顔一面にこぼす。それから絶えず太陽の方に眼を向けて置くと、蝿が一ぱいたかって顔全体を蔽い隠す。飼槽の中では、飲んだり食べたりした人間がどうしてもしなければならない事をするから、排泄物の腐敗によって蛆や虫が涌き、そのために体は内まで侵されて蝕《むしば》まれる。その人が既に死んだことが明らかになってから、上の飼槽を取去ると、肉はすっかり食い尽くされて、臓腑の周りには噛りついて大きくなったそういう虫の群が見えるのである。こうしてミトリダテースは、十七日間さいなまれて、やっと死んだ。

（E02『プルターク英雄伝（十二）』P.80〜81※一部現代表記に改めた）

衛生的な現代の日本で蝿を見かけることはほとんどないので、蝿の幼虫のウジがどのようなもので、どのような行動をするか知らない人が多い。それで、ミトリダテースの体がウジによってどのように食われていったかは理解できないだろう。この点について『完訳 ファーブル昆虫記』(X13)に、ウジ虫がいも虫を生かしたまま食べる様子を次のように記す。

(要約)つちばちの卵がはなむぐりの幼虫に生みつけられて孵化するとその幼虫を食べ始める。しかし、幼虫が生命維持に必要な神経系統や呼吸器系統はきれいに残し、肉の部分のみ食べる。そのようにして、はなむぐりの幼虫は生きたままほぼ食べつくされて、最後にがりがりになったところで初めて死ぬ。

(X13『完訳 ファーブル昆虫記(三)』(p.25〜27)

これから類推すると、ミトリダテースもウジに体を食べられていたが、生命は最後の最後まで維持できたのだと判断できる。

後年、イスラムのカリフたちの闘争では酷い殺され方をされる例が頻繁に見られるが、それはこういったペルシャ地方の伝統的な残酷さがベースにあったと考えられる。とりわけ、王朝が替わると、新王朝によって前王朝の生き残りの男は殲滅《せんめつ》されてしまうのが常態であった。

ウマイヤ朝の一族に対しては、草の根をわけても探し出して虐殺の刃《やいば》をふるうという成行きとなった。このとき、直接に軍を率いてウマイヤ朝の討滅に当たったのは彼(アッバース朝の初代カリフのアブル=アッバース)の叔父アブドッラーである。

この人は、ウマイヤ朝がすでに崩壊し、その一族の抵抗もようやく終わったころ「もうこれで万事すんだ。これからは仲よくやっていこう」という布告をし、ウマイヤ家の主な人々八〇名ほどを一夕の宴に招いた。そうして酒がまわったころ、かくれていた壮士たちが襲いかかって虐殺した。まだ生きて呻吟《しんぎん》しているものもあるのに、じゅうたんを打ちかけ、その上に坐りこんで酒盛りを続けた。やがて静かになると死体を投げ出して犬に食わしてしまったという。……

さらに、ウマイヤ朝のカリフたちの墓は、オマル二世のものを例外として、他はことごとくあばかれ、枯骨がむちうたれ、十字架につけてさらしものにされた。

(P16『イスラムの時代』P.169)

この『イスラムの時代』(P16)には、カリフの残酷さについて、具体的事例をいくつか紹介している。例えば、アッバース朝の第19代カリフのカーヒルは冷酷非情の異常性格者でいつも槍を手放したことはなく、気に入らぬことがあると、すぐにそれで相手を突き殺した。しかし、在位1年半あまりで部下の軍人たちが蜂起し、カーヒルを捕えて牢に入れ、真っ赤に焼いた鉄針を目玉に突き刺して盲目にしてしまった。

また21代のカリフのムッターキーも、トルコ系の武将トゥーズーンのために灼熱の鉄串で目を焼きつぶされた。その上、小さな島の牢獄に死ぬまで25年間閉じ込められた。さらには22代のカリフ・ムスタクフィーも同様に焼き串で目をつぶされ、牢獄で余生を過ごした。捕虜の目をくり抜くという話は前にも紹介したが（P.251参照）、アラブでは敗者は常にこのような過酷な刑を甘受せざるを得ない運命にあった。

高貴な人にもご用心！

19世紀末に日本人の吉田正春がペルシャを旅行するが、実際に見たペルシャの残酷な死刑を次のように伝える。

(要約)(罪人に)足に重い木の枷をはめ、両手を背中できつく縛って、広場に座らせる。死刑執行人は短刀で喉を切る。あるいは腕を断つ。流血がどくどく流れ、罪人は痛みに耐えきれず号泣しつつ死す。

（P11『回疆探検 ペルシャの旅』P.190）

これ以外に、吉田の旅行記から記事を二つ紹介しよう。

(要約)ペルシャを旅行中、筆者は炊かれた米にカレーを入れて真鍮の皿に盛って勧められた。蒸気が薄れて見ると、食べ物の上には、蝿や蚋《ぶよ》が黒だかりになっていた。

(P11『回疆探検 ペルシャの旅』P.57)

このような不衛生な状態が中東から中国、朝鮮までのアジアの広い地域にわたって一般的に見られた現象なのだ。それ故、これらの地域を経由して江戸時代の日本に到着したヨーロッパ人たちは一様に、日本の清潔さを誉めちぎったのだ。

吉田はペルシャにおいて日本の常識が通用しない経験を何度もしたが、次の話もその一つと言えよう。

(要約)ペルシャの親王が厩舎から好きな馬を選べと吉田に言った。一頭の見事な馬を見つけた。これが欲しいと言ったところ、明日の出発時に取りに来ればよい、と言われたので馬をそこに残して帰った。翌日、馬を引き取りに行ったところ、みすぼらしい馬を渡された。しかも、値段は見事な馬の値であった。

(P11『回疆探検 ペルシャの旅』P.86〜87)

ペルシャの親王のような高貴な身分でも、伝統にのっとり人を騙すことを恥と考えないというのがこの記述から分かる。結局、日本人は「騙すほうが悪い」と考えるが、世界標準は逆に

「騙されるほうが悪い」のである。つまり、日本と世界とでは価値観が倒錯しているのだ。何事においても人は騙すものだと考え、万全の注意を怠らないことが肝要である、ということだ。

中東と共通の価値観を持つ中央アジア

中央アジアはオアシスを中心として、商人が行き交う交易都市として栄えた。しかし、商人だけではなく兵士や野盗も頻繁に行き来し、そのつど虐殺や略奪の悲劇に見舞われた。元来、文化圏としては中央アジアは中東を中心としたイスラム圏とは異なるはずであるが、価値観や倫理観において、両者は極めて類似している。

13世紀にイタリアから中国まで往復したマルコ・ポーロの『東方見聞録』(平凡社東洋文庫)には、中央アジアの遊牧民であるスキタイの王同士の戦いが描かれている。

彼の話によると両軍合わせて65万人もの兵士が戦場にまみえ、互いに矢の届く距離に対峙するや一斉に空に向かって矢を放ち、そのために空が見えなくなるほどであったという。当然のことながら、降り注ぐ矢に当たって人馬はバタバタと倒れるが、ともかくも箙《えびら》にあるだけの矢を射るというのだ。矢が尽きると、生き残っている兵士たちが死体の山を乗り越え、突進して剣と鉾で互いに撃ち合うという。まったく、すさまじい戦いぶりである。

中央アジアの遊牧民にはこのような残酷な面がある反面、アラブ圏と同じく、旅人を大変親切にもてなす風習もある。その仕方は一風変わっている。夫が道路で出会った見知らぬ旅人を家に連れてくると、妻に十分にもてなしをするように言いつけ、妻を家に置いたまま「客人よ、妻をご自由に！」と言い残して外に出てしまう。旅人と残された妻はあたかもなじみの夫婦のような生活をするのだが、その間、夫はと言えば何日でも野宿して、旅人が満足して出て行くのをじっと待つ。

もっとも、これはマルコ・ポーロの話なのでどこまで信頼できるか分からないが、民俗学者、ジェームズ・フレイザーの名著『金枝篇』（X09）では神殿売淫について次のように記す。

バビロンでは、女たちは誰でも、富める者も貧しい者も、一生に一度は、ミュリッタの神殿で、つまりイシュタルあるいはアシュタルテの神殿で外来の異人の抱擁にその身を委ね、この聖化された売淫によって得た報酬をその女神に奉献しなければならなかった。聖域は顧客を待つ女たちでいっぱいであった。ある者は何年もそこで待っていなければならなかった。

（X09『金枝篇(三)』p.21）

このような奇習は、中東から中央アジア一帯に共通であった。それも、紀元前のヘロドトスが『歴史(上)』（E01、p.148〜149）に記しているくらいであるから、かなり古くからの風習である、ということが分かる。

キリスト教徒の頑迷な信仰心

15世紀の初め、スペイン・カスティーリャ王国の外交官であったクラヴィホは稀代の英雄・ティムールに会うために中央アジアに出掛けた。途中コンスタンチノープルの聖ヨハネ教会で、いくつかの聖遺物を見た。中央アジアのテーマからは少し横道にそれるが、我々の常識から判断すると信じられないくらい迷信深いキリスト教信者の様子を見てみよう。

その日、われわれは、洗礼者ヨハネの左腕をみせてもらった。それは、肩の下から手までの全部であったが、焼かれたため、皮と骨とが残っているだけだった。……なお、このお寺には、そのほかの聖遺物、たとえば、まさに我が主イェズス・キリストに関するものなど、多くのものが保存されている……

（A10『チムール帝国紀行』p.66）

このような記述だけではなく、さらに驚くのは、洗礼者ヨハネはクラヴィホよりも1500年も前の人にもかかわらず、生々しい腕も保管されていたというのだ。

ここで、一つの聖遺物をわれわれは見せられた。それは、まさに、幸なる洗礼者聖ヨハネの一方の腕、右腕であり、肘から手のひらまでだった。まだ全く新しいようになまなましかったが、それは、幸なる聖ヨハネが、その身体が火で焼かれたとき、「エケ・アグヌス・デイ(神の小羊を見よ)!」と叫びながら、右手で天を指していたため、その腕は焼き尽くされずに残り、保存されたのだと語られている。

(A10『チムール帝国紀行』p.67)

ヨーロッパや地中海一帯には、このような聖遺物と言われるものが数多くの場所で保存されている。しかし、その由来については実に怪しいものが多い。一説にはイエスが磔《はりつけ》になった十字架の聖遺物を集めると大きな船、3隻分にもなるとも言われる。もっとも東洋の各地には仏舎利(仏陀の骨)が保管されているが、全部集めると象2頭分あるという。

聖遺物に対する中世ヨーロッパ人の頑迷な信仰心は我々にはとうてい理解できないが、さらに信じられないのは、次の文だ。

(同じく聖ヨハネ寺で)黄金製の小さなまるい箱を(僧侶たちが)取り出した。この箱の中には一片のパンがあったが、それこそ、最後の晩さんの聖なる木曜日に、われらが主イェズス・キリストが、彼を裏切る者を示すしるしとしてユダに与えたもので、たしかに、この一片がユダがそのとき飲み込めなかったものの一部なのである。

（A10『チムール帝国紀行』p.81）

これ以外にも、イエスが十字架の上で、横腹を槍でつかれた時に出た血やあごひげなども聖遺物として保管されていたと伝える。近代ヨーロッパの科学文明が現在の世界をおおっているため、欧米人と言えば理性的な人たちだと考える風潮があるが、私はこのような見方に賛同しない。

現在のアメリカにおいてすら、聖書を絶対の真理と考え、ダーウィンの進化論を学校で教えることに反対している人々は決して少なくない。ヨーロッパの中世に荒れ狂った異端裁判や魔女狩り、あるいはインディオ数千万人を殺したと言われるスペインの南米統治（X01『インディアスの破壊についての簡潔な報告』参照）、ナチスのユダヤ人虐殺など欧米人の心の奥底には、この聖遺物の信仰に見られるようなどろどろとした非理性的（あるいは反理性的？）な感情の残滓が今なおこびりついているように私には思える。

中央アジア遊牧民の策略

日本人の感覚からするとあくどい策略はアラブだけではなく、中央アジアでも当たり前だという例を、クラヴィホの旅行記から紹介しよう。

ティムールがシバスという町(現在のトルコ領)を包囲し、攻めようとした時のことだ。

彼(ティムール)がいよいよ包囲を強めると守備軍は和平交渉を求めるに至り、話しあいは成立したが、ティムールはその主だった連中に、その血は決して流さぬと約束するから、町から出て彼のところまで来ること、また、金・銀相当量を差し出すことを要求した。ティムールは、その金子を受けとってしまうと、町の主だった連中に、彼らに大いに好都合なことについて話をしたいと伝えさせた。多くの主だった人たち、顔役たちは、身の安全についての約束も信用し、要求どおり支払った貢物が受納されたことも知って、シバスから出て彼のところまで来たのである。ところが、そのとき、ティムールは、多くの深い穴を掘らせており、おびき出された彼らが城門を越えるや否や、彼らに向かい、たしかに彼らの血を流すことはしないと約束した、したがって、いま、これらの穴で生き埋めにすると、それから彼の軍隊は城門を打破って町に入り略奪するが、それは物資が欠乏している以上止むを得ぬことなのだと宣告したのである。そのとおりのことをティムールはすぐさま実行した……

(A10『チムール帝国紀行』p.126〜127)

(要約)アルメニア地方の町、スルマリはタタール人のトクタミシュに二日昼夜攻められたが、三日目に和議が成立したので、町の戦士が城から出たとたんに、トクタミシュの兵に急襲されて町は略奪された。

（A10『チムール帝国紀行』p.134）

これ以外にも、クラヴィホの伝えるところによると、敵同士で戦っていたティムールとトクタミシュは第三の敵と戦うためには手を結んだり（p.264）、王家では、父や母であっても、成人した息子に殺されるかもしれないと恐れたり（p.280）、弟が油断しているのを見た兄は即座に弟を逮捕したり（p.281）、と一番近い親族でさえ信用できないのがこの地域の伝統のようだ。

こういった事例を次々と見せられると、この地域（中東・中央アジア）の人たちにとって口約束などというのは、何の役にも立たないということが、痛いほどよく分かる。現在、中東で和平交渉が成立しても一向に紛争が絶えないのは、このような過去からの相互不信の伝統が原因であると結論づけてよさそうだ。

一体どこにあるの、ロマンティックなシルクロード？

シルクロードといえば、砂漠の中にロマンティックな遺跡が至る所にあるようなイメージを抱きがちであるが、実際はそうではなかった。一言で言えば、盗賊の巣窟であった。例えば、スヴェン・ヘディンが探検した1935年のシルクロードの実際の様子は次のようであった。

騎馬の一団が谷筋を抜けて涼州に向っている。どういう人たちだろうといぶかっていると、それは兵士の一隊で、私たちに停車を命じて質問してきた。聞けば、前の日に約三〇人の盗賊の一団が逮捕されたのだという。鉄の鎖で数珠《じゅず》つなぎにされて、いま涼州へ連行される途中で、そこで拷問を受けて判決を下されるのだという。（A13『シルクロード（下）』p.197）

丘の連なりをのぼって峠に出る。……それから長いけわしい山を下って、かなり大きい谷の盆地に着く。……そこで一台のドッジ型のトラックに出会う。乗客の話によれば、西安から来たという。二週間走り続けて、その間ずっと盗賊たちと戦い続けてきたという。（A13『シルクロード（下）』p.209）

こういう記述を読むと「ロマンティックなシルクロード」という幻想が跡形もなく吹っ飛んでしまう。シルクロードでは至る所に盗賊が待ち構えているので、襲撃されても対抗できるように、隊商の規模がラクダ数千頭、人間が数百人という大規模にならざるを得なかったというのがよく分かる。

同じく、シルクロード一帯では凶悪な犯罪が起こるたびに、見せしめの拷問を公開していた。その様子をヘディンは次のように記述する。

私たちは衙門の隣に滞在していたので、救いを求める恐ろしい叫び声がいやでも聞こえてくる。それは胸を引き裂くような、すさまじいわめき声で、衙門の塀に囲まれた中庭に反響した。それは人間の声とは思えず、むしろ、痛めつけられ責めさいなまれている動物の咆哮《ほうこう》のようであった。

（A13『シルクロード（下）』p.169）

そのような拷問の結果は、次のようにすさまじいものであった。

（銃殺の許可が届いていなかったので）このあわれな男たちは、肉を裂かれ、皮を剥がれ、手足を折られたまま、刑の定まらぬ状態でもう一夜を送らねばならない。こんなけだもの同然の扱いを受けたあとでは犯人たちもいっそ死んだ方がましだと思っているに違いないと考えたくなる。

（A13『シルクロード（下）』p.171）

日本人も残虐な刑を科したことは、『江戸の刑罰』（J06）などに書かれている。しかし、他の文化圏と比較すると、客観的に見て、極めて人情味あふれていたと言える。

例えば子供が重罪（殺人、放火）を犯した場合は、まずは親類に預け、その後遠島に処している（同書 p.13）。あるいは、寛政2年（1790）には死刑の女囚が妊娠している場合は、出産後処刑した（同書 p.41）。また、死刑囚は市中引き回しの後、処刑されるが、その前の最後の食事には罪人の好きな物を食べさせたという。

ところで、ヘディンは中央アジアで荒れ果てた中国の建築物を見たが、行政の監視が行き届かないところでは、歴史的建築物も中国人には薪の山にしか見えないとの結論に至った。

ここでは百年を経た門の板張りや台石が、馬《ば》仲英《ちゅうえい》の軍隊によって引き剝がされたのである。またあるところでは、私たちの見ている前で塔の桁《けた》や板をはぎ取って、薪がわりに燃やすのである。歳月による崩壊と狂暴な破壊がこれらすべての美を襲うに任され、それに対して当局は指一本動かそうとしない。

（A13『シルクロード（下）』p.150）

ヘディンが観察したように、中国人は歴史的な建築物といえども誰も保存をしようとはしない。それは、スウェーデン人のヘディンにとっては信じられないことであった。推察するに、ヘディンは心の中では大いに憤慨していたのであろう。この点について、明治の初年に欧米各国を巡った久米邦武の次の文からも中国人とヨーロッパ人の建築に対する考え方の差が分かる。

欧州の民はひとたび家を建れば、世を嗣《つ》ぎてこれを修繕し、ますますその美をなす。清国の人は、これを建つるに甚だ心を用う。成るの後はまた掃修せず、廃壊すれどもまた毀《こぼ》たず。我が日本は両《ふた》つのものに異なり、これを建つるに鋭にして、その工を省き、すでに成れば、又毀って改立す。ここをもって進歩改良のこと少なし。是れ、豈《あ》にその性の然る所か、そもそも教育の未だ至らざるところか。（J03『特命全権大使 米欧回覧実記(二)』p.115 ※一部現代表記に改めた）

（慶応義塾大学出版会訳：ヨーロッパ人はいったん家を建てると、世代ごとにこれを手を入れながらだんだん美しいものに仕上げていく。中国人は家を建てるときには大変注意深く建てるが、建ててしまうと修理などはないがしろにし、がたがたになってもまだ壊さずに住み続けている。日本人はこのどちらにも似ていない。建てる時は急いで手抜きの建物をこしらえ、やっとできたかと思うと、すぐに壊して立て直すのである。だからこそ進歩改良が少ないのである、と。これは果たしてその民族性によるものであろうか。それともまだ教育が行き届かないせいであろうか。）

清代中国人が見たロシア

最後に18世紀、ロシアの支配下にあった中央アジアの様子を見てみよう。清の康熙帝《こうきてい》の時、中国から約30名からなる使節団がカスピ海の北方のトルグート族の宮廷に派遣された。

1712年に出発し、往復3年の旅で見聞した記録がこの『異域録』(P09)である。中国(清)

とロシアの差を見ることができる。

イヴァン・アファナシェヴィッチは、
「我がロシア国には、皇帝の側近に四人の大臣がおりまして、一切の事を皇帝に知らせることなく、独断で取り行なうことができます。中国にもまたこういう大臣がございますか。……」
と言うので、我等は、
「我が中国には、そのような独断で事を行なう大臣はいません。大事小事の別なく、みな勅を請うて上奏し、汗の御裁断を待って、大臣等は謹んでその通りに行なうのです。決して勝手に処理することはできません。」（P09『異域録』P.78〜79）

この記述から分かるように、同じ専制君主国家であっても中国（清）とロシアでは、やはり基盤が全く異なる。ロシアでは、ヨーロッパ的な規則（原則）に沿った国家運営がなされているのに対して、中国では東洋的専制君主的な国家運営がなされていることが分かる。

さて、ロシアでは刑はかなり厳しく、中には酷すぎると思えるものもある。

ロシア国の法律では、叛逆した時、および目上のものに悖《もと》った時は、身体を八つ裂きにして殺す。戦争において逃亡した者は殺す。人家を襲って強盗したり、路上で待ち伏せて強奪して人を傷つけたり殺したりすればみな殺す。互いに殴り合って人を殺したら、殺す。兇器をもって人を殺したならば報復として殺す。傷を負わせたものは手を切断する。倉庫にある公有物を盗んだ者は、その多寡によって鼻や耳を削《そ》ぐこともあり、鞭《むち》でたくさん打ち、火ぜめにした上で、流刑にすることもある。……姦通して夫を殺したものは、女は頭だけ出して体を地に埋めて殺し、男は木に吊るして殺す。

(P09『異域録』p.102〜103)

この記述がどの程度真実なのかは分からないので、他の情報と突き合わせる必要があると思える。ただ、中央アジアにおけるモンゴル軍やアッティラ軍の伝説的な残虐性を考えると、『異域録』(P09)のこの程度の記述は現実にあっても不思議ではないだろう。

コラム4　漂流民が見たロシア

寛政5年(1793)、仙台から江戸に向かった若宮丸が遭難し、アリューシャン列島に一隻の漁船が流れ着いた。乗組員14名はその後、死んだりロシアに留まったりして、結局4人だけが帰国した。彼らの話を蘭学者の大槻玄沢が聞きとってまとめた。同時期にロシアに漂流し、帰国した大黒屋光太夫の『北槎聞略』と同じく18世紀末のロシアの様子がよく分かる。

大黒屋光太夫も経験したように、シベリアの原野は蚊の大群がいる。

> 蚊《か》は道中(ヤクーツクからイルクーツク)夥《おびただ》しく御座候て、形《かた》は大にこれ有之候。去ながら夜中は出不申候、昼の内のみ多く出候て、目もひらきかね候ほどの所多く御座候……此蚊は人里にはおり不申候、
> (J02『環海異聞』p.73)

イルクーツクの住居は、木造りの家が多い。ただ、教会は石造りだという。

> 屋造りは石屋と木造りもあり、其中石屋は少し、皆二階屋なり。十三ケ寺の寺々は皆石造りなり、(J02『環海異聞』p.76)

イルクーツクの風呂は、サウナ風呂であったようだ。

> 銘々の家にあり、但し住居よりはなれて風呂屋を建、其仕方は内に石を積み置て、其下より火をたき、其石をややよく焼《やき》た

る時、これに冷水をそそぎ打《うち》かくるなり、これによりて湯烟《ゆけふ》り盛《さかん》に立上りて、其内に充満す、此時風呂屋の入口の戸を閉づ、

（J02『環海異聞』P.78）

イルクーツクの食事についても述べる。

牛肉はこの地方の常食なり……

精進潔斎といふは、四足の肉を禁食する事なり、魚鳥《うをとり》は汚れの物とせず、

（J02『環海異聞』P.87）

シベリアでは牛は大量に飼われていたので、牛肉は豊富にあったということが分かる。また、彼らの観念での精進料理というのは肉を禁ずるのではなく、四足の動物の肉を禁じているだけであるということも分かる。

婦人の再婚や自殺者の処理については、次のように述べる。自殺を神に対する罪だと考えるキリスト教は、自殺者の死体をわざと乱雑に扱う。

中等より以上の婦人、老少を分たず、夫に別れ女子ばかりにて男子なければ再嫁せず、尼となりて多く（剃髪はせず）尼寺（コノステライといふ）へ行くなり、

（J02『環海異聞』P.118）

縊死《くひれしに》（首つり自殺）の類、凡そ自害して死せるものは、佛罰《ほとけばつ》（罰をゲライカといふ）を蒙《かふむ》る宗旨《しゅうし》はつれの者なりとし、其屍《かばね》を車に載せ、市中を引廻《ひきまは》し、其上にて取捨《とりすて》のごとく葬りて、寺の引導は受《うけ》る事を得ず、

（J02『環海異聞』P.118）

シベリアの地元民だと記録に残さないことが日本人漂流者の目に留まって書き遺されたことで、当時のロシアの民衆の生活がよく分かる。

第5章

今も階級社会のインド・東南アジア

日本の価値観から脱却した視点の必要性

日本人社会は世界的に見て、ダイバーシティ（人種や文化背景の多様性）に極めて乏しい。それで日本で育つと、グローバル社会で必然とされる警戒感が身につかないことが多い。例えば、戸締りせずにちょっと外出したすきに盗難に遭うとか、他人からの電話を素直に信用して振り込め詐欺の被害に遭うなど、身の回りにはこのような例が多い。

秩序を守り、人を疑わないことは日本人の長所として誇るべきことであろうが、グローバル社会ではそれは同時に「短所」にもなりうる。世界のごく一部（つまり日本）でしか通用しないルールや考え方が、あたかも世界全体に通用するとの考えは間違っている。我々を取り巻く世界とは、必ずしも善意をベースとして行動している人ばかりではないのだ。その点を端的に指摘したのが、アジアをくまなく歩き、日本の価値観は世界には通用しないと警鐘を鳴らした梅棹忠夫の次の文である。

アジアの大陸的古典国家は、人間のあらゆる悪——悪ということばは悪いですが——どろどろした人間の業《ごう》がいっぱい詰まっているところなのです。日本人のようなおぼこい民族が手をだしてうまくいくものと違うのです。わたしはアジアをずいぶん歩いていますので、そのことを痛感しています。

（X11『文明の生態史観はいま』p.220）

現在の日本は近代西洋文明の法治主義、民主主義に基づいた国家であるので、旧来の日本的伝統よりも近代法に従うことが望ましいと思われているが、アジアの国々にはそうは考えていない人は多い。つまり、近代法よりも伝統的な価値観を重視すべきとの社会認識が牢固として根を張っている。例えば、次のような状況を考えてみよう。

ある日本人の家に、日本の習慣を知らないインド人が呼ばれた。インド人は玄関で靴を脱いだものの、靴を整えようとはしなかった。この行動をどうとらえるだろうか？　玄関に上がって、自分の靴を「出船」に揃えるのは日本では当たり前だ。あなたは常識を知らないインド人に腹を立てるであろうか？　それとも、彼らインド人に日本の習慣を説明して、揃えるように言うであろうか？

このインド人の行動を理解するには、インドのカースト制度を正しく理解する必要がある。つまり、日本に来るインド人はたいていはカーストの高い人である。インドでは靴を揃えるのは低いカーストの仕事であるので、高いカーストの人はいつも誰かが自分の靴を揃えてくれるものとして育っている。しかし日本では誰も彼の靴を整えてくれないので、驚くはずだ。そして、日本人から出船に揃える仕方を教えてもらったにしても、自分の手を使って靴を整えることには抵抗がある。それで仕方なく、足の指でちょちょいと動かす。つまり、彼らの頭には、靴はたとえ自分の靴であっても穢《けが》れるので手で触れるべきものではない、という考えが染みついているのだ。

このように、世界には日本人には理解できないような観念を持って生活している人が数多くいる。好む、好まないにかかわらず、我々はこのグローバル社会で暮らしていくしかない。それだからこそ、世界の人々の珍しい生活習慣のような表面的なものだけではなく、宗教、思想、伝統など、文化のコアについて深く知ることが必要となる。

ここで取り上げる対象の地域はインド、東南アジア、チベット、および、かつて未開と呼ばれた土地(ボルネオ、ニューギニア)である。

一夫多妻、一妻多夫

ソドムとは旧約聖書の中に出てくる町の名で、住民が神を信じず、風紀が乱れたため、神が怒って滅ぼした、と言われている。風紀の乱れというのは婉曲的な表現で、英語のsodomy(男色)という単語にその名残を留めているように、同性愛が盛んだった。聖書によると、神は同性愛というのは人間の道に外れていると考えていたらしく、男は女とペアになるべきであり、一夫一婦制が正しい結婚形態だと定めていたのだ。

しかし、一夫一婦制は本当に普遍的な制度なのだろうか？　また、同性愛というのは神の摂理に反しているのだろうか？

昆虫も含む動物の世界を見ると、結婚形態は実にさまざまだし、人間に最も近いと言われる猿、ボノボのメス同士は積極的に同性愛を交わすことで群れの団結を固くしていることはよく知られている。神の観点からすれば、人間も創造物の一つだとすれば、他の動物と同じような生物的特徴を内包していると考えてもおかしくはない。

つまり、我々が見知らぬ土地の奇習と考えていることでも、その土地の人間にしてみれば必然的、あるいは最適な選択であったということも考えられる。それを知る手がかりを旅行記、滞在記から得ることができる。

明治33年（1900）に、ヒマラヤを越えて鎖国のチベットに単独潜入した日本人がいた。その名を河口慧海《かわぐちえかい》といい、黄檗宗《おうばくしゅう》の僧であった。彼は日本にある漢訳の仏教経典には不明瞭な箇所があるので仏教の教義を極めることができないことに、不満を持っていた。それで、質・量ともに優れているチベットの仏教経典を入手するべく、1900年7月に想像を絶する危険を乗り越えて、単独、厳しい鎖国体制下のチベットに潜入したのだった。

河口はチベット語をほぼ完璧に読み書きできたため、チベット人と偽り、実に2年近く暮らした。しかし、ついに日本人だとばれてしまったので、1902年5月に命からがら脱出した。その脱出劇はまるでスパイ映画もどきのスリル満点で『セイロン島誌』（A02）の著者、ロバート・ノックス（P.300参照）のセイロン島（スリランカ）脱出劇と好一対をなす。

河口の強靭《きょうじん》な体力と卓越した語学力のおかげで、我々は当時のチベットの生活の実態を余すところなく知ることができるわけだが、それによるとチベットの田舎の遊牧地帯では、一妻多夫であるという。つまり、遊牧の一家に複数の男の子がいるとき、長兄が妻を娶《めと》ると、下の弟たちはその一人の妻を兄と共有するのである。この風習を誰も不倫とは呼ばない。

ところで中国の北方に匈奴《きょうど》族がいるが、チベットと同様、彼ら匈奴も遊牧の民である。司馬遷の『史記』に書かれたのでよく知られているように、匈奴は伝統的に一夫多妻であった。父が死ぬとその財産を相続した息子は、実の母親を除き、亡父の全ての妻妾を引き継がなければならない。つまり、チベット族と匈奴は同じ遊牧民でありながら結婚形態が全く正反対なのだ。

彼らが少なくとも何千年、いや何万年もの長い間、先祖伝来のそれぞれの習慣を守って生き延びてきたことを考えると、一夫一妻制だけが神の摂理に従って生きる正しき道だとは断定できないように私には思える。もし、神が本当にこのどちらか、あるいはどちらも理に外れていると考えたのなら、ソドム同様、この両族をとっくの昔に滅ぼしていたはずだから。

このように、旅行記や滞在記から各地の風習を知るというのは、「近代化した」あるいは「進歩している」と理由もなく勝手に自惚れている我々自身の風習の普遍性や妥当性を考え直す、良いきっかけとなるはずだ。

豊穣なカオス文化のインド

明治の初期、岡倉天心は「アジアは一つ」と言い、福沢諭吉は逆に「脱亜入欧」と言った。この相反する言葉は、どちらもそれぞれの体験からアジアというものをとらえた、彼らの信念のこもった発言であった。これらの言葉に、心情的に好感、あるいは反発を抱く前に、はたして自分がどれだけアジアというものを理解しているか、問うてみる必要がある。アジアを言葉の上だけで漠然と考えるのではなく、実体としてのアジア、つまり「手触り感のあるアジア」が必要とされる。

アジアの中でも中国とインドはアジアの二大文明であった。ところが、この二つの文明は大きく違う。

中国人は歴史を書き残すことに異常なほどの執着心を見せるのに対し、インドには極言すれば、歴史書がないと言われるほど、現実の出来事を書き残すことへの執念が欠落している。この点は、これら二大文明だけではなく、それぞれの文明の影響を受けた周辺の国々の根本的な考え方の差を象徴的に表している。さらには、異端を許容せず厳しく弾圧する中国に対し、インドは全ての思想を許容してきた。

日本はインドから仏教を取り入れたが、それ以外の直接的な影響は極めて少ない。それ故、今でもなお大多数の日本人はインド文明の文化のコアを正確に把握していないと思われる。現代、インドというと汚穢《おわい》と雑踏のスラム街が国の至る所に見られ、また飢餓状態の人が国民の半数近くもいて、飲み水にさえ事欠いている国と思われる。

その一方で、アメリカをはじめとして先進国に数多くの優秀なインド人学生が留学している。彼らは概して数学や物理など科学系の科目に優れている。またIT・医学などの分野では国際的にも最先端を行くなど、インドは国際的に見ても科学的先進国だと言われる。

このような相反する面を持つインドは、どのような国だと考えればいいのだろうか？

インドは、日本人の想像を超えるカオス的なダイバーシティを持つ。インドの面積は西ヨーロッパに匹敵する上、人口は12億人もいる。国内で使われている言語は20を優に上回る。また宗教的にもヒンズー教が主流ではあるものの、ヒンズー教徒以外も人口の約20％はいる。インド国内に住むイスラム教徒の人口は1億数千万人とも言われ、日本の総人口を上回っている。その一番の理由は、ざっくり言って、インドはイスラムに700年間（1200年ごろから1850年ごろまで）支配されていたからである。

インドは、古くから歴史を記述することに関心を持たなかった。この点についてヒンズー教の研究者は次のように言う。

「古代ヒンドゥー思想の特徴のひとつは、歴史への無関心である」と、ヒンドゥー教研究で知られるD・S・シャルマ教授もそのことを認めている——「たとえば、ある書物の内容を論じるときにも、古代の、いや中世の学者たちでさえ、著者の年代や生涯についてはほとんど気を配らない。彼らにとっての関心事は、その書物を生みだした情況よりも、そこに述べられている経験の真実性であり、教義の理論的な正しさである」

（A07『ヒンドゥー教』P.66）

このように述べ、インドには英語の「歴史」(history)に相当する言葉がなかったとも述べる。

インド人が熱意を持ったのは、インド古来の(と言ってもアーリア人がもたらした)神話や哲学である「ヴェーダ」や「ウパニシャッド」について議論することであった。

ヴェーダとは、バラモンたちが聖典と崇めている数多くの書き物の総称で、大昔から口づてに伝えられ、体系化されたのが、紀元前1200年頃と推定される。書き物になったのは、それより2000年も後の紀元800年と考えられている。

ざっくり言って、ヴェーダは日本の神話や祝詞《のりと》の類と考えてよいだろう。思弁的なアーリア人のバラモンたちは人間の思考体系は神にも通じると考えたようで、一定形式の祈りの文句を覚えることで神に人間の要求を伝達できると考え、その媒介者の役目がバラモンの神聖な職務となった。

サンスクリット語で書かれたこれらのヴェーダのような聖典は、アーリア人の神官、つまりバラモン階級にしか読むことが許されない特権的な読み物であった。彼らは観念的・思弁的な思考に深沈することを好み、手足を使ったり肉体労働、つまり汗をかくことを嫌った。単に嫌っただけではなく、目的・意図の一切を問わず、肉体を使う仕事を蔑視した。

このようなインドの知的伝統は、現在のインドのエンジニア指向からは想像しにくいが、注意してみるとやはりエンジニアでも汗もかかず頭だけを使うソフトウェアエンジニアに人気が集まっていることからも、インド人の伝統的価値観の重心位置が分かる。

すべては「浄／不浄」で決まる

ヴェーダの学習は、日本の寺子屋と同じように暗唱が基本である。子供のころに長い文章を繰り返し暗唱することで知能の発育がなされるというのは、全世界共通の考えである。ヴェーダはバラモンだけではなく、クシャトリア、ヴァイシャの上流階層の子供も習う。つまり最下層のシュードラ（隷属民）や不可触民以外は、子供のころに皆ヴェーダを習うようだ。ヴェーダの知識の有無がとりもなおさず、社会階層の固定化につながる。また暗記するのはヴェーダだけではなく、マハーバーラタやラーマーヤナという長編の戦争叙事詩も部分的に含まれる。

この二つの叙事詩はいわば日本人にとっての平家物語のようなもので、インド人（およびその文化影響を受けた東南アジア）なら誰でもおおまかなストーリーと人気の登場人物は知っているという。ただ、これら二つの叙事詩は気が遠くなるほど長い。

具体的に言うと、マハーバーラタは、約20万行あり、聖書(旧約＋新約)の約4倍、ギリシャのホメロスの叙事詩であるイリアスとオデッセーの合計の約7倍もある。これから見てもインド人のメンタリティには冗長を厭わない、否、むしろ冗長を好む性向が見てとれる。

また、インドでは日本以上に男尊女卑が厳しいと言われる。日本の男尊女卑は武家社会、とりわけ江戸時代になって広まった風習であるのに対して、インドでは紀元前から綿々と続く。インドでは女の子が生まれても全くうれしくないという。その理由は、嫁入り時には法外な持参金を要求されるからでもあるが、本質的に数千年来、ずっと男尊女卑が貫き通されてきたからである。それ故、親は誰よりも長男に見送られて死にたいと願うという。

カーストなどの社会階層の厳しさは元来、彼らが持っている貴賤の概念は全て「浄／不浄」によるという価値基準に由来する。しかしここで気をつけなければならないのは、彼らの「浄／不浄」の概念は必ずしも我々とは同じではないということだ。

例えば、バラモンが執り行う聖なる儀式の一つは新築の家を清めることであるが、牛の糞を床や柱に塗りこめる。それだけに止まらず、牛の糞は自分の体に塗り、牛の尿を飲むことが「浄」なのである。

一方「不浄」というのは、死体だけではなく血、膿、唾など体から出る全てのものである。それ故、必然的にそういう不浄なものにタッチせざるを得ない医者という職業は現在はいざ知らず、伝統的には尊敬されなかった、否、むしろ下賤の者と扱われた。

現在、ヒンズー教徒はアサンヒー(不殺生)を守り、アルコールは御法度であるが、これらは元来、ジャイナ教や仏教の教義であった。バラモン教はもともとアーリア族の習慣として肉食を認めていたが、仏教の隆盛を見てその教義の一部を自分たちの教義に取り入れた。見方によれば、宗教の根本教義を変更してまで自派勢力の拡大を図ったと、その無節操を非難することはできよう。しかし、そのような点にこだわらないあたりがインドの融通無碍《むげ》なあり方だと思える。

インドでは、祖先を同じくする者同士(同祖)の結婚は不可であった。ここでいう同祖とは、父方6代、母方4代を指す。この点では、中国や朝鮮の同祖不婚と同じ概念であるが、母方のほうも禁止という点ではより厳しい。

結局、このようにインドでは全ての価値判断の基準が「浄／不浄」の概念をベースにした身分不平等が基本である。そして、それを根底で支えているのが、輪廻転生という死生観である。輪廻転生というと、我々はすぐに仏教の専売特許のように思ってしまいがちであるが、そうではなく、宗派に関係なくインド人の共通観念であると知っておくことは重要である。

空疎な話が延々と続く

古代インドは、独特で高レベルの科学技術を確立した。医学、薬学、天文学、数学、言語学、冶金学などが特徴的だ。とりわけ、数学や天文学で同時代では比類なき立派な業績をあげた科学者は幾人も出たが、それは線香花火にも似て単発的には天才的な煌めきを放つものの、総合力・団体力という観点からはヨーロッパと比べると、はるかに劣る。

このインド科学の停滞、そして衰退の原因は社会的要因に求めることができる。一言で言えば、「観念論に対する過度な崇拝と、それに比例した工芸技術に対する不当なまでの蔑視」が原因だ。手先を使い、体を動かすことを厭い、汗をかく作業を避け、頭だけで物事を観念論的に考える上層階級《バラモン》の科学者。この対極にいたのが、体と道具を使い物を作り上げていく下層階級《シュードラ》の技術者。この二つが階層的に分離していた。

しかし、私は世界各文化圏の科学技術史を通読して、本来的に技術の発展なくして科学の発展はあり得ないということを知った。インドのようにいくら高い技術力を持つ技術者が数多くいても、科学者が自分の研究器具の制作のために彼らを有効に使うことができなければ、結局のところ科学の進歩もあり得なかったということは、何ら不思議でもない。この点では、カースト制度の基礎をなすジャーティ（Jati、排他的な職業・地縁的社会集団）の細分化と、ジャーティ間およびカースト間の互いに不干渉的な態度が、インド科学の衰退を宿命づけたとも言える。

日本では、インドというと仏教を含め宗教関係やインド哲学に関する本はかなり多いが、インドの科学技術に関する書物は極めて少ないのが現状である。ただ、これは日本だけの特異現象ではなく、インドも含め、世界的にそのようだ。その数少ない、邦訳のインド科学技術史のかなり分厚い本を最近見つけた。インドの科学史家のデービプラサド＝チャットーパーディヤーヤが書いた2巻本で合計１０００ページ超のボリュームがある本『古代インドの科学と技術の歴史』(A03)だ。

タイトルに釣られて読み進んだが、残念ながら全くの期待外れであった。読後感想を比喩的に表現すると次のようになる。

旨い魚を食べさせてくれる店があるという。行ってみると、まず突き出しが出た。次いで、サラダや煮物が出た。いろいろ出たが、メインディッシュが出ないまま、サケ茶漬けが出た。「旨い魚はまだか?」と尋ねると、「出ていますよ!」との答え。見ると、ゴマ粒大のサケの切り身が幾つか見つかっただけだった。

この本は、タイトルこそ古代インドの「科学と技術」と謳《うた》ってはいるものの、内容的には「ウパニシャッド」を含めヴェーダ(哲学、宗教)の話が非常に多く、科学的・技術的な話題は極めて少ない。その上、同じ内容の繰り返しが多く、さらには、言い訳や他人の言説批判など冗長で非生産的な話が多い(もっとも某国の予算委員会も似たり寄ったりだが)。科学や技術を背景の社会環境や基盤文化から切り離して論ずることができないのは確かだが、もしこの本の中から純粋に科学技術的な内容だけを抜粋すると、多分10分の1の分量、つまり100ページにも満たない小冊子になると思われる。

インド人が科学や技術を論じる時にはなぜ、このような観念的な話が多いのであろうか？つらつら考えるに、インドは強固な階層社会であり、観念論・抽象論は高尚だ、と考える根強い伝統がある。社会の最上層であるバラモンは汗を流して働くことなく、高尚な思索にふける特権を享受している。それ故、バラモンの知的著作には、インドの最高の叡智であるヴェーダやウパニシャッドについてどの程度知っているかを証明する義務があるのではないだろうか。言及しないというのは、筆者の知的レベルの低さを公言しているようなものなのだ。それ故、どのようなテーマの書物であれ、ヴェーダやウパニシャッドに関する薀蓄を披瀝することがインドの伝統なのだと考えられる。

このように、科学史の中でもヴェーダに関する議論が長々と続くようにインドのロジックは「ねちっこい」。漢訳の仏教の経典『法華経』を繙いてみるとすぐ分かるが、同じ内容の話がいくつもの比喩を使って延々と繰り返し述べられる。これらのベースにあるのが次の考えだ。

霊我《プルシア》と物質《プラクリティ》とが協同し、作用するという関係を説明するために、好んで用いられるのが盲者と跛者の比喩である。盲者と跛者が協力し合った時、そこに世界の展開が始まるのである。この種の議論で著しいことは、インドの哲学では、例証を挙げない限り何ら証明されたと見做さないことである。例証と比喩が繰り返し繰り返し難問の間を縫って用いられるし、また思惟は、例証が示唆すると思われる事態如何で左右される。比喩の持つ弱点が、この場合にもただちに目につく。

（A04『インド思想史』p.205）

インドの思想を内容ではなく表現法の面から見ると、日本のように簡潔に話すことが必ずしも評価されないことが分かるであろう。この面では、インドの論理はむしろヨーロッパに近い。

インドの奇習

古代からインドの風俗は外部の人間の興味をひいたようで、いろいろな旅行記、例えばストラボンの『ギリシア・ローマ世界地誌』（E05）にも異国の奇習として紹介されている。ストラボンは紀元前後の古代ギリシャの大旅行家であるが、ヨーロッパはもちろんのこと中東から北アフリカまで旅行し、各地の地理や伝説を丹念に記録した。中には眉唾な話も交じっていると思われるが、インドの奇妙な風俗として次のように言う。

メガステネスによると、（インドの）カウカソス山脈地帯の住民は白昼公然と妻と交わり縁者たちの身体の肉を食べる。

（E05『ギリシア・ローマ世界地誌II』p.412）

インドのカウカソス山脈というから、現在のカシミヤ地方に該当するであろう。彼らは男女の営みを公然と行うという。これは我々現代人にとっては、非常にショッキングに聞こえるが、ヘロドトスの『歴史』（Ｅ01）にも類似の話が見える。

例えば、カスピ海の住人（同書上、p.151）やインドの住人（同書上、p.352）も男女の営みを家畜同様に公然と行うという。ストラボンやヘロドトスもともに記録に残していることから考えると、当時（2000年前）の中央アジア、インドではこういった風習が至る所で見られたということになる。

アレクサンドロスは、334年に念願の東方遠征に出かける。ダレイオス3世を破って、大ペルシャ帝国を支配したあと、至る所で戦闘を続けながら遂にインダス川に到着した。しかし、兵士たちがそれ以上の前進を拒んだため、やむなく引き返すことになった。彼の大遠征の記録はアッリアノスの『アレクサンドロス大王東征記』（Ｅ03）として今に残る。彼らがインド（インダス川周辺）で見た風習を次に挙げる。

> インド人は死者のためには記念に遺るものをつくらず、当人の人徳とその人をたたえて歌われる頌歌とをもって、故人に十分相応《ふさわ》しい思い出だと考える、というのだ。
>
> （Ｅ03『アレクサンドロス大王東征記（下）』p.250）

インドでは、死者の墓碑は、大王や特別な偉人でなければ通常、建立されなかった。このことから考えて、日本の仏教で墓を作るのはインド古来の伝統ではなく、中国の伝統が引き継がれたのだと分かる。

マウリヤ朝マガダ国の王都であったパリンボトラ（現在のパトナ）は大都市であったらしく、外敵の攻撃に対する防備も並々ならぬものがあった。その規模は我々日本人の想像を絶する。

> 町（パリンボトラ）のまわりには掘り割りがめぐらされていて、その幅は六プレトラ（約一八〇メートル）、深さの方は三十ペキュス（約一三・三メートル）ある。また町の囲壁には五百七十もの塔があり、六十四箇所に門がある。（E03『アレクサンドロス大王東征記（下）』P.251）

発掘調査の結果によれば、木造りの城壁が総延長が約34㎞あったということが分かっている。つまり、約6㎞四方の面積を有する広大な都市であった。この面積は、ざっくり言えば、東京山手線内の半分の面積、あるいは大阪環状線内部に相当する。このような都市を濠《ほり》と城壁で守らないと、侵略には耐えられなかったということだ。

これ以外に、少女婚の風習やバラモンは供犠だけをとり行うこと、裸の行者、貧しい者でも馬に乗るなどの話も載っている。当時のギリシャ人たちは、インドやインド人に関していくばくかの知識を持っていたことは、ヘロドトスの『歴史』（E01）の記述から分かる。ただ、それ以前のギリシャ人はインドまで行ったことがなかったので、実体験できなかった。アレクサンドロスの東征記によって、ギリシャ人たちは東の世界を目で見て確かめることができた。

ジョン・マンデヴィルの『東方旅行記』(P04)は14世紀に書かれた旅行記であるが、空想的なところや荒唐無稽な話がかなりあるとされる。

例えば、南方には大きな一本足の人がいて、日傘にもなる(同書 P.122)とか、インド洋には磁石の岩があって鉄釘を使っている船は吸いつけられて助からない(同書 P.134)とかいう話も載せられている。したがってこの本からの引用は注意を要するが、諸国の風俗を正しく描いているケースもある(と思われる)のでそれを紹介したい。

マンデヴィルが言うにはインドでは牛は神聖な動物と見なされ、牛の糞尿でさえも崇拝の対象となる。

牛を飼うものはその糞便を黄金の容器に、小用を別の容器に集める。そして、夜間にこれを集めて、翌朝、アルキプロトパパトンと呼ばれる修道院長のもとへ運ぶ。すると、修道院長はこれを王のもとに持参して、その上に多くの祝福を与える。ついで、王は、俗に胆汁と呼ばれる牛の尿の中へ両手をつっこんで、その手で額や胸をこする。それから、こんどは恭々しく、聖糞を手にとって、尿の場合と同じように、顔や胸にこれをこすりつける。

それもこれも、聖牛の功徳に満たされて、その聖なるものによって祝福をうけんがためなのである。

（P04『東方旅行記』p.138）

この風習は20世紀においても行われていた。例えば、ガンジーはロンドン大学でイギリスの正統な教育を受け弁護士の資格を取ったが、インドに戻ると、体を牛の糞で浄めないとインド社会に受け入れてもらえなかったと伝えられている。

インドは古来、良質の綿および綿織物の産地であった。とりわけベンガル地方（現在のバングラデシュとインドの西ベンガル州）の綿織物は、蟬《せみ》の羽のように薄く、ショール（肩かけ）程度の大きさなら、指輪の中をくぐらせることもできるほど繊細な織物であったほどだったと言われる。

其処には河（現在のガンジス河）と同名の商業地ガンゲースがあり、此処を通ってマラバトゥロンとガンゲース産ナルドスと真珠とガンゲース織と呼ばれる最優秀綿布とが運ばれる。

（P01『エリュトゥラー海案内記』p.141）

イギリスでは、産業革命が成功したおかげで、綿織物が大量生産されるようになった。その安い綿製品がインドに怒涛の如く輸入されたので、ベンガル地方の芸術的な綿織物の伝統も途絶えた。一説には、イギリス政府がベンガルの綿織物職人を一同に集めて腕を切断し、その伝統的な技を根絶やしにしたとの過酷な伝説も囁かれている。

14世紀、イタリアから中央アジア、インド、果ては中国まで旅行したオドリコが見たインドでの奇習が、その旅行記に書き残されている。インド人は、生きるより祭りの際に神像の山車の下敷きになって死ぬことを望んでいたという。

（インド南東部・コロマンデル地方の神像を祭る）祭日に詰めかけた巡礼者達が近寄って車輪の下に身を投げるが、この時彼等は神様のために生命を捧げたいと口ずさみながら自分の身体の上を車輪が敷いて行くようにする。車輛はその下敷きになっている者達の上を敷いて行きながら彼等すべてを真二つに粉砕、切断し、こうして彼等は即死する。

（P18『東洋旅行記』p.78）

17世紀セイロン島の風俗

セイロン島（現在のスリランカ）の文明は、紀元前5世紀にインド北部から海を渡ってやってきたアーリア人がもたらした。紀元前3世紀には仏教がもたらされ、仏教文化が栄えた。16世紀の大航海時代以降、ヨーロッパ人が香辛料、宝石、香木を求めてセイロン島あたりを航海するようになった。

その一人、イギリス人のロバート・ノックス（1641〜1720）が乗った船がセイロン島付近で破損したため、船の修理のため島に上陸したところ、騙されて囚われてしまった。20年間の虜囚生活ののち、幸運に次ぐ幸運に恵まれ脱出に成功し、1680年にロンドンに戻ることができた。ノックスは記憶を頼りに、セイロン島の滞在記を書き上げ公刊した。彼の記録から当時のセイロン島（スリランカ）の風俗がよく分かる。宗教こそ異なるが、インドもセイロン島と似たような風習があったと考えてもよかろう。

シンハラ人は、互いに強く憎悪し合うことはなく、怒りが長く続くこともない。喧嘩で血が流れることは殆どない。殴る習慣はなく、奴隷をひどく叩くことも希で……彼らはすごくけちの欲張りで、利益のためなら少々の苦痛は厭わない。（A02『セイロン島誌』p.162）

彼らは、すべての罪悪の中でも盗みの行為を非常に忌み嫌い、実際に行うことも希である。（A02『セイロン島誌』p.163）

この島の人々には、各種各様のカーストつまり身分に応じた階級がある。それは富とか、王が与える名誉や地位とは無関係で、家柄とか血筋で決まる。この身分は、それが高かろうと低かろうと、すべて世襲により代々引き継がれる。（A02『セイロン島誌』p.165）

彼ら（不可触民）は今日もなお人々にとても蔑まれる存在で、村人たちの井戸から水を汲むことさえ許されず、……身の汚れることを恐れて、誰も彼らに触れようとはしない。（A02『セイロン島誌』p.173）

飲酒は非常に嫌われていて、事実酒を飲む人は殆どいない。タバコも同様に悪だと見なされているが、男も女も嗜む。（A02『セイロン島誌』p.226）

このように見ると、17世紀当時のセイロン島（スリランカ）の風俗で現代でも見られるもの（例：不可触民への差別、飲酒など）が多いことに気づかされるであろう。

インド人は残虐？　それとも柔和？

15世紀前半に書かれた中国・明の宦官《かんがん》の鄭和《ていわ》の記録を見てみよう。鄭和は大船隊を組んでインド、中東、東アフリカまで出かけたが、その時の記録が『馬歓 瀛涯勝覧《えいがいしょうらん》』（X03）である。これによって、当時の南海諸国の様子が分かる。インドの南西・マラバル海岸の都市、カリカットでの様子を次のように伝える。

ここの国法にはむち打ちの刑はない。罪の軽いものは手を切り足を断ち、重いものは罰金と死刑であり……
（X03『馬歓 瀛涯勝覧』p.126）

日本では古代、盟神探湯《くがたち》と言われる審判の制度があったが、インドでも同じような風習がある。ただ、湯ではなく熱油である。

（要約）犯人が無実だと主張すると、鉄鍋の沸騰した油の中に指を二本つっこまさせる。その指を布でくるみ、二、三日後に皆の前で布を取る。ただれていれば罪ありとして刑罰を加える。ただれていなければ無罪釈放する。
（X03『馬歓 瀛涯勝覧』p.127）

こういうやり方では誰も無罪でいられるわけがない。インドだけではなく、東南アジアでは湯の代わりに沸騰した油を使うほうが一般的であったことは、他の旅行記の記録からも分かる。インドにはこのような残酷な面も指摘されるが、18世紀後半にアラビア・フェリックス（現在のイエメン）からインドのボンベイを旅行したドイツ人のカールステン・ニーブールは、ヒンズー教徒を見て、彼らの柔和な生活態度に感心して次のような感想をもらした。

われわれヨーロッパ人は、彼らを異端者とか偶像崇拝者と呼ぶことが多い。このことはとりもなおさず、われわれが彼らを高く評価していないことを物語っている。しかし彼らを良く知る機会を持った者であれば誰でも、彼らが柔和で正直かつ勤勉であり、おそらく世界で最も人に危害を加えることを避けようとする人びとであることに気づかされる。

（P08『幸福のアラビア探険記』P.315）

ニーブールはこのようにヒンズー教徒を高く評価するが、それでは現在のインドで多発する外国人や低カーストに対する暴力的行為はどのように考えればいいのであろうか？　ニーブールの記述のように当時のヒンズー教徒が本当に柔和であったか、ニーブールがつきあったヒンズー教徒が特定の地域、階層であったのか彼のこの記述だけからは判断できない。

ところで、ドイツ人のニーブールはボンベイに数ヵ月滞在する間にイギリスのボンベイ統治について好感を持ったようだ。

彼（ニーブール）はイギリス人によるボンベイの鷹揚な統治形体に、非常に感銘を受けていた……彼は次第に穏健な親英家となり、終生変わることがなかった。

（P08『幸福のアラビア探険記』P.316）

イギリスのインド統治は残酷一辺倒のように言われるが、インド独立後、今に至るまでずっと、インド人はイギリスに憧れている。その理由はニーブールのこの記述がヒントになる。

つまり、イギリスがインドから過酷な搾取をしたのは事実だが、統治の基本方針は現地の伝統的な統治形態の根本部分を全く変えなかったことである。それ故、イギリスが推し進めた法整備、都市建築、鉄道敷設などの社会インフラの拡充など、その最終目的がイギリスのためになるとはいえ、インド人自身ではとうてい為し得なかった社会的繁栄をもたらした。

カーストとジャーティに縛られる

よく知られているように、インドには社会身分の差を表す4つのカースト(バラモン、クシャトリア、ヴァイシャ、シュードラ)が存在している。そして、このカーストに属さない、アウト・カースト(不可触民、ダリット)と呼ばれる人がいる。これらの身分差別の根源には人種的、歴史的な経緯があるが、本書の範囲を逸脱するので詳細は省略する。

ここで言いたいのは、インド社会においては、人々はカーストではなく、ジャーティと呼ばれる職業区分にも属するということだ。つまり、ジャーティは職業単位として、どれかのカーストに属するが、同じカースト内でもジャーティによって貴賤の上下が決まっている(ようだ)。この貴賤の上下を決める根本の思想は既に述べたように、浄と不浄の概念である。つまり、不浄なもの(具体的には、血、肉、膿、死)を扱う職業(洗濯人、掃除人)は低く見られるのである。医者も血や膿などの不浄なものを扱うので、伝統的には卑しい職業と見なされていた。
　このカースト制による身分差別は、現在のインドにおいてさまざまな社会問題を引き起こしている。とりわけ、アウト・カーストに対する差別、暴力、強姦、誘拐などの人権侵害は甚だしい。このようにマイナスの面が大きく取り上げられるカースト制度でも、数千年のインドの歴史の中で、職業の世襲という制度のおかげで大衆は職を得ることができ、社会の安定がもたらされたという良い面があったと、布教のため長年インドに暮らしたカトリック僧のデュボアは、実体験をベースに次のように述べる。

　カースト区分は多くの点でヒンドゥー法の最高傑作だと私（デュボア）は信じている。……カーストによって人はそれぞれに職分が割り当てられている。しかも、この制度は父子代々継承され、一族やその子孫は法で定められた生活条件を変えることができないようになっている。ヒンドゥーのような個性をもった民族の間に文明の状態を維持するには、深謀遠慮の結果、恐らくはこのような制度が唯一の手段となったのであろう。
（A01『カーストの民』p.28～29）

　デュボアの主張は、カーストの規則や罰則がなければ、インドの人々は野放図になって国家は崩壊し、無政府状態の野蛮な社会になってしまったはずだと予想する。しかし、職業を自由に選択できないので、個人の向上意欲をそぐというマイナス面があるのも事実である。

インド社会は、日本人の考えよりはるかに伝統が根強く残っている社会である。例えば、日本では過去の智慧を参考とすることはあっても、古典の文句を一字一句そのまま現代に適用することは考えられない。しかしインドでは事情が異なるという。

インドの社会関係を律している原理あるいは規範意識が、古代の聖典、説話、法典類や、伝承や慣習などを媒介として、古代に規定された法規範や倫理意識に規制されている面が現在なお認められるからである。

（A08『現代インドの社会と政治』P.23）

つまり、現代のインドにおいてすら、数千年前のヴェーダやマヌの法典の内容がインド人の行動に大きな影響を与えているということだ。伝統的な慣習が今なお根強いインドは、たとえカースト制度が現在の民主主義と相いれない点があるにしろ、今後も長らくインド社会の根幹を支えていくだろうと推測される。

インドでは数多くの宗教の信者がいるが、中でもヒンズー教徒が一番多く、8割を占める。宗派は単に数だけの問題ではなく、カーストの上下とも大いに関連している。一般的に、インドにおけるキリスト教徒というのは、伝統的インドのカースト制度の底辺の人たちが多いという（ついでに言うと、アウト・カーストが近年ヒンズー教から仏教徒に集団で宗派替えしたので、仏教徒だと言うと、カーストの底辺だと思われるようだ）。

日本で育った日本人のタゴール暎子は、22歳にしてインドの名家のタゴール家に嫁し、インドに定住した。インドにおける身分差別の厳しさに言及し、次のように述べる。

宗教に関して、私（タゴール暎子）は自分の母がクリスチャンだと言ってくれるなと夫から釘をさされていた。……

原因は異教徒だからではなく、キリスト教徒（インド人のキリスト教徒に限られる）に対して、一般のインド人が抱いている偏見を不必要に刺激しない方がいいというのだ。その偏見というのは、インドのキリスト教徒の大半は差別に反発する低いカーストの出身者が多いところから、クリスチャンであれば身分が賤しいと思われがちなことである。

（A06『嫁してインドに生きる』p.17）

インドでは法や規則を遵守するより情実に生きるのを良しとすると、タゴール暎子は述べる。インドにおいては、ネポティズム（縁者びいき）こそが正義であり、人としての正しい生き方であるということだ。

西欧社会では悪徳と見なされるネポティズム（縁者びいき）などはここでは当然であるばかりか美徳とさえ考えられている。一流会社への就職時はもとよりのこと、政府の官僚でさえもこのご多聞にもれるものではない。要するに、一般的にインドでファミリーと言えば自分と妻子だけのファミリーではない。

この制度の成り立ちは古く農耕社会にさかのぼる。（A06『嫁してインドに生きる』p.94）

インドは16世紀からヨーロッパと接触し、18世紀後半からは実質的にイギリスの支配下にあった。それにもかかわらず、ヨーロッパ社会の基本概念である人権や法治という概念は、今もってインド社会には根付いていないということが分かる。フランスの文明評論家のフェルナン・ブローデルは、文明の移ろいやすさと文化の不動を対比して、次のように述べる。

「文明が滅ぶのは、最盛期や社会的試練の時期においてであって、短期的に見た場合である。（文化の）基盤は残る。……基盤の不動の塊はびくともしない」。（X10『フェルナン・ブローデル』p.247）

インドの事情に即してブローデルのこの言葉を解釈すれば、鉄道や郵便、港湾設備、インターネット、議会制民主主義のようなヨーロッパ文明の成果はインドの各地に浸透し、確かに人々の生活を大きく変えた。しかし、ヨーロッパ人の根本的な物の考え方は、インド人の持つ伝統的な考え方にはほとんど影響を与えていないということになる。

多様な東南アジア社会

東南アジアは極めて多様な社会だ。言語的にみても、三大言語と言われるマレー・ポリネシア語族、チベット・ビルマ語族、シナ・タイ語族が混在している。文字は、主としてインド系の文字が各国で変形されて使われているが、近代になって、アラビア文字、ローマ字に置き換わった国もある。地理的条件として山やジャングルが多いため少数部族が多く、土地がやせていて、未墾の土地が多い。それ故、広大な面積を支配する大帝国がかつて一度も存在したことがなかった。結果として、言語・習慣の異なる多数の少数部族が延々と部族間抗争を続けた。

インドと東南アジアは地理的に近いだけではなく、文化的にも共通基盤を持っている。それは有史以前からの互いの交流が連綿と続く。フランス人の東洋学者、ジョルジュ・セデスは次のように述べる。

インド文明がどうして迅速かつ容易にインドシナおよび東南アジア全般に広がることができたのかを理解するためには、その中に含まれる先アーリヤの要素と、さらにアジアのモンスーン地帯に共通する一つの基層文化からの遺産についても考慮しなければならない。インドシナ諸民族に対するインドの働きかけは、相互の文化の衝突という性格のものであったようには思われない。というのは、インドシナの人々は《インドの宗教をとり入れる際に、自分達の宗教が全く変わりつつあるのだという意識が必ずしもなかったらしい》からである。

（A15『インドシナ文明史』p.63）

また、別の個所ではセデスは次のように言い換えている。

インドシナのインド化は《西北インドに起源をもつバラモン化の過程の海外への延長にすぎず、そのバラモン化は釈迦の時代よりはるか以前に開始されて、今日なおベンガルと南インドで続けられている》ものである。

（A15『インドシナ文明史』p.67）

一般的に、東南アジア（インドシナ）の歴史に関する元資料としては、サンスクリット語の碑文と中国の史書に依るしかないと言われる。7世紀のカンボジアの歴史事情に関してセデスは、隋書《ずいしょ》の文章を引用して次のように述べる。

新王が宣言される日に、王の兄弟みなを不具にする。一人は指一本を切り、別の一人は鼻をそぐ。それから人々は彼らの生活資具を供給する。彼らは一人ずつ別々の場所にいて、何らかの地位につくことは決してない。（A16『東南アジア文化史』p.115）

（原文：王初立之日、所有兄弟並刑残之、或去一指、或劓其鼻、別処供給、不得仕進。隋書・巻82）

このような風習は、中国や朝鮮、アラブ諸国にも見られる。日本でも偶発的にはあったかもしれないが、常態ではない。このような歴史的記述から考えると、東南アジアの人々は一見したところ柔和であるので、日本人は親近感を抱くが、心の奥底の部分ではやはり日本との文化の差が厳然として横たわっているのではないかと考えざるを得ない。

極力人殺しをしない戦争

通常、戦争というとなるべく多くの敵兵を殺すのが目的だと考えられるが、東南アジアにおいてはこの常識は通用しない。というのは、東南アジアにおいては、敵方の兵士や住民をとらえ、奴隷にするのが戦争の主目的であったからだ。

東南アジアの戦争は、あまり戦死者を出さない。直接的には、敵の兵士を捕えて奴隷や捕虜にすることによって、また間接的には、敵国を荒廃させ、住民がもう一方の国に移動せざるをえなくすることによって、支配者の権力を増すことが、基本的な戦争の目的なのである。であるから、人々は戦争では死なない。

（A14『大航海時代の東南アジア（I）』p.24）

人殺しが戦争だという概念に染まっていたヨーロッパ人は、東南アジアの戦争を見て「天使のようだ」と驚いたという。

ショワシー神父は、シャム人、ビルマ人、ラオス人の戦争は「天使のようだ」と感じた。敵を殺すためではなく威嚇するために空や地面に向かって発砲し、傷つけないで自分の領域に追い込もうとする。戦争がもたらした飢餓や病気や離散によって死亡した人は多いが、戦場で死んだ人は少なかった。西側の戦争によってヨーロッパ人が覚えた残酷さが、兵力の上で優勢な東南アジア軍に少数で決定的な勝利をおさめることに何度も成功した主要な理由であったことには疑問の余地がない。

（A14『大航海時代の東南アジア（I）』p.170）

残虐な殺戮戦争に明け暮れたヨーロッパ人にとっては、東南アジア人同士の戦争は動員する人数こそ多かったものの、切迫感がなく、まるで小学校の運動会の騎馬戦よろしく、まったく呆《あき》れ返るほど拍子抜けするものであったようだ。

敵味方がほぼ拮抗状態におちいると、戦争は個人対個人の小競り合いと示威とを挟んで延々と続いた。両者ともに指呼の間を隔てて防御柵を仮設し、挑発と小競り合いを長々とつづける。「大いに勇壮ではあるが大した戦闘はない」。ダンピアはこのような戦争を二度目撃している。一度目は双方に何千人もが動員されたが殺されたものが一人もいなかったアチェの内戦、二度目は……

（A14『大航海時代の東南アジア（I）』p.171）

東南アジア人にとっての戦争とはこのようなものであったため、16世紀以降にヨーロッパ人が進出してきた時には、ヨーロッパ人の人殺しを目的とする残虐な戦争のやり方に大いに戸惑ったに違いない。東南アジアの都市が軒並み少人数のヨーロッパの軍隊にいとも簡単に侵略、支配されたのは武器や戦法の差というよりは、むしろ戦争観の差が決定的な理由であると言えよう。

翻《ひるがえ》って、日本に来たヨーロッパ人(ポルトガル、スペイン、オランダ、イギリス)が日本侵略を企てようとしなかったのは、根本の戦争観において日本とヨーロッパは共通していたから、大いなる犠牲なしに日本を占領できないと彼らが判断したからだと私は考える(もっとも、幕末の薩英戦争や下関戦争で、日本の侍集団の貧弱な軍事力の馬脚が現れたが、それはあとの話)。

不自由ではない奴隷の身分

東南アジアでは、奴隷と自由人の概念がヨーロッパと異なる。東南アジアの奴隷は自由を奪われ隷属する存在というより、主人に保護される代わりに労働力を提供する存在であるようだ。そういった庇護者・被庇護者の主従関係が、社会のベースにあると言える。

東南アジアで縦（主従）の絆が重要であったという事実には、三つの要因が関係している。第一に、土地ではなく労働力こそが希少資源と考えられ、したがって人間をどれほど動員できるかが権力と地位との最大の指標と見なされたためである。スコットがバンテンの貴族について書いている。「彼らの富は奴隷である。だから、奴隷が殺されれば彼らは物乞いに等しくなる」。第二に、人間のやりとりは一般に金銭の尺度で計られた。海を越える商業が何世紀もの間に彼らの中に浸透した結果、東南アジアの人々は自分自身も貨幣価値を持った資産であると考えることに慣れていた。第三に、国家から期待しうる法的および財政的な保証が少なかったために、主人もその配下も相互に保護し助け合うことが必要であった。

（A14『大航海時代の東南アジア（I）』p.177）

つまり、全ての被支配者階級は誰かの庇護の下に労力を提供する存在であったのだ。それ故、次のような事態になる。

> 例外として中国人(「重労働をし金銭にはきわめて貪欲」)やそれ以外の港にたまたま滞在していた外国人を除けば、賃金によって自由に雇用できる労働力は存在しなかった……
>
> (A14『大航海時代の東南アジア(I)』p.178)

「奴隷」と呼ばれた人々は、現在の感覚では雇用されているという労働形態に近い。彼らはヨーロッパ的な意味で「自由を奪われた」とか「自由を束縛された」不自由人ではなく、身分、生命、財産の庇護を受ける代償として商品ではなく、労働力を貢納していたと考えることができる。それは次の文からも分かる。

> 鉱夫、船員、建設労働者もしばしば奴隷という言葉によって呼ばれた。しかしながら、これらの労働者が確保されていた方法を検討すると、彼らは数日を主人のために働き、残りの数日を自分自身のために働いているか、さもなければ自分の生産物の中から特定の量を主人に差し出す形をとっていた事実が発見される。
>
> (A14『大航海時代の東南アジア(I)』p.184)

こういった下層階級の職人たちの腕前は、驚くほど良い。ある時、フランス人の宣教師が時報のなる時計を修理してもらったが、数日して、元の時計と瓜二つのものを見せられたという（同書 p.136）。しかし、彼らはその技巧の高さを産業にしようとはしなかった。それは次のような理由だ。

高度に鍛えられた技があるにもかかわらず、専門的な職人たちは、彼ら自身の資本で大きな規模の生産をしようとはしなかった。東南アジア全体の基本的生産単位は、職人に扶養されている親族や、雇われている徒弟など数人の家内工業だったのである。そのような家族の労働単位は、大きな蓄積をするために常時働くよう、委託された時だけ商品を作る傾向があった。ダンピアは、マギンダナオ（フィリピン南部）の都で、金細工師と銀細工師が、「望むものは何でも作ってくれるが、出来合いの品を置いてあるような店はない」と書いている。

（A14『大航海時代の東南アジア（I）』p.138）

東南アジアの職人たちの働きぶりや生活態度は、日本の職人とは随分と違うものだ。その理由を、16世紀に同地を訪問したポルトガル人、クルスの旅行記に見ることができる。クルスは中国に行く前の数年間、インドシナ（マラッカ、カンボジア）に滞在した。そこでの経験から、東南アジアの産業の不振を次のように語る。

コーチシナと境界を接しているチャンパからインド全域にかけては、利用されずに雑木林や茂みのようになった土地がたくさんある。そういうところの人間は一般的に稼いだり貯えたりすることに関心が薄い。どうせ収奪されてしまうのだからとあまり多くを稼がないし、その所有物が彼らのものであるのは国王がそう望むあいだにすぎず、それ以上のものではないからである。つまり、そういう地域の王たちは誰か配下の官員が多額の金《かね》を持っていることをつかむと、これを捕らえ、ひどい目に遭わせるよう命ずる。そしてその貯えてきたものをすべて吐き出させてしまう。そういう調子であるから、これらの諸地方には、ある日、ある週に幾枚かの貨幣を稼いだとしても、その稼ぎをすべて食べたり飲んだりすることに散財してしまわぬうちはまるで働こうとしない手合いがたくさんいる。

（C02『クルス「中国誌」』p.140）

クルスのこの証言と同じことは、李氏朝鮮時代の農民(常民)についても言える。東南アジア人にしろ韓国人にしろ、元来怠け者ではないことは、こういう無法な収奪がない地域(北米、オーストラリア、旧満州)で成功している移民が多いことからも明らかである。

これらの習俗を見ても分かるように、日本人と顔が似ている東南アジア人にしても、根本的な物の考え方は日本と異なる点が多く見られる。こういったことが分かると、ヨーロッパ文化に触れた期間や関係において、東南アジアは日本よりずっと長く濃密であったにもかかわらず、近代化という点で日本より遅れた原因は、彼らの伝統的な文化のコア概念がヨーロッパ的なものになじまないものを強く持っていたせいだと分かる。その裏返しとして日本の近代化の速さの原因は、日本の伝統文化のコアの部分でヨーロッパの文化と遵法精神や人権意識などで親和性が高かったためだと考えられる。

チベットは神秘的な国？

唐の若き僧・玄奘《げんじょう》は629年に単独、インドへ求法の旅に出た。西域の険しい地形をものともせず乗り越えて行くのだが、そこは突風の吹きすさぶ流砂の世界だった。「上に飛鳥なく、下に走獣なし」（上無飛鳥、下無走獣）と言われるように動物の影すら見あたらない。それでも仏典を求め旅するその心意気には頭が下がる。

前述（P.283）のように、河口慧海は単身ヒマラヤを越えてチベットに潜入したが、その冒険談『チベット旅行記』（A11）を読むと、本当に驚くことだらけだ。

現代の登山装備でも困難なヒマラヤの6000m級の山々を一人で走破していく体力はまさしく超人の域に達している。さらには旅行の途中途中で、新約聖書に書かれているキリストの所業そのまま、長年床に臥《ふ》せっている病人も即時に治したり、「死人を生き返らせる」技も披露している。伝説的にしか伝えられていないキリストの所業の、いわば舞台裏を見せられているようなものだ。科学技術に無知な現地の人間にとっては彼の何でもない治療が神技に映り、それが拡大解釈されたなら、なるほど聖書のキリストのような話になるのも無理はないと想像される。

河口は数年間チベット人に混じって暮らし、彼らの生活を細部にわたり観察する機会を得た。彼の記述から伝統的なチベット人の暮らしや考え方が分かる。尾籠《びろう》な話だが、排便の様子や、街中至る所に糞便が捨てられている様子、さらには犯罪者のおぞましき処罰が次のように活写されている。

彼らは大便に行っても決して尻《しり》を拭《ぬぐ》わない。……上は法王より下は羊追いに至るまでみなその通りですから……

（A11『チベット旅行記(二)』p.163）

（娘は）垢《あか》で埋もれて真っ黒けになって白いところは眼だけである。手先でもどこでもが垢でもって黒光りに光って居る。

（A11『チベット旅行記(二)』p.165）

（重犯者の多くは）手首切断の刑に掛ってしまう。……

最も多いのが眼の球を抉《く》り抜かれた乞食、それから耳剃《みみそり》の刑と鼻剃《はなそり》の刑……

（チベット法王の）大小便共に天下の大必要物である。その大便は乾かしていろいろな薬の粉を混ぜて、……薬に用い……

（A11『チベット旅行記（三）』p.140）

（A11『チベット旅行記（三）』p.151）

（ラサ市内）町の真ん中に深い溝が掘ってある。その溝にはラサ婦人のすべてと旅行人のすべてが大小便を垂れ流すという始末で、その縁には人糞《じんぷん》が行列をして居る。その臭い事といったら堪らんです。

（A11『チベット旅行記（三）』p.155）

現在、世界ではチベットというと中国から過酷な人権弾圧を受け、またダライ・ラマ14世が数十年にわたって亡命を余儀なくされている可哀想な国、との認識が一般的であろう。とりわけ、ダライ・ラマ14世自身が自ら英語で情報発信をするため、全世界的にチベットは崇高で神秘的な国（Secret Tibet）のように考えている人は多い。しかし、河口が書いているようにチベットでは伝統的にウンチのあとで尻を拭かない習慣であった。つまり、人間がサルから分かれた時の行動パターンを、そのままつい100年前まで実に200万年近くも保っていたのだ。

また、犯罪者に対する処罰の過酷さ（手首切断、眼球抉り）は日本の比ではない。中国との関係で言えば、唐の時代にはチベットは吐蕃《とばん》と呼ばれたが、しばしば軍事弱国であった中国に大挙して攻め入り、虐殺や強奪の限りを尽くしている（C12『本当に残酷な中国史 大著「資治通鑑」を読み解く』p.205〜206）。

河口はじめ幾人かの貴重な旅行記・滞在記を読むことで、ダライ・ラマ14世の演説や現在の新聞報道などからでは分からないチベットの伝統的な面を知ることができ、そこで初めてチベット文化の本当の姿が分かる。

さて、河口が単独チベットへ潜入してからしばらくして（1910）、チベットに3年ばかり滞在した青木文教の滞在・旅行記には、河口の『チベット旅行記』（A11）と同じく、ラサの街の不潔さが次のように描写されている。

（ラサの家屋の）多くは石造の三階または二階建で、平屋は殆ど見当らない。……屋根は特殊の建物のほかは悉く平蓋《ひらぶた》で、周辺に柵壁を築き、蓋の上はルーフガーデンのような形になっている。目貫の町の幅はおよそ五、六間あって体裁も悪くない。ちょっとイタリーの田舎町を見るの趣がある。しかし小通りは狭い上に不潔で、われわれが平気で通行し得るところではない。塵埃《じんあい》と人や家畜との排泄物とで臭気鼻を衝く。支那の土人町も不潔であるけれども、拉薩《ラッサ》の横町は更に甚だしい。

（A05『秘密の国 西蔵遊記』p.151〜152）

チベットの宗教と人種差別

チベットは現在、中華人民共和国の一部となっているが、文化的に見るとインド文化圏に属す。例えば、医術については次の記述が見られる。

西蔵《チベット》の医者は十中八九までは僧侶の兼業で、インド古来の医術を施し、薬草およびその他怪しげな薬剤を使用している。

（A05『秘密の国 西蔵遊記』P.187）

密教を考えてみよう。密教とは、仏教が落ち目になった7世紀ごろのインドで仏教の勢力を回復するための手段として、土俗の信仰や呪術を大幅に取り入れたものだ。それが、中国を経由して空海によって日本にもたらされた。しかし、現在に至っては本場のインドは言うまでもなく、中国、日本とも密教は盛んではない。少なくとも国民的宗教とは言えない。しかし、チベットでは仏教、つまりチベット密教が国民的支持を受けている。この点を考えてみると、チベットとインドの土俗に共通点が多いので、インドに起こった密教が完全にチベットに土着化したのではないかとの推測が成り立つ。

西蔵《チベット》古代の宗教はボンといって、後世になって仏教が伝来するまでは国教として君臣みなこの教えに帰依し偉大なる勢力を有し、その伝播せる範囲も頗る広大なる区域を占めておった。所謂梵教《ぼんきょう》とは一切の呪物魔神を崇拝する妖教《ようきょう》の一種で、かの中央アジアの北東部やシベリア地方に行わるるシャマニズムのように、妖術によってもろもろの罪障を除き、常にボン神を祈って冥護を求め、死後は天上界に生れて祖先とともに神的生活をなすを以てその極致とするものである。故に妖教ではあるがまた一種の祖先崇拝宗とも見ることができる。

（A05『秘密の国 西蔵遊記』P.209）

ところで、チベット人には体格に大きな差がある二種類の人種がいると言う。

プパ人（ラサに住む人々）には二種の系統がある。その一種は概して身の丈高く、顔は長みを帯び、鼻筋通りて高く、眼貌のよいもの、他の一種は背は余り高からずして胴太く、顔は丸みを帯び、鼻は低く眼は細きものである。前者は概して貴族及び上流の型《タイプ》で、後者は平民のある部分に於ける特徴をなしている。彼らは通常これを「貴族と平民」とに分ち……

（A05『秘密の国 西蔵遊記』P.253）

体格の良い者が上流・支配階級で、そうでないものが被支配階級というのは、かつてのイギリスもそうであったと、第二次世界大戦の末期にビルマ（現在のミャンマー）でイギリス軍の捕虜となった会田雄次が次のように述べる。

このような（イギリスの）士官と下士官・兵の差、とくにその体格の隔絶といってよい決定的な相違は眼を見はらすほどのものであった。
士官と兵隊が一対一で争うとする。たちまちにして兵は打倒されてしまうだろう。
（A17『アーロン収容所』p.106）

日本では社会的身分による差別はあっても、人種による差別はごく一部（蝦夷《えみし》、アイヌ、熊襲《くまそ》）を除き見られなかった。さらに、縄文人と弥生人と明らかに異なる人種が混在しているが、それが差別理由とはならなかった。それと比較すると、ここに挙げたチベットやイギリスの例のように、身分社会という体制の一つの側面としてこのように人種が全く異なる文化圏も存在するということだ。一説には、インドのカーストの差別も人種差に由来すると言われる。

未開地の地　ボルネオとニューギニア

＊百年前のロシア人学者の報告

1871年、25歳の若きロシアの人類学者、ミクルホ＝マクライ（1846〜1888）は単独、武器を一切持たずニューギニア北西部の海岸に降り立った。それから15ヵ月間、彼はただ一人のヨーロッパ人として、現地のニューギニア人に混じって暮らした。ニューギニアの現地人は19世紀末になっても、新石器時代そのままの暮らしをしていたのだ。彼らの生活から、人間本来の暮らしぶりが分かる。

ボングゥ（村）とゴレンドゥ（村）は歩いてわずか十分の距離にありながら、ボングゥ語がゴレンドゥ語と異なる言葉を多くもっていることがわかった。（X07『ニューギニア紀行』p.116）

女と少女たちは、手はおろか足の指まで使ってあらゆる型の綾取りの技を見せ合っていた。（X07『ニューギニア紀行』p.202）

＊日本人が体験したニューギニア高地

本多勝一は1964年に、文明人がほとんど足を踏み入れたことのなかったニューギニア高地に約1ヵ月滞在した。赤道直下といえども標高2000m超の高地は、夜ともなると気温は5度近くにまで下がる。そのような環境に暮らす人々の生活実態を知ると、我々の常識はまたもや覆される。

原住民の通るこの細道は、決して「想像を絶する悪路」ではない。日本アルプスあたりの、やや人通りの少ない登山道程度。……ただしこの山道は、日本の場合のようなジグザグ＝コースをとらない。どんな急坂でも、まっすぐに上り、まっすぐに下る。

（X05『ニューギニア高地人』p.20〜21）

直線距離にして100km足らずの所に四部族が暮らしているが、言語は全く異なるという。その上、生活風俗も異なる。その様子を具体的に次のように説明する。

ダニ族の家が円形であるのに対し、モニ族はみんな長方形だ。

（X05『ニューギニア高地人』p.45）

モニ(族)は一戸の家庭がそれぞれ独立していて家庭中心主義なのに対し、ダニ(族)は部落ごとに団体生活をしている。

（X05『ニューギニア高地人』p.167）

(要約)ダニ族は「男の家」と「女の家」に分かれて暮らす。

（X05『ニューギニア高地人』p.172）

（要約）モニ族は、一軒ごとに区画して垣根をめぐらした農地を持つ。ダニ族は広い土地を共同の垣根で囲んである。雑草はなく、整然とした溝が方形に走っている。

（X05『ニューギニア高地人』p.173）

ここで言うダニ族とモニ族は同じ村に住んでいるが、このように生活習慣が異なる。こういった観察から、本多は次のような感想を述べる。

自然人類学的には、モニ（族）もダニ（族）もほとんど違いが認められないのに、社会形態や文化が違うと、同じ部落にいながら、個人の性格がこのように違ったものになる。私たちは他人ごとのようにモニ（族）とダニ（族）を比較しているが、たとえばイギリス人とアメリカ人、そして日本人と中国人の間にも、全く同じ現象がみられる。

（X05『ニューギニア高地人』p.181）

これらの文化の差は人間の動作や考え方を奥深いところで支配しているとして、次のように述べる。

私も、あなた自身も、すでに日本的性格に骨の髄《ずい》まで支配されている。自分自身ではそれがよくわかっているつもりでも、自分を自分で意識して観察していても、反射的に行なわれる動作・態度がいかにも日本人的になる自分を、観察しているもうひとりの自分が押さえきれないのを、とくに異国民と接するときに私は感ずる。もはや私は、もちろん善悪とは関係ないが、私の中にある日本的性格の支配から逃がれることはできない。

（X05『ニューギニア高地人』p.181）

彼らニューギニア人の暮らしぶりや物の考え方と比較すると、現代の文明的文物に囲まれた我々「文明人」の考え方がいかに片寄っているかに気づく。

東南アジアでの戦争では、極力人殺しを避けるということを述べたが、ニューギニアでもその風習は共有しているようだ。本多が、盗難事件に端を発して二つの村に起こった戦争を目撃したインドネシア人の医者の話として、次のように伝える。

戦場は両部落の間の峠に近い草原だ。両軍は横列にならんでにらみ合うが、アシの矢がどんどん命中するほど近くには寄らない。ときどき一人の男が前へ進み出て、敵の悪口をありったけどなる。それに合わせて、他の男たちは喚声をあげる。悪口合戦に続いて矢の実戦に移るが、バッタバッタと倒れるほどは命中しない。……

彼らの戦争は、決して皆殺し戦争のかたちをとらない。夕方になれば互いにやめるし、お天気が良くなければ、戦争日和《びより》ではないとみて休戦する。たしかに死者は出るが、部落が全滅するような、文明人的残酷戦争はやらない。ある意味では、刺激の少ない彼らにとってのスポーツでもある。

（X05『ニューギニア高地人』P.210〜211）

双方で死者が10人ずつ出たが、それでもスポーツであるというのは、我々には何とも納得し難い話に思えるかもしれない。しかし、考えてみてほしい。日本でもヨーロッパでもそうだが、祭りやボクシングなどの荒っぽい競技で、死者が出ても止めないではないか。ニューギニアのスポーツもそれと同じことだと考えられまいか。つまり、なまじっか戦争という言葉が付いているだけで、即、止めさせなければと条件反射で考えているに過ぎないのではないだろうか。

エスキモーの犬の扱い

日本人はユーラシア大陸の諸民族と異なり、有史以来、大規模な牧畜の経験がない。そのため、動物の飼いならし方を知らず、人間を扱う感覚で家畜を扱うがそれでは全くだめだという。犬には犬社会の規律や掟がある。人間的な感覚では理解し難いこの規律や掟も、犬社会に適用すれば、どんな荒くれな犬どもでも簡単に手なずけることができる。例えば、エスキモーの犬の扱い方を見てみよう（現在、エスキモーはイヌイットと呼ばれることが多いが、本書ではエスキモーを用いる）。

エスキモーの犬に対する態度は、たとえばヒマラヤの人夫のロバに対する態度と変らない。使役動物としての見方はもっと冷酷である。犬の頭をなでたり、やさしいことばをかけたりは決してしない。

（X04『カナダ・エスキモー』p.69）

と本多はこのように概括する。実際どのような手荒い扱いをするのか、というと……

（セイウチ狩りに出かけた帰り）部落まであと二時間たらずと思われるあたりで、イスマタ（エスキモー）は、何と思ったか犬の徹底的なトレーニングを思いついた。自分のソリをひく一一匹の犬に、ムチの連打を加え始めたのだ。ソリにどっかり腰をすえ、十数メートルのムチで十数秒に一回ずつ、片端から公平になぐってゆく。このムチの痛さは、犬の耳などに当ると一発で鮮血がとぶのを見てもわかる。犬たちは必死だ。全力をあげて走る。ムチの規則正しい連打に応じて、悲鳴も定期的にあがる。だが、いくら走ってもムチはやまない。一匹あたりの悲鳴の長さが次第に長くなり、数秒が二〇秒ぐらいになる。ひとつの悲鳴が終らぬうちに次の悲鳴が起こり、悲鳴の連続になる。

（X04『カナダ・エスキモー』p.68）

文章からも犬の絶望的な悲鳴が聞こえるような凄惨で残酷な仕打ちだ。しかし、エスキモーの犬のトレーニングはこれで終わらない。まだ徹底的に犬たちをしごく。

(このようにして)三〇分余のトレーニングが終ると、イスマタは一一匹のうち八匹を、あとから走る四男インネクジュ(一二)のソリに渡した。インネクジュのソリ犬は一八匹になり、イスマタのはたった三匹だ。この三匹は、トレーニング中とくにさぼっていたとみなされた。イスマタのムチは三匹に対して再び徹底的に鳴り続ける。ソリの荷物は一トン近いセイウチの肉塊だ。そのまま一時間、イスマタのソリは悲鳴のサイレンをならしつづけて部落に突入した。

(X04『カナダ・エスキモー』p.69)

純粋な狩猟民族のエスキモーの考え方は、我々日本人とは全く別世界であることがこの記述からも分かる。さらに、このような残酷さに反発した本多の犬に対する日本的情愛は全くのそらごとであることが、彼自身が身をもって知ることになる。

(要約)日本人である著者の本多たちは犬に対するエスキモーのこのような過酷な扱いには反感を持っていた。それで、日本流に犬の頭をなでたり首をさすってやったりした。すると、犬たちは次第に本多たちに対して吠えるようになり、ついにはソリを引かせても命令に従わず、勝手な行動をするようになった。これに懲りて、以降、本多たちもエスキモーと同じ態度で臨み、犬どもを統御できるようになった。

（X04『カナダ・エスキモー』p.69〜71）

本多のこの記事が新聞に連載されるや、何百通もの投書があった。新聞の読者は心の中で「エスキモーは残酷だ」と思ったかもしれないが、と本多は次のように弁明する。

エスキモーの生活と、ものの考え方について、できるだけありのままに伝えることが、この記事の狙いでした。きれいごとばかり並べたり、逆に残酷物語にしたりするのでなく、狩猟民族の世界を、そのままの姿で示したいのです。その世界は、日本や西欧の世界とは、かなり違っています。**善悪の規準も、倫理も、価値観も、まるっきり違うといって良いでしょう。大切なことは、そのような「別の世界」があること、私たちの善悪の規準などは、私たちの属する社会だけのことで、他の民族には通用しないことを認識することです。**こうした別の世界を、私たちの基準で批評して、残酷だの野蛮だのと考えるのは、おかしいだけでなく、危険なことです。異民族と接する機会の少なかった歴史をもつ日本人の場合、とくに注意したい点だと思います。

（X04『カナダ・エスキモー』p.94）

私はここで本多が述べている点に全面的に賛同する。本書で数多くの旅行記・滞在記を通して世界各地の文化圏のコア概念をつかみ取ろうとしているのも、まさにこの本多の指摘する観点からである(しかし誤解のないようにつけ加えておきたいが、私は本多の考え方や著作内容に全面的に賛同しているわけではない。理由は省略するが、例えば『中国の旅』の記述には全く賛成していない)。

コラム5　常識が覆される

旅行記などを読んでいると、時たま常識が覆されることがある。

例えば、馬は普通は陸上の草を食べるが、海草を食べることもあるという。その昔、カエサルがカトーを追ってシチリア島からアフリカへ渡った時には、兵士の食糧が乏しいだけではなく、軍馬の飼料も足りなくなった。そこで、塩気を抜いた海草に浜麦を多少混ぜて与えたという話をプルタルコスが伝える（E 02『プルターク英雄伝（九）』p.161）。

海草もまだ植物であるので、理解できるが馬は肉や魚までも食べることがあるという。19世紀、西域を探検したヘディンの『チベット遠征』（A12）には次のような記述が見える。

この国（チベット）では、馬でさえ牧草不足のため肉を食べる。小型の草食動物までもが、口から唾液を長いつららにしてぶら下げ、肉の細切れを立ったままむしゃむしゃ食べているのは、なんとも奇妙な眺めである。（A12『チベット遠征』p.257）

馬は草食動物だとの固定観念では理解し難いが、実際にはこのように馬でも餓えに耐えかねると肉を食べることもあるということだ。馬は肉だけではなく、魚も食べることがある。

ギリシャの歴史家・ヘロドトスの『歴史（中）』（E01、巻5）によると、ギリシャの北部の湖の住人は馬や驢馬に魚を食わせているという。同じく、ギリシャのアッリアノスの『アレクサンドロス大王東征記（下）』（E03、インド誌）には、現在のイラン南部の海岸沿いには草がないので、そこの部族は家畜を乾し魚で飼うという。ギリシャ人だけではなく、ローマの文人・クラウディオス・アイリアノスの『動物誌(巻15)』や、同じくローマの博物学者・プリニウスの『博物誌(巻11)』も、中東の海岸(あるいは島)で魚だけを食べて生活する人々が飼っている牛は魚を生きたまま食べるそうである。

一方、中国や韓国では犬を食べる習慣があることはよく知られているが、犬肉はなかなかの美味であるらしい。例えば、人類史上初めて南極点に到達したノルウェーの探検家のアムンゼンは犬ぞりを使ったが、当初から途中で犬を殺して食べる計画であったという。実際に犬肉を食べた感想を、次のように述べる。

> やわらかな犬の赤身の肉は……上等な牛肉と同じような味がした。
> （X08『南極点征服』p.43）

また、南太平洋のタヒチ島に到着したキャプテンクックも現地で犬肉を食べたが、その味に満足した様子を次のように述べる。

> われわれはこの地(タヒチ島)で犬を食べることを覚えた。南海の犬はイギリスの羊に味が似ている、というのが、われわれの大方の意見である。ひとついい点は、ここの犬が野菜しか食物にしないことである。
> （X02『クック 太平洋探検(1)』p.172）

このように、自分では実際に行けない場所(時間的、空間的)の記録を読むことで、我々が持っている常識が必ずしも通用しないことを知ることができるのも、旅行記や滞在記の魅力の一つだ。これらの書物同様、動物や昆虫の実態世界を描いた書物(例:『完訳 ファーブル昆虫記』X13)や映像もたびたび我々の常識を覆すものだ。

終章

文化差を知る重要性

文化のコアを破壊してはならない

「人の振り見て我が振り直せ」と言うのは人だけではなく、文化についても言える。日本文化を深く知りたいのであれば、諸外国の文化をきっちりと理解することが必要である。とりわけ、日本の近隣諸国である、朝鮮（韓国・北朝鮮）や中国の生活実態を詳しく調べると、逆に日本文化がはっきりと見えてくる。これを私は「合わせ鏡論」と称している（P.126参照）。ところが、私と同じ考え方をしている韓国人がいる。第3章でも紹介したが、名門ソウル大学を卒業したエリート官僚の李銅君だ。研修のために日本に留学し、日本が韓国を写す鏡だとして次のように言う。

日本に行ってわたしははじめて自分の真の姿と、韓国社会の真の面目を知ることができた。日本という社会を見てはじめて韓国社会を客観的に評価する尺度を得ることができた。そして日本人の行動を見てはじめて日本がどういう社会であるか少し分かった。日本人の言葉や行動から多くのことを考え、そして学んだ。

目の前に繰り広げられる日本社会はそのまま一冊の分厚い教科書であり、わたしにとってすばらしい教師であった。まさに日本はわたしにとって韓国の真の姿を映し出してくれるよく磨かれた鏡であった。

（K34『韓国は日本を見習え』p.190）

現在の日韓の間には政治摩擦があり、感情的に反発する人が両国とも多い。しかし、両国を客観的立場で比較することは日本人にとってだけではなく、韓国人、北朝鮮人に限らず、両国に何らかの興味を持つ世界の人々に非常に有意義な示唆を与えるものだと私は思っている。

さて、本書を読まれた方々は、日韓両国の文化のコアはかなり違うということが分かったのではなかろうか。しかし「文化のコアを知ったからといって何の役に立つのか？」とか、あるいは逆に「文化のコアを知らないからといって、どういう不都合なことがあるのか？」と釈然としないのではないだろうか。そのような疑問に答えるために、文化のコアを知らないとどういう結果を招くか、という例を紹介したい。

師尾《もろお》源蔵《げんぞう》は明治30年（1897）生まれで、朝鮮について実地調査し、また朝鮮人との個人的つきあいなどから感じたことをまとめて『新朝鮮風土記』（K21）として出版した。

そこには、朝鮮の伝統文化を知らない日本の警察のちょっとした言動が、彼らの怒りを買った事実が次のように述べられている。

例えば戸口調査のため鮮人民家に出かける時、古來半島の長衣《チャンオツ》に纏われた相當家庭の婦人は、生涯他人の男子に顔を見せぬという習慣を知らなかった内地官吏が、内房の奥座敷までつかつかと押し入って隠しだてのある箇所をしらべることもある。それは朝鮮社会の慣例からみれば大変なる非道徳的事件であって、……

（K21『新朝鮮風土記』p.333～334 ※一部現代表記に改めた）

この状況を理解するには、戦後、日本にアメリカ軍が進駐してきた時、畳の部屋まで土足で入り込まれた日本人の怒りを想像すれば十分であろう。たとえ本人たちに悪意がない行動であったとしても、他の文化圏の基準から見ると無礼千万に映る。さらに性質《たち》が悪いのは、自分たちは正しいと考えて、自分たちの信じる正義を錦の御旗にして行動することである。この点についても、日本人は朝鮮の文化のコアを正しく理解しないまま、朝鮮を統治したとの指摘がある。

内地官吏が権門でも平民でも平等に、しかも無遠慮にその職務を遂行するものだから、朝鮮の人情及び風俗に逆う事態を往々醸すのは又止むを得なかっただろう。

（K21『新朝鮮風土記』p.334 ※一部現代表記に改めた）

朝鮮には「身分や出身地によって差別する」意識が文化のコアとして深く根付いている。この観点に立つと、官吏たるものは、権門(権力者や金持ち)に対して法をそのまま適用するのではなく、多少ゆるめに適用すべきであるのだ。しかし、日本の官吏は日本流に身分にかかわらず法を万人に平等にビシビシと適応したので、権門の顔が潰れてしまったというわけだ。これらの状況を踏まえ、今村鞆は次のように結論する。

他国民が新領土を治めるときに一番障害となるは、其地の階級を無視して同一の待遇を為すことで、心すべきことである。

(K20『朝鮮風俗集』p.37※一部現代表記に改めた)

イギリスのインド統治はお世辞にも温情あふれるものであったとは言い難いが、それでも今なおインド人から憎しみの対象となっていないのは、異民族を統治する際には「文化のコアを破壊してはならない」という統治の基本原則を知っていたからに他ならない。

聞きかじり情報で赤恥のモンテスキュー

モンテスキューはフランスの啓蒙思想家として名高い。主著の『法の精神』(E06)は、実に多くの本を引用している。主たるものは、古典ギリシャ・ローマの書物であるが、意外にも日本にも筆が及んでいる。日本や中国に関する情報は、当時(1700年ごろ)中国に布教のために滞在していた宣教師の書いた本から得たと思われる。

そういった情報を引用したモンテスキューは、日本や中国に関して自前の理論を展開するのであるが、その内容は滑稽を通り越して呆れ返る。例えば、日本と中国の人口が多い理由について、次のような珍説を披露する。

恐らく魚の油質部分が生殖に役立つ原料を供給するのにより適しているからでさえもあろう。ほとんど魚ばかり食っている日本とシナの人口が無限な原因の一つはこれであろう。

（E06『法の精神』p.347）

さらに日本人が宗教に寛容な理由を、まずタルタル人（モンゴル人）から説き起こしている。

寺院を持たぬ人民はその宗教にあまり愛着心をもたぬ。タルタル人があらゆる時代を通じて非常に寛容であったのはそのためである。

（E06『法の精神』p.376）

まず、タルタル人（モンゴル人）が宗教に寛容であった歴史的事実を指摘する。確かにモンゴル帝国ではそうであった。しかし問題なのは、この部分の注で、モンテスキューが日本について次のように述べている箇所である。

（タルタル人が宗教に寛容な）この精神的傾向は日本人にも伝わった。かれらはその起源をタルタル人に発している。これを証明するのは容易なことだ。（E06『法の精神』p.377）

日本人の先祖はモンゴル人であり、その移住先の日本でもかつての故郷と同様の習慣（宗教に寛容）を保っていた、というのがモンテスキューの推論（理屈）である。

当然のことながら、我々日本人は彼の主張が間違いであることを知っている。彼が間違った結論に至った原因は、宣教師たちの情報だけを拠り所として、他の情報を参照しなかった点にある。

聡明なモンテスキューですらこのような間違った結論に至ったことを「前車の轍」として鑑みるならば、旅行記、滞在記の少ない情報から文化のコアをつかむことは、一面では注意深くなければならないということだ。

日本人の間でしか通用しないルール

斎藤親載《さいとうちかのり》の『アフリカ駐在物語』（X15）には、インド人が語った言葉として、「日本人は愛されるが、尊敬されない。英国人は嫌われるが、それでも尊敬される」（同書p.115）という指摘が見られる。日本人がこのように判断される根本の理由はプリンシプル（原則）のありなしに帰着すると私は考えるが、それに付け加えて、毅然としたところや威圧感がないことも原因だろう。グローバルな面において、現代の日本人には統率力・リーダーシップに欠けると言われるが、その理由を考えてみたい。

その考察の前に、比較のため、幕末に日本に来たアメリカの外交官、タウンゼント・ハリスの言動について見てみよう。

タウンゼント・ハリス（１８０４〜１８７８）は、アメリカの初代の日本領事として１８５６年に日本に上陸した。攘夷で沸騰している幕末にあって、アメリカの利益代表者でありながら、日本のみならず欧州の列強の在日外国人に対しても厳格ではあるが極めて公正に対処した。その態度が最もよく表われているのが、ハリスの通訳であったヒュースケンが１８６１年に夜半の帰宅途中に攘夷の薩摩藩士に斬殺されたときの彼の対応である。

イギリス公使をはじめ、欧州の列強の代表者たちは一様に、幕府が外国人の安全を蔑《ないがし》ろにしていると怒り、江戸を引き揚げて横浜へ移住するという強硬な態度をとった。それに対し、ハリスは「この事件は、特段、外交問題に発展すべき問題ではない。日本には欧米人を夷狄だと見なす人間が多くいるから、我々が気をつけるべきだ。私は東京に残る」と言って、ひとり江戸に居残っただけではなく、翌日からわざと市中を馬で乗り回した。

当時（１８６１）、幕府の権威が地に落ち、攘夷の藩士や浪人が隙さえあればいつでも欧米人を血祭りに挙げようと待ち構えていたにもかかわらず、ハリスはあえて無鉄砲とも思える行動に出た。悪く言えば思慮なし、よく言えば豪胆。しかし彼は常日頃、幕府は欧米人の安全を守るために万全を尽くしていると信じていたことを、そのまま実践したに過ぎない。つまり、言行が完全に一致していたのだ。

この行動には、さすがの攘夷の志士といえども、敵ながら天晴れと思わずにはいられなかったであろう。言い換えれば、ハリスの筋金入りの勇気が当時の日本人から一目置かれたのだ。

6年近くに及ぶハリスの日本滞在中の出来事は、『ハリス伝』(F06)や『ハリス日本滞在記』(F07)に詳しく書かれているが、それらを読むと、はじめのころはどこに行くにも幕府の目付けがあたかもスパイの如く(というより正真正銘のスパイとして)ハリスの行動を付け回していたことが分かる。目付の執拗な付け回しに、ハリスは非常に苛立った。しかし、日本の伝統的思考に凝り固まっていた幕府の役人にとっては彼を監視することこそが国益を守ることだと考えていた。ところがそのうちに、安藤信正などの開明的幕臣が彼の言論を理解するにつれ、自分たちの考えの狭量さに気づき態度を改め、最後にはハリスに大いに感謝するのであった。

最終的にハリスと幕臣たちの努力が実り、日米修好通商条約が締結されることで時代が大きく転換した。ハリスが日本を去るに当たって、外交交渉ではたびたび意見の対立で険悪な仲にもなったこともある幕閣の安藤信正は彼の業績に対して、「貴下の偉大な功績に対して何をもって報ゆべきか。これに足るものは、ただ富士山あるのみ」と絶賛の謝辞を贈ったと言われている（F07『ハリス日本滞在記（下）』p.208）。

開国当時は、ハリスのような西洋人だけではなく、日本人の中にも胆力もあり国際的な見地から見ても尊敬されていた人はいた。幕末に活躍した志士たちは、当時30歳前後にもかかわらず、その毅然たる態度で当時の欧米人からも称賛されていた人が多い。『アーネスト・サトウ一外交官の見た明治維新』（F13）を読むと、彼は木戸孝允《たかよし》、西郷隆盛、小松帯刀《たてわき》などを高く評価していたことが分かる。

ところが、近年になってこのような胆力のある日本人があらゆる分野で急激に減少した。その理由については議論はあろうが、私は次のように考える。

- 小中の学校教育において競争を悪とし、悪平等を押し付ける教育理念の欠如
- 何事に対してもこざかしい人権を振り回し、社会の健全な発展を阻害するエセ民主主義
- 少数意見として堂々と正論を主張すれば「協調性がない」と言って指弾する無定見主義
- 低俗なマンガや雑誌、煽情的なテレビ番組を垂れ流し、利益本位にしか考えない出版やマスコミ界
- まともな議論をせず、相手が怒れば理の曲直を問わず平身低頭すればよいと考える卑屈根性

日本には、こういった腐臭漂う社会的風潮のために、ともすれば退嬰的になりがちであるが、それ以上に厄介なのは日本人にしか通用しない無言(implicit)のルールがやたらと多いことである。それらは「気配り」「空気を読む」「人の身になって考える」とか言われる。

これらは一面では確かに日本の美風と言えるが、別の一面ではその主張に論理的欠陥があることも多い。日本人の間ですら論理的に納得しがたい慣行は、まして価値観や倫理観の異なる外国人には通用するはずがない。それなのに外国人(だけではなく、日本人)がルールに違反した時、「ルールを守ってもらわないと困ります」「他人への迷惑を考えて行動して下さい」と感情的に声を荒げるだけで、なぜそのように行動してはいけないかと筋道だって説得できないでいる。さらに悪いことには、ルールを強制的に守らせるための方策や罰し方を知らない。

ルールが守られるには、互いの信頼関係が前提であるが、信頼関係が全く存在しない人間に対してはルールというのは全く無力であることを理解できていない日本人は多い。この点では、欧米人は初めから信頼関係のある間柄のルール(例:フェアプレー)と、そうでない間柄のルール(例:囮《おとり》捜査)のダブルスタンダードを持っていて、巧妙に使い分けている。それで、信頼関係のない者でも、ルールに反すると厳しく罰することで、上手に統治することができるのだ。

このような点を持ち出すと「それは西欧は一神教であるキリスト教によって支配されていたからだ」と言う人は多いが、私はそうではないと考える。そもそもキリスト教が思想的にヨーロッパに影響を与えるのは、中世になってから、即ち、紀元数世紀以降であるが、西欧の論理的思考法は、夙《つと》に紀元前4世紀のアリストテレスにおいて完成していた。つまり、世間の誤解とは逆に、キリスト教のほうが理論武装のためにギリシャ人が作り上げた論理を拝借したのだ。

また、欧米では白黒をはっきりつけるのに対して、日本の場合は、物事の白黒の間にかなり多くの灰色の部分が挟まれている。つまり「白—灰色—黒」という三つの部分の境目が極めて曖昧なままである。その結果、白黒は客観的な基準によって決められるのではなく、主観によってかなり揺れ動く。その上、日本人には白黒を断定することによって相手に心の傷を負わせることに躊躇《ためらい》を感じ、結論を曖昧にしてしまう人が多い。

このような態度は、日本人が本来持っている優しい性格の表れであると言えるが、国際的に見ると、日本人には毅然たるところがない、という否定的な評価につながる。断固たる態度の取れない人はリーダーにあらず、というのが欧米や中国の思想であり、ひいては現在のグローバルスタンダードでもある。

この意味で、グローバルに通用する指導力（リーダーシップ）とは何かを実例ベースで示してくれるのが旅行記、滞在記である。

文化が言動を規定する

以前、海外インターンシップを受け入れる活動をしている学生のグループの代表と話をしたことがあった。グローバル環境で国際人として活躍するためにどうあればよいかについて、彼は次のように述べた。

「外国人が持つ文化・民族から生じる差異を大きな違いとして考えるのではなく、考え方、容姿などといった個人の違いの要素の一つとして考え、一人の人間として個性を尊重し共生できる人。また同時に、自国や世界の歴史・文化について幅広く教養を持った上でグローバルな出来事に関心を持ち、総合的・長期的に思考・判断し、自分の考えを発信・行動できる人」。

私は自らの留学経験や世界各地への旅行、および数多くの外国人とのつきあいから、この最初の一文に示されている考えには賛同できない。私の基本的な考えは「世界各国の文化差は、時として超え難いものがある。文化は無意識のうちに我々の言動を規定している」というものである。

我々は自分では「主体的に考え、行動している」と思っていても、生まれ育った環境、文化圏の伝統に知らず知らずのうちに感化されている。したがって、日本以外の人々とつきあう時には、彼らの文化背景を十分理解した上で、その人の人間性を見極めないといけないと考える。「世界各地の文化差を知ることが大切だ」と言うと決まって、日本では家に上がる時には玄関で靴を脱ぐのが礼儀だと教えたり、折り紙で鶴を一緒に折ったり、ゆかたで盆踊りに誘ったりと、表面的な文化交流をすることだと短絡的な思考をする人がいる。私の言う「文化差」というのは、もっと奥深いものである。

例えば、2011年に発生した福島第一原子力発電所事故の際、自らの生命の危険も顧みず現場で作業した人たちは、アメリカのメディアからヒーローと賞賛された。しかし、このように言われた当の日本人たちは、「そのように英雄扱いをするのはやめてくれと言った」と言われている。アメリカ人であれば、当人たちも誇りに思うし、そのような献身的努力をマスコミが賞賛しないのであれば、逆にマスコミ人としての姿勢が問われる。しかし、日本人は英雄視されることを非常に気詰まりに思うのだ。

別の例を紹介しよう。アラビアなどでは井戸から水を汲み上げたりするためなどに、小型のガソリンエンジンを使う。日本の物は、他国の物に比べて小型で同じ馬力を出せるので、日本の商社はこれなら売れると張り切って現地で発売した。ところが、さっぱり売れない。そこで、現地の人にどこが悪いかと聞いてみると次のような答えだった。

「わしらは馬でもロバでも、同じ値段ならなるべく図体の大きいものを買う。日本のエンジンは小さいので頼りない」

こう言われて、愕然としたそうだ。同じ機能、同じ馬力なら小型の物が好まれる日本の感覚とは、まるで正反対だったということだ。

このように、無意識のうちに自分たちの価値観で他の文化圏の人たちの言動を評価してしまうことが必ずしも正しくない。これが「文化差」を意識しないといけない理由である。

図3　国際人に必要なグローバル視点

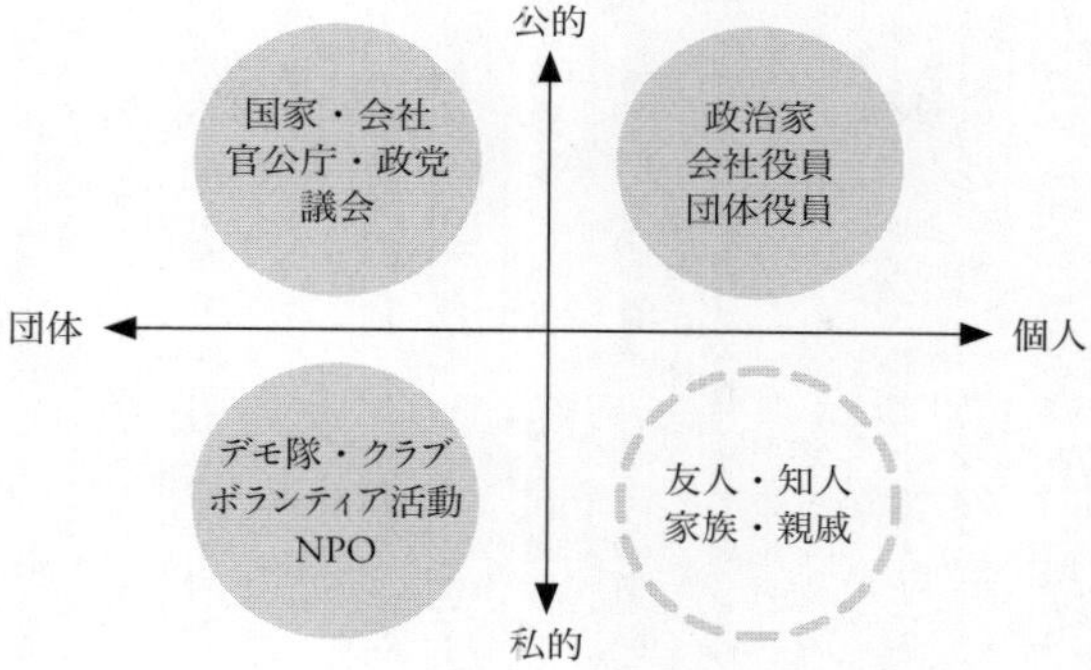

真のグローバル視点を持とう

世界各地の文化差を考える時に、次の二つの軸をベースに考えてみると分かりやすいであろう。一つの軸は「個人vs.団体」。もう一つの軸は「私的vs.公的」である。

図3から分かるように、我々がつきあう人は、立場によって担っている役割が異なる。前節で述べた学生グループがつきあっている外国人というのは、友達づきあい、つまり右下の象限の「私的・個人」の範疇の人たちである。この範囲のつきあいでは、友情を壊すまいと、理解や納得できないことでも、受け入れてしまいがちである。

つまり、文化差を感じることがあっても許容の範囲に留まるような行動をとる。先に述べた学生グループが外国人とつきあって感覚的に文化差がない、と感じ

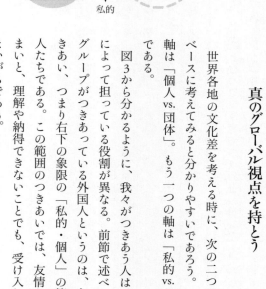

るのはこのような極限されたつきあいしか経験したことがないためである。

ところが、私的でも「団体」になると挙動が異なる。例えば、韓国人の中にじくじくと横たわる反日感情を例に取ると、韓国人の中にも個人的には親日的な人もいるが、公の場でそういった発言をすると、袋叩きに遭うことを骨身にしみて知っている。それで、団体で行動する時には、心ならずも反日的な言動をせざるを得ない人も多い。つまり、個人と団体では同じ人でも態度が異なるのだ。

また「公的・団体」や「公的・個人」の例を挙げると、イギリス議会において与党と野党の党首同士が狭いテーブルを挟んで打打発止と熱弁を闘わせている姿は、日本の生ぬるい党首討論と比べると、大人と幼稚園児ほどの差を感じる。さらには、その議論を熱心に、しかも余裕を持って聴いているイギリスの議員たちの野次にですら、洗練された品性が漂う。まさに、議会制民主主義の歴史を体現している風格がある。


個人としての意見が表面的に似ているとか、分かり合えるから文化の差がないのだ、と短絡的に結論づける前に、実際のいろいろな場面における彼ら行動の奥にある文化の伝統を理解することが必要である。彼らの言動のベースとなっている文化のコアをつかむことで初めて、彼らの言動の真意を評価できると私は確信している。

旅行記や滞在記は学校教育だけではなく、一般的にもあまり重要視されることがない。しかし、現在のグローバル社会にあって、世界各国の文化と国際社会の動向を自分なりに理解する上でこれらの書物は非常に役立つと、私は確信している。読者諸氏がアジア各国の文化のコアと価値観を理解するのに、本書が幾らかでも役立つことを期待して、筆を擱《お》きたい。

P12　『イスラームから見た「世界史」』タミム・アンサーリー、小沢千重子訳(紀伊國屋書店)

P13　『アラビアに魅せられた人びと』前嶋信次(中公文庫)

P14　『策略の書——アラブ人の知恵の泉』ルネ・R・カーワン編、小林茂訳(読売新聞社)

P15　『アラブ人の気質と性格』サニア・ハマディ、笠原佳雄訳(サイマル出版会)

P16　『イスラムの時代——マホメットから世界帝国へ』前嶋信次(講談社学術文庫)

P17　『アラビア・ノート——アラブの原像を求めて』片倉もとこ(NHK ブックス)

P18　『東洋旅行記——カタイ(中国)への道』オドリコ、家入敏光訳(桃源社)

X— その他

X01　『インディアスの破壊についての簡潔な報告』ラス・カサス、染田秀藤訳(岩波文庫)

X02　『クック 太平洋探検(全 6 巻)』増田義郎訳(岩波文庫)

X03　『馬歓 瀛涯勝覧——鄭和西征見聞録』小川博訳注(吉川弘文館)

X04　『カナダ・エスキモー』本多勝一(講談社文庫)

X05　『ニューギニア高地人』本多勝一(朝日文庫)

X06　『アラビア遊牧民』本多勝一(朝日文庫)

X07　『ニューギニア紀行—— 19 世紀ロシア人類学者の記録』ニコライ・ミクルホ＝マクライ、畑中幸子・田村ひろ子訳(平凡社)

X08　『南極点征服』ロアルド・アムンゼン、谷口善也訳(中公文庫 BIBLIO)

X09　『金枝篇(全 5 巻)』フレイザー、永橋卓介訳(岩波文庫)

X10　『フェルナン・ブローデル〔1902-1985〕』井上幸治編、監訳(新評論)

X11　『文明の生態史観はいま』梅棹忠夫編(中公叢書)

X12　『本物の知性を磨く 社会人のリベラルアーツ』麻生川静男(祥伝社)

X13　『完訳 ファーブル昆虫記(全 10 巻)』山田吉彦・林達夫訳(岩波文庫)

X14　『人口から読む日本の歴史』鬼頭宏(講談社学術文庫)

X15　『アフリカ駐在物語』斎藤親載(学生社)

K35　『サムスンの真実——告発された巨大企業』金勇澈、藤田俊一監修、金智子訳(バジリコ)

K36　『北朝鮮脱出(全2巻)』姜哲煥・安赫、池田菊敏訳(文藝春秋)

K37　『北朝鮮——地獄からのレポート』趙甲済編、中根悠訳(河出書房新社)

K38　『平壌25時——金王朝の内幕』高英煥、池田菊敏訳(徳間書店)

K39　『収容所に生まれた僕は愛を知らない』申東赫、李洋秀訳(KKベストセラーズ)

K40　『北朝鮮14号管理所からの脱出』ブレイン・ハーデン、園部哲訳(白水社)

K41　『韓国人の心[増補 恨の文化論]』李御寧、裵康煥訳(学生社)

K42　『朝鮮雑記——日本人が見た1894年の李氏朝鮮』本間九介、クリストファー・W・A・スピルマン監修(祥伝社)

K43　『江戸時代の朝鮮通信使』李進熙(講談社学術文庫)

P—— イスラム・中東

P01　『エリュトゥラー海案内記』村川堅太郎訳註(中公文庫)

P02　『アラブが見た十字軍』アミン・マアルーフ、牟田口義郎・新川雅子訳(リブロポート)

P03　『大旅行記(全8巻)』イブン・バットゥータ、イブン・ジュザイイ編、家島彦一訳注(平凡社東洋文庫)

P04　『東方旅行記』J・マンデヴィル、大場正史訳(平凡社東洋文庫)

P05　『シリア縦断紀行(全2巻)』G. L. ベル、田隅恒生訳(平凡社東洋文庫)

P06　『ペルシア見聞記』J・シャルダン、岡田直次訳注(平凡社東洋文庫)

P07　『ペルシア放浪記——托鉢僧に身をやつして』A・ヴァーンベーリ、小林高四郎・杉本正年訳(平凡社東洋文庫)

P08　『幸福のアラビア探険記』トーキル・ハンセン、伊吹寛子訳(六興出版)

P09　『異域録——清朝使節のロシア旅行報告』トゥリシェン、今西春秋訳注、羽田明編訳(平凡社東洋文庫)

P10　『シリア——東西文明の十字路』P. K. ヒッティ、小玉新次郎訳(中公文庫)

P11　『回疆探検 ペルシャの旅』吉田正春(中公文庫)

K12 『朝鮮紀行――英国婦人の見た李朝末期』イザベラ・バード、時岡敬子訳(講談社学術文庫)
K13 『朝鮮亡滅――古き朝鮮の終幕(全2巻)』H. B. ハルバート、岡田丈夫訳(太平出版社)
K14 『朝鮮事情――朝鮮教会史序論』ダレ、金容権訳(平凡社東洋文庫)
K15 『明治日本見聞録――英国家庭教師婦人の回想』エセル・ハワード、島津久大訳(講談社学術文庫)
K16 『韓国の科挙制度――新羅・高麗・朝鮮時代の科挙』李成茂、平木實・中村葉子訳(日本評論社)
K17 『両班(ヤンバン)――李朝社会の特権階層』宮嶋博史(中公新書)
K18 『白凡逸志――金九自叙伝』梶村秀樹訳注(平凡社東洋文庫)
K19 『歴史民俗朝鮮漫談』今村鞆編(龍渓書舎)
K20 『朝鮮風俗集』今村鞆(国書刊行会)
K21 『新朝鮮風土記』師尾源蔵(萬里閣書房)
K22 『韓国人が見た日本――日本を動かしているもの』朝鮮日報編(サイマル出版会)
K23 『韓国人の情緒構造』李圭泰、尹淑姫・岡田聡訳(新潮選書)
K24 『朝鮮儒教の二千年』姜在彦(朝日選書)
K25 『西洋と朝鮮――異文化の出会いと格闘の歴史』姜在彦(朝日選書)
K26 『咸錫憲著作集2 苦難の韓国民衆史』金学鉉訳(新教出版社)
K27 『韓国文化史』梨花女子大学校・韓国文化史編纂委員会編著(成甲書房)
K28 『朝鮮文学史』卞宰洙(青木書店)
K29 『新・韓国風土記(全5巻)』安宇植編訳(読売新聞社)
K30 『韓国人――その意識構造』尹泰林、馬越徹・稲葉継雄訳(高麗書林)
K31 『韓国人の心の構造――暮らしと民俗に探る』李圭泰、金容権訳(角川選書)
K32 『アリラン峠の旅人たち――聞き書 朝鮮民衆の世界』安宇植編訳(平凡社)
K33 『続・アリラン峠の旅人たち――聞き書 朝鮮職人の世界』安宇植編訳(平凡社)
K34 『韓国は日本を見習え――滞日三年、韓国エリート官僚の直言』李銅君(文藝春秋)

J — 日本人の海外旅行記

J01　『入唐求法巡礼行記』圓仁、深谷憲一訳（中公文庫）
J02　『環海異聞』大槻玄澤・志村弘強、石井研堂校訂（叢文社）
J03　『特命全権大使 米欧回覧実記（全5巻）』久米邦武編、田中彰校注（岩波文庫）
J04　『幕末維新パリ見聞記——成島柳北「航西日乗」・栗本鋤雲「暁窓追録」』井田進也校注（岩波文庫）
J05　『政談』荻生徂来、辻達也校注（岩波文庫）
J06　『江戸の刑罰』石井良助（中公新書）
J07　『職人』竹田米吉（中公文庫）

K — 朝鮮（韓国）

K01　『海東諸国紀——朝鮮人の見た中世の日本と琉球』申叔舟、田中健夫訳注（岩波文庫）
K02　『老松堂日本行録——朝鮮使節の見た中世日本』宋希璟、村井章介校注（岩波文庫）
K03　『看羊録——朝鮮儒者の日本抑留記』姜沆、朴鐘鳴訳注（平凡社東洋文庫）
K04　『海游録——朝鮮通信史の日本紀行』申維翰、姜在彦訳注（平凡社東洋文庫）
K05　『熱河日記——朝鮮知識人の中国紀行（全2巻）』朴趾源、今村与志雄訳（平凡社東洋文庫）
K06　『日東壮遊歌——ハングルでつづる朝鮮通信使の記録』金仁謙、高島淑郎訳注（平凡社東洋文庫）
K07　『牧民心書』細井肇監修（自由討究社）
K08　『朝鮮・琉球航海記—— 1816年アマースト使節団とともに』ベイジル・ホール、春名徹訳（岩波文庫）
K09　『朝鮮幽囚記』ヘンドリック・ハメル、生田滋訳（平凡社東洋文庫）
K10　『朝鮮の悲劇』F.A. マッケンジー、渡部学訳注（平凡社東洋文庫）
K11　『悲劇の朝鮮——スウェーデン人ジャーナリストが目撃した李朝最期の真実』アーソン・グレブスト、高演義・河在龍訳（白帝社）

F— 日本を訪問した外国人

F01 『聖フランシスコ・デ・サビエル書翰抄(全2巻)』ペトロ・アルーペ・井上郁二訳(岩波文庫)

F02 『ヨーロッパ文化と日本文化』ルイス・フロイス、岡田章雄訳注(岩波文庫)

F03 『日本巡察記』ヴァリニャーノ、松田毅一他訳(平凡社東洋文庫)

F04 『江戸参府随行記』C. P. ツュンベリー、高橋文訳(平凡社東洋文庫)

F05 『江戸参府紀行』シーボルト、斎藤信訳(平凡社東洋文庫)

F06 『ハリス伝――日本の扉を開いた男』カール・クロウ、田坂長次郎訳(平凡社東洋文庫)

F07 『ハリス 日本滞在記(全3巻)』坂田精一訳(岩波文庫)

F08 『パークス伝――日本駐在の日々』F. V. ディキンズ、高梨健吉訳(平凡社東洋文庫)

F09 『ヒュースケン日本日記―― 1855-61』青木枝朗訳(岩波文庫)

F10 『長崎海軍伝習所の日々』カッテンディーケ、水田信利訳(平凡社東洋文庫)

F11 『ペルリ提督 日本遠征記(全4巻)』土屋喬雄・玉城肇訳(岩波文庫)

F12 『シュリーマン旅行記 清国・日本』ハインリッヒ・シュリーマン、石井和子訳(講談社学術文庫)

F13 『アーネスト・サトウ 一外交官の見た明治維新(全2巻)』坂田精一訳(岩波文庫)

F14 『日本俘虜実記(全2巻)』W. M. ゴロウニン、徳力真太郎訳(講談社学術文庫)

F15 『絵で見る幕末日本』エメェ・アンベール、茂森唯士訳(講談社学術文庫)

F16 『続・絵で見る幕末日本』エメェ・アンベール、高橋邦太郎訳(講談社学術文庫)

F17 『江戸幕末滞在記――若き海軍士官の見た日本』エドゥアルド・スエンソン、長島要一訳(講談社学術文庫)

F18 『ドゥーフ 日本回想録』ヘンドリック・ドゥーフ、永積洋子訳(雄松堂出版)

F19 『日本奥地紀行』イザベラ・バード、高梨健吉訳(平凡社東洋文庫)

C — 中国

C01　『春秋左氏伝』竹内照夫訳(平凡社)
C02　『クルス「中国誌」——ポルトガル宣教師が見た大明帝国』ガスパール・ダ・クルス、日埜博司訳(講談社学術文庫)
C03　『笑雲入明記——日本僧の見た明代中国』笑雲瑞訢、村井章介・須田牧子編(平凡社東洋文庫)
C04　『イエズス会士中国書簡集(全6巻)』康煕編、矢沢利彦編訳(平凡社東洋文庫)
C05　『中国訪問使節日記』マカートニー、坂野正高訳注(平凡社東洋文庫)
C06　『中国奥地紀行(全2巻)』イザベラ・バード、金坂清則訳(平凡社東洋文庫)
C07　『考史遊記』桑原隲蔵(岩波文庫)
C08　『清国文明記』宇野哲人(講談社学術文庫)
C09　『遊華記録——わが留学記』吉川幸次郎(筑摩書房)
C10　『問俗録——福建・台湾の民俗と社会』陳盛韶、小島晋治・上田信・栗原純訳(平凡社東洋文庫)
C11　『中国人的性格』アーサー・H・スミス、石井宗皓・岩崎菜子訳(中公叢書)
C12　『本当に残酷な中国史 大著「資治通鑑」を読み解く』麻生川静男(角川SSC新書)

E — ヨーロッパ

E01　『歴史(全3巻)』ヘロドトス、松平千秋訳(岩波文庫)
E02　『プルターク英雄伝(全12巻)』河野与一訳(岩波文庫)
E03　『アレクサンドロス大王東征記(全2巻)』アッリアノス、大牟田章訳(岩波文庫)
E04　『キュロスの教育』クセノポン、松本仁助訳(京都大学学術出版会)
E05　『ギリシア・ローマ世界地誌(全2巻)』ストラボン、飯尾都人訳(龍溪書舎)
E06　『新装版・世界の大思想23 モンテスキュー 法の精神』根岸国孝訳(河出書房新社)

書籍リスト

ID／タイトル／著者、訳者等／出版社

A── インド・東南アジア・チベット・中央アジア

A01 『カーストの民――ヒンドゥーの習俗と儀礼』J. A. デュボア、H. K. ビーチャム編、重松伸司訳注（平凡社東洋文庫）

A02 『セイロン島誌』ロバート・ノックス、濱屋悦次訳（平凡社東洋文庫）

A03 『古代インドの科学と技術の歴史（全2巻）』デービプラサド＝チャットーパーディヤーヤ、佐藤任訳（東方出版）

A04 『インド思想史』J. ゴンダ、鎧淳訳（岩波文庫）

A05 『秘密の国 西蔵遊記』青木文教（中公文庫）

A06 『嫁してインドに生きる』タゴール暎子（筑摩書房）

A07 『ヒンドゥー教――インドの聖と俗』森本達雄（中公新書）

A08 『現代インドの社会と政治――その歴史的省察』荒 松雄（中公文庫）

A09 『コンスタンチノープル征服記――第4回十字軍』ジョフロワ・ド・ヴィルアルドゥワン、伊藤敏樹訳（講談社学術文庫）

A10 『チムール帝国紀行』クラヴィホ、山田信夫訳（桃源社）

A11 『チベット旅行記（全5巻）』河口慧海（講談社学術文庫）

A12 『チベット遠征』S・ヘディン、金子民雄訳（中公文庫）

A13 『シルクロード（全2巻）』ヘディン、福田宏年訳（岩波文庫）

A14 『大航海時代の東南アジア（全2巻）』アンソニー・リード、平野秀秋・田中優子訳（法政大学出版局）

A15 『インドシナ文明史』ジョルジュ・セデス、辛島昇・内田晶子・桜井由躬雄訳（みすず書房）

A16 『東南アジア文化史』G. セデス、山本智教訳（大蔵出版）

A17 『アーロン収容所――西欧ヒューマニズムの限界』会田雄次（中公新書）

旅行記・滞在記500冊から学ぶ
日本人が知らないアジア人の本質
2016年6月30日　第1刷発行

著者 ―――――― 麻生川静男
発行者 ――――― 山本雅弘
発行所 ――――― 株式会社ウェッジ
〒101-0052　東京都千代田区神田小川町1-3-1
NBF小川町ビルディング3階
電話 03-5280-0528　FAX 03-5217-2661
http://www.wedge.co.jp/　振替 00160-2-410636
ブックデザイン ――― 松村美由起
DTP組版 ―――― 株式会社リリーフ・システムズ
印刷・製本所 ――― 図書印刷株式会社

ISBN 978-4-86310-165-4　C0030